KB111029

냉전시대 최초의 열전

한국전쟁

냉전시대 최초의 열전

한국전쟁

Geschichte des Koreakriegs

베른트 슈퇴버 지음 · 황은미 옮김 · 한성훈 해제

여문책

차
례

이 책이 나오게 된 배경에는 긴 이야기가 있다. 한국전쟁이 일어나게 된 직접적인 역사적 배경과 1950년에서 1953년 사이의 군사적 대치에 집중한 한국전쟁사만이 아니라 '전후'의 상황에 대해서도 비중을 둔 한국전쟁사를 쓰겠다는 생각은 남한의 동료와 친구들, 독일에 있는 한국학 학자들과 10년 넘게 함께 연구하는 과정에서 생겨났다. 그들과 두 나라에서 만나 나눈 수많은 대화에서 수시로 부각된 점은 한국인들에게 한국전쟁은 흔히 말하듯이 '잊힌' 전쟁이 아니라 '끝나지 않은' 전쟁이라는 것이다. 독일에서 한국전쟁은 잘 알려져 있지 않으며, 과거정치를 회상하게 하는 지역이면서 오늘날까지 과거정치의 주요 지역이기도 한 한반도에서 한국전쟁이 가지는 중요한 의미는 특히 알려진 바가 거의 없다.

끝나지 않은 전쟁이라고 하는 데에는 1945년 제2차 세계대전 승전국들의 결정으로 나라가 나뉘게 되었고 1950년부터 군사적 분쟁과 전후 상황에 의해 분단이 고착화되었으며 무엇보다도 전쟁이 민간인들에게 가한 지울 수 없는 고통에서 찾을 수 있다. 더 나아가 전쟁 시기 동안 양측에 의해 자행된 범죄에 대한 기나긴 '침묵'이 이 전쟁을 잊지 않도록 한 것이다. 전후시대의 갈등은 적대적인 두 국가 사이의 갈등과 유사하게 한국 사회 내부에서도 일어났다. 오늘날 인상적인 것은 적어도 남한에서는 1991년 냉전 종식 이후 한국전쟁 때의 범죄에 대한 커다란 트라우마를 해결하고자 하는 정치적 의지가 관철되었다는 점이다.

한국과 독일은 냉전시대의 분단국가로서 많은 측면에서 유사한 경험을 했다. 비록 독일은 제2차 세계대전의 장본인이었으나 한국은 희생자라는 완전히 다른 전제조건을 지녔지만 냉전의 양쪽 당사자가 될 수밖에 없었고 두 국가로 분단되었다. 1950년 6월 25일 이후 독일인이 갑자기 한국인과 얼마나 동질감을 느꼈는지는 서독과 동독에서 '한국전쟁의 두려움'을 피부로 느낄 수 있을 정도였다. 이것은 분단된 독일에서 '형제전쟁'이 시작될 수도 있다는 근심과 다를 바 없었다.

냉전의 역사를 배경으로 한 두 국가의 시대사가 많은 부분에서 비교 가능하다는 생각은 고려대, 서울대, 연세대, 이화여대 동료들과 함께 연구를 하면서 발전시키게 되었고 공동연구에 힘입은 바 크다. 나는 한국 동료들과의 공동연구가 오래 지속되고 계속 확장될 수 있기를 바란다.

베를린-포츠담에서

베른트 슈퇴버

냉전시대 최초의 열전

한국전쟁은 오늘날까지 여러모로 '잊힌 전쟁'으로 간주되고 있다. 그럼에도 인터넷만 잠시 검색해보면 1950년 6월 25일에 시작된 한국전쟁에 관한 수천 편의 책과 논문, 그리고 수백 편의 영화를 찾아볼 수 있다.[1] 물론 '잊힌 전쟁'이란 개념의 출처를 알게 되면 이것을 어떻게 이해해야 할지가 분명해진다. 이것은 미국에서 정치적 용어로 처음 쓰였고 오늘날까지 역사가들도 계속 사용하고 있다. 미국인들에게는 만족스럽지 못하게 끝나버린 베트남전쟁의 공식적인 추모공원이 전쟁이 끝난 지 8년 후인 1982년에 건립되었다. 이 시기에 베트남전쟁에 관한 논쟁과정에서 생겨난 키워드인 '잊힌forgotten'은 한국전쟁에 참전한 미군들을 집단적으로 행동하게 만들었다. 그들은 '베트남참전군인 기념비' 제막식 때 '자신들의 전쟁'을 기리는 독자적인 추모공원을 요구했다. 당시에 한국의 시각에서는 끝나지 않은 전쟁이라고 말하는 것이 더 어울리는 일이었다. 1953년의 휴전은 오늘날까지 지속적으로 이어져온 소규모 전투, 태업, 위협의 서막에 불과했기 때문

이다.[2]

물론 한국전쟁이 제1, 2차 세계대전이나 베트남전쟁과 비교해보면 오늘날까지 세상에 덜 알려진 것은 사실이다. 하지만 한국전쟁은 1947년부터 1950년까지 기세등등했던 냉전시대에 아프리카, 아시아, 라틴아메리카에서 치러진 100여 개의 작은 전쟁들에 비해서는 비록 세세한 것까지는 아니더라도 더 많이 알려져 있다.[3] 한국전쟁이 남한을 포함한 유엔 진영 22개국과 북한을 포함한 공산진영 3개국이 관여한 군사적 충돌이었다는 특징 외에 이웃끼리 싸우고 과거의 빚도 청산하는 내전이었다는 점은 거의 알려지지 않았다.[4]

냉전시대에 뜨거운 '작은 전쟁들'은 원자탄의 문턱(제한된 전쟁)에서 벌어진 재래식 전쟁이었다. 한국전쟁을 포함하여 다수의 전쟁은 제2차 세계대전 때 맺어진 미소동맹이 와해되고 이 두 초강대국이 전후 질서에 합의하지 못한 무능력에서 비롯된 것이다.[5] 그 이면에는 아직 어느 편에도 결정적으로 속하지 못한 특정한 구역을 적의 손에 넘어가지 못하게 하려는 저의가 깔려 있었다. 이 점은 아직 식민통치를 받고 있거나 거기에서 벗어나려는 거의 모든 개발도상국에도 해당되었다. 따라서 놀라울 정도로 많은 작은 전쟁들이 1945년에서 1975년까지의 탈식민화 국면에서 일어난 것은 결코 우연이 아니다.[6] 자원 확보와 피할 수 없는 미래의 분쟁에 대비하기 위한 인력 동원 외에 지리적인 공간 확보가 가장 중요한 과제였다. 작은 전쟁에서 '작은'의 의미는 1940년대 말부터 양측이 준비를 시작한 핵전쟁과 관련하여 제한적으로 쓰인다. 이 전쟁들은 거의 모두 극도로 잔학했다. 여러 가지 통계에 따르면 한국전쟁에서는 약 450만 명이 희생되었다. 그중 거의 3분의 2가 민간인이었다.[7]

1941년 워싱턴과 모스크바 사이에 어렵사리 맺어진 '부자연스러운 동맹'이 1943년부터 계속 삐걱거리다가 1945년 4월 30일 히틀러의 죽음과 함께 마침내 깨지고 말았다. 이때 이미 동아시아는 과거의 동맹국들 때문에 갈등의 화덕이 될 조짐을 보이고 있었다. 그때까지만 해도 긴장은 수시로 적극적인 외교적 노력을 통해 겨우 완화되었다. 그 어떤 분쟁이 있었더라도 승리할 때까지는 동맹관계를 유지하려는 의지는 전쟁 관련 회담에서도 나타났다. 적성국가 목록에 독일이 1순위로 올랐고, 1941년 12월부터 동아시아와 태평양에서 미국과 영국을 궁지에 몰아넣은 일본도 포함되었다. 유럽에서 전쟁이 끝난 다음에야 이해관계가 눈에 띄게 충돌했다.

전쟁을 치르는 동안 영국과 미국은 1943년 9월 30일 이른바 모스크바 선언을 통해 소련의 독재자 스탈린과 함께 추축국들[일본, 독일, 이탈리아가 맺은 삼국 동맹을 지지하며 미국, 영국, 프랑스 등의 연합국과 대립한 여러 나라: 옮긴이]에 무조건 항복을 요구한다는 가장 중요한 목표에 합의할 수 있었다. 두 달 후 스탈린은 테헤란회담(1943년 11월 28일~1943년 12월 1일) 기간에 처음으로 미국 대통령 루스벨트와 회동하고 소련으로의 독일군 진격에 대한 대응으로 몇 달 동안이나 재촉했던 '제2전선'을 1944년 5월에 구축해주겠다는 승낙을 받았다. 그 반대급부로 이 독재자는 유럽에서 전쟁이 끝날 경우 대략 3개월 후에는 일본과 전쟁에 돌입하겠다고 약속했다. 미국은 차츰 일본의 광신적인 저항을 염려하고 있었다. 미국의 시각에서는 심지어 본토를 점령당한다 할지라도 일본인은 저항을 계속할 수 있을 것처럼 보였다. 당시에 워싱턴에서 예상한 것처럼 전쟁은 1949년까지 계속될지도 몰랐다.

1945년 2월 얄타회담에서 소련의 동아시아 지역 참전을 위한 선물 보따리가 꾸려졌다. 소련은 참전 대가로 1905년 러시아 제국 때 일본에 빼앗긴 영토인 쿠릴열도와 사할린 남부를 되돌려 받기로 했다. 이에 덧붙여 소련은 몽골인민공화국의 통제권과 만주와 한반도의 분할을 약속받았다. 또한 항구인 포트아서(다롄, 뤼순)도 다시 러시아가 함대기지로 이용할 수 있게 되었다.

협상의 분위기는 미국이 철두철미한 반공노선의 중국국민당KMT과 그 지도자인 장제스에게 이에 대한 정보를 주지 않을 정도로 좋았다. 국민당이 얄타협정을 거부하자 장제스는 추인을 압박했을 뿐만 아니라 심지어 스탈린과 우호동맹협정을 체결하도록 거들었다. 이 협정은 소련이 일본을 상대로 한 전쟁에 참전한 지 일주일 후인 1945년 8월 14일에 조인되었다.[8] 이 협정 또한 소련의 소망들을 온전하게 보장해 주었다. 하지만 이때는 이미 서방국가들이 소련의 도움을 더는 원하지 않던 시기였다. 스탈린이 서명한 것처럼 중국 내정에 간섭하지 않는다는 의무조항이 그 시점에 유효한지에 대해서는 더 논의되지 않았다. 물론 모스크바가 중국 내전에서 국민당에 맞서 싸운 마오쩌둥을 이미 몇 년 전부터 지원하고 있었다는 것은 누구에게나 명확했다.

스탈린은 1945년 여름 일본과의 전쟁을 위해 약 150만 명의 군인을 동원했고 미국의 첫 번째 원자폭탄이 일본에 투하된 지 이틀 후인 1945년 8월 8일 먼저 일본에 점령된 몽골을 시작으로 일본에 합병된 조선의 북쪽까지 밀고 내려왔다. 이와 동시에 소련은 1905년의 전쟁 후 일본에 빼앗긴 사할린 섬과 1875년에 러시아에서 일본으로 영유권이 넘어간 쿠릴열도를 다시 넘겨받았다. 1945년 8월 9일 두 번째 원자폭탄이 투하된 후 일본의 항복은 여러 조건을 완전히 변화시켰다. 도쿄는 8월 14일 승전국들이 포츠담회담에서 발표한 '포츠담 성명'을 수용했으며 이틀 후에 모든 전투행위를 중지시켰다. 그럼으로써 미국의 입장에서는 일본을 점령했을 때와 마찬가지로 동아시아 본토에서 소련의 도움이 필요한 마지막 근거들이 사라졌다. 워싱턴은 소련 또한 이러한 분위기를 감지하게 해주었다. 곧바로 스탈린이 미국의 트루먼 대통령에게 짧지만 분노에 찬 목소리를 전했다. "나는 나와 나의 동지들이 당신의 답변이 그러하리라는 것을 예상하지 못했다는 점을 말하지 않을 수 없습니다." 패배한 자는 그런 식으로 다루는 법이다. 미국이 쿠릴열도에서 원한 기지는 어쨌든 이러한 조건들 속에서 더는 활용할 수 없게 되었다.[9]

일본의 패망 이후 정치권력적 진공 속에서 미국과 소련 사이에 경쟁이 벌어진 곳은 동아시아에서 지정학적으로 중요한 중국이었다. 중국은 일본의 점령 이후 빈곤과 파괴에 시달렸지만 1945년 거의 숨 돌릴 틈도 없이 이미 1930년대에 광란의 도가니였던 내전에 빠져들었다. 모스크바의 지원을 받는 마오쩌둥의 공산주의자들은 일본에 점령당한 시기에 전선 뒤에서 활동했기 때문에 전략적으로 유리한 위치에 있었다. 미국의 느슨한 지원을 받는 국민당 군대는 이와 달리 거의 전체가 서쪽으로 쫓겨난 바 있었다.

아울러 1945년 소련의 만주 점령은 마오쩌둥에게 유리하게 작용했다. 거기에 중국공산당CCP은 난공불락의 요새를 갖고 있었다. 오늘날 널리 알려진 것처럼 국민당에 맞선 마오쩌둥의 승리는 소련에 점령당한 북한에서 무기를 공급해준 크렘린의 도움이 없었다면 거의 가능하지 않았을 것이다.[10] 몇 가지 수치도 이것을 증명하고 있다. 전후 첫해에 장제스는 약 430만 명의 병사를 휘하에 두고 있었는데, 이 규모는 마오쩌둥이 동원할 수 있는 군대의 두 배 이상이었다. 무엇보다도 대도시를 점령하려는 전략을 관철시키기 위해 마오쩌둥은 전후 소련이 통제하고 있는 북한에 남겨진 일본의 무기고에서 화차 2,000대 분량의 무기를 얻었다. 그중에는 비행기 900대, 탱크 700대를 비롯해 수천 문의 대포와 수십만 정의 총이 포함되어 있었다.

이와 달리 장제스는 그 시기에 점점 규모가 줄어드는 서방국가들과 미국의 원조에 만족해야만 했다. 이 시기에 미국의 중국 정책과 동아시아 정책은 동유럽 정책과 마찬가지로 두서가 없고 목적의식이 결여되어 있었다.[11] 1947~1948년부터 워싱턴의 입장이 마침내 눈에 띄게 바뀌고 장제스도 더 많은 원조를 받게 되었을 때는 이미 전세가 마오쩌둥에게 기울어 내전은 국민당의 패배로 끝나가고 있었다. 마오쩌둥은 전진을 계속했다. 장제스와 국민당에 대한 그의 승리는 자신과 스탈린이 동의한 대로 1950년 북한의 독재자 김일성의 공격계획을 위한 필수불가결한 전제조건이었다.

특히 1950년의 미국 의회 선거와 1952년의 대통령 선거 유세전에서 격렬하게 맞붙은 것처럼 누구에게 '중국 상실'의 책임이 있는가라는 질문을 둘러싼 투쟁은 말싸움에 지나지 않았다.[12] 미국의 입장에서 1945년 이후 중국 본토는 동유럽과 마찬가지로 안보정책에 별로 중요하지 않았다. 그래서 1950년 1월 미 국무부장관 딘 애치슨이 미국은 한반도에 관심이 없다는 취지의 악명 높은 연설을 한 것도 놀랄 만한 일이 아니었다. 이른바 태평양 방위선 연설은 나중에 좀더 자세히 다루고자 한다. 그것이 북한의 공격계획을 스탈린이 동의하는 데 뚜렷한 영향을 미쳤기 때문이다.[13] 애치슨은 미국의 이해관계를 반영한 방위선을 훨씬 더 동쪽에 설정했다. 동아시아 본토 해안 앞에 그어진 방위선은 일본과 타이완을 보호하게 되어 있었다.

동아시아의 복잡한 지정학적 상황은 이 시기에 유럽 세력들이 식민지를 재점령함으로써 더욱 첨예화되었다. 영국과 프랑스 그리고 심지어 네덜란드까지 제2차 세계대전 이후 상실한 식민지를 다시 제압하기 시작했다. 군사적 간섭과 정치·지리적 결정들이 기존의 갈등을 심화시켰고 또 다른 지역들을 글로벌 차원의 갈등으로 몰아넣었다. 이러한 현상은 1945~1946년부터 프랑스가 지배하던 인도차이나, 영국의 관할지역인 말레이 반도, 네덜란드가 장악한 인도네시아에서 찾아볼 수 있었다. 이 모든 경우에 처음에는 때늦은 식민지전쟁으로 이끈 갈등이 머지않아 냉전 언저리의 작은 전쟁으로 진전되었다. 한국전쟁이 시작되기 몇 년 전의 일이었다.[14]

유럽 식민세력들의 지정학적 결정이 몇십 년에 걸쳐 현지의 갈등에 얼마나 영향을 끼쳤는지는 1947년까지 영국이 통치하던 식민지인 인도의 예만 보더라도 알 수 있다. 힌두교도 중심의 인도와 무슬림이 절대적으로 우세한 파키스탄으로의 분리는 카시미르와 동파키스탄의 불명확한 위상과 함께 냉전시대 내내 지속된 피비린내 나는 특별한 갈등으로 이어졌다. 이러한 반목은 한국에도 중요했다. 철천지원수인 인도가 원자폭탄 실험에 성공한 것에 대한 반응으로 1987년부터 독자적인 핵무기를 생산해온 파키스탄으로부터 북한은 2004년 원자폭탄 제조에 필수적인 정보들을 얻었다. 이와 함께 한반도 상황이 추가적으로 엄중해졌다. 북한의 핵무기는 오늘날(2013년)까지 대단히 심각한 국제적 문제다. 심층적인 정보에 따르면 이란은 평양에 중거리로켓의 현대화를 지원했을 뿐만 아니라 이미 몇 년 전에 북한에서 독자적인 핵탄두를 실험했다.[15]

그러나 1945년 이래로 서방세력의 이익이 소련의 이익과 충돌한 것은 동아시아에서뿐만은 아니었다. 매우 제한적이기는 했지만 세계대전이 끝난 후 그리스, 이란, 이탈리아에서 분쟁이 있었다. 그리스에서 영국인들은 이미 1944년 12월 민족해방전선EAM과 인민해방군

ELAS의 좌파연합에 맞선 게오르기오스 파판드레우가 이끄는 국민정부와 그리스 민족민주동맹EDES의 군주정체주의자들을 지원하기 위해 개입했다. 이 싸움은 1949년까지도 지속되었다.[16]

많은 관찰자의 의견에 따르면 이탈리아도 1945년 공개적인 내전 직전의 상황에 놓여 있었다. 실제로 이탈리아 좌파, 공산주의자PCI, 스탈린주의자PSI의 세력은 의외로 강했다. 팔미로 토글리아티가 당수인 공산당은 모스크바로부터 우선 알시데 데 가스페리 수상이 이끄는 기독교민주당 정부와 협력하라는 지시를 받았다. 1947년부터 소련과 미국의 재정적인 지원을 받는 그 유명한 선거전이 공산주의와 민주주의 사이의 전투라는 양상을 띠게 되었다. 1948년 결국 미국이 지원한 기독교민주당이 선거에서 승리한 후 1981년까지 전후 이탈리아 여당으로 자리 잡았다. 이탈리아에서 벌어진 뜨거운 선거전은 새로 생겨난 미국 정보기관 CIA의 창설신화가 되었으며 냉전시대에 양대 진영에서 정보기관들을 구축하는 데 촉매작용을 했다.

중동, 특히 이란에서 불거진 경쟁 상황은 더 복잡했다. 이 나라는 1941년 소련으로 보내는 연합군의 보급품을 보장하고 무엇보다도 페르시아 만의 유전지대를 확보하기 위해 영국군과 소련군이 공동으로 점령했기 때문이다. 미국 또한 1930년대부터 이 지역에 대한 관심을 꾸준히 표명했다. 이와 관련해 루스벨트는 1945년 사우디아라비아의 국왕 이븐 사우드와 회담했다. 서구 진영에 이란 확보를 위한 보증인은 모하메드 레자 샤 팔레비였다. 1941년 연합국의 시각에서 보면 독일에 지나치게 우호적이던 아버지가 밀려나고 팔레비가 대신 왕위에 오른 이후 미국은 1970년대 말까지 온갖 저항에도 굴하지 않고 그의 권좌를 지켜주었다. 1945년 말 스탈린이 원유채굴 허가를 받기 위해 이란 정부에 압력을 가하고 결국 군대를 동원함으로써 긴장이 고조되었을 때 서방세력이 공동으로 위협적인 자세를 보이자 1946년 3월 25일 스탈린은 다시 군대를 철수시켰다.

그리스 내전뿐만 아니라 이탈리아와 이란에서의 위기는 예전의 동맹관계가 공식적으로 깨지고 전후에 글로벌 차원의 공동질서가 존재하지 않음을 실토하는 것을 배경으로 삼고 있었다. 이미 1946년 1월 트루먼은 소련과는 '더 오래 타협할 여지를 남겨둘' 생각이 없다고 기록한 바 있다.[17] 영국의 전시수상이었던 처칠은 2개월 후 소련의 지배 아래 들어가게 될 독일로부터 해방된 지역을 살펴보는 것조차 방해하는 철의 장막에 대해 말했다.[18] 스탈린은 1946년 2월 9일 서방에서 많이 주목받은 것처럼 소련최고위원회 연설에서 전쟁의 불가피성에 관한 레닌의 주장을 강조했다.[19]

같은 해에 뉴욕에서도 국제연합기구UN의 중재로 스탈린의 대리인들과 원자폭탄의 미래에 대해 논의하기로 한 미국위원회의 한 위원은 이제 협상은 불가능하며 이미 새로운 전쟁의 한복판에 위치한 상황에서 군사적 실행으로 옮겨지지 않는 것은 다만 소련이 아직 준비가 덜 되어 있기 때문이라는 인상을 받았다.[20] 그 당사자인 허버트 스워프는 '냉전'이라는 용어를 공식적으로 만들어낸 인물이었다. 이 용어는

20세기 후반기를 특징지음과 동시에 1991년 소련의 붕괴와 함께 끝난 글로벌 차원의 분쟁을 가리켰다.

1945년 이래로 전 세계 곳곳에서 나타난 미국과 소련의 갈등은 마침내 1947년 서로 다른 두 개의 원칙 표명으로 최고조에 달했다. 트루먼은 3월 12일 의회 연설에서 미국은 공산주의 세력에게 권력이 넘어갈 위험에 처한 그 어떤 나라도 지원할 용의가 있음을 분명히 했다.[21] 반년 후인 1947년 9월 스탈린의 메가폰 역할을 한 안드레이 즈다노프는 '트루먼 독트린'에 대한 응답 성격의 연설에서 한편으로는 세계를 둘러싸고 화해 불가능한 두 정치적 '진영' 사이의 투쟁을 요구하고, 다른 한편으로는 동맹국들을 얻기 위해 애썼다. 그는 이것이 기존의 식민지역에서도 적용 가능하다고 여겼다.[22] 각각의 입장에서 서로 '전쟁선포'로 받아들여진 이 두 연설은 냉전의 공식적인 시작으로 간주될 수 있다.

그리스, 이탈리아, 이란에서의 위기가 비교적 무난하게 끝을 맺은 반면에 1948년 소련이 촉발한 제1차 베를린 위기는 처음부터 더 위험했다. 소련이 서방세력에게 베를린에서 퇴각하라고 강요한 이 사건에서 원자폭탄이 투하될 수도 있었기 때문이다. 미국은 소련이 전쟁 중에 합의한 것처럼 독일의 제국수도에 대한 서방세력의 권리를 무력화시킬 경우 지체 없이 핵폭탄을 동원하리라는 점에 의심을 품지 않도록 했다. 제1차 베를린 위기가 끝난 지 몇 달 후 소련도 핵무장을 갖추고 군비경쟁에 박차를 가하게 되었을 때 모든 심각한 위기가 최소한 이론적으로는 핵전쟁으로 비화될 위험을 내포하고 있다는 점을 간과할 수 없게 되었다. 1949년 8월 29일 모스크바는 최초의 원자폭탄인 '타타냐'를 점화했다. 물론 양대 진영에 미사일이 대륙을 오가는 전쟁은 기술적으로 1960년대에야 가능한 일이었다. 이 시기에 이미 중국은(1950년 10월 한국전쟁에 개입한 중국은 북한이 미군 때문에 완전히 무너지는 것을 막아주었다) 핵보유국으로 자리매김했다. 1964년 베이징은 첫 번째 원자폭탄을 점화했다. 3년 뒤에는 최초의 수소폭탄이 그 뒤를 이었다.

제1차 베를린 위기가 끝나고 핵 경쟁이 시작된 답답한 상황에서 1950년 6월 25일 북한이 남한을 공격했다. 특이한 것은 한반도가 당시 양대 초강대국의 안전에 최우선적인 지역에 속하지 않았다는 점이다. 물론 한반도는 글로벌 차원의 난타전에서 적의 체면을 구기게 만들 수 있는 세계의 한 부분이었다. 더구나 한반도는 늘 위신을 세우고 여론을 등에 업기 위한 싸움이기도 했던 냉전에서 하나의 모델이 되었다. 이 전쟁이 3년간 상상을 초월하는 혈전을 치르고 끝났을 때 수백만 명의 사망자와 피난민이 생겨났을 뿐만 아니라 내면에 깊은 상처를 남기는 분단된 두 국가가 생겨났다. 그 국민들은 통일된 조국을 열망하지만 1991년 글로벌 차원의 냉전이 끝났음에도 여전히 냉전 속에 고립되어 있다.

그러나 한국전쟁은 냉전의 범주에서 초강대국들로서는 포커게임이자 한반도로서는 비극이었던 것보다 훨씬 더 많은 의미를 지니고 있었다. 이것은 냉전 최초의 '작은' 열전이었기 때문에 부분적으로 글로벌 차원까지 확장되어 수많은 영향을 미쳤다. 이때 한국전쟁은 물론 여러 변화를 촉진시켰을 뿐 촉발시킨 것은 아니었다. 이 전쟁에서 무엇보다도 그 이전 몇 년간 심사숙고한 결론들이 입증되었다. 양대 초강대국의 군비경쟁은 이미 1946년 말에서 1947년 초에 시작되었다. 이보다 훨씬 이전에 미 국무부문서인 국가안전보장회의 보고문 제68호(NSC 68)가 작성되어 있었다. 이 전략문서는 한국전쟁과 관련된 문헌에서 늘 인용되고 있다. 그뿐만 아니라 냉전에서 평화를 유지하기 위한 전쟁을 치르고 있으므로[23] 미국 국방비의 비상식적인 증액을 내세우고 있다. 제1차 베를린 위기는 1948~1949년 원자폭탄 사용에 관한 기본원칙을 결정하는 계기가 되었다. 이 모든 것은 1947년이 냉전을 부추긴 결정적인 연도라는 것을 암시한다. 그 이외의 것들은 냉전을 심화시키면서 '총체적이고' 삶의 모든 분야를 건드리는 갈등이 되게 만드는 증거들이었다. 글로벌 차원의 문맥에서 살펴보면 한국전쟁은 제1차 베를린 위기와 단계적으로 확대되던 유고슬라비아 위기 이후에 전선을 명확히 한 또 하나의 사건이었다.

1장

일제 식민지 조선,

1910~1945년

일본의 점령

먼 동중국해를 향해 돌출되어 있으며 좁은 해협을 사이에 두고 일본과 떨어져 있는 한반도는 오랫동안 중국의 세력권이었다가 19세기 말에 일본의 통제를 받게 되었다.[1] 중국과 일본으로부터의 습격은 때때로 일상사였으며, 여러 중국 왕조는 수시로 권력투쟁에 개입했다. 고구려, 백제, 신라의 '삼국' 중 신라는 7세기에 중국의 도움을 받아 두 경쟁국을 물리친 다음 10세기에 멸망할 때까지 거의 300년 동안 중국에 공물을 바쳤다. 918년 왕국의 자리를 이어받아 1392년까지 존재한 고려에서 오늘날의 코리아라는 명칭이 생겨났다.

한반도의 분단 이후에도 재통일이나 공동의 전통이 거론될 때마다 인용되는 고려라는 이름만큼이나 고려의 수도 개성 또한 의미심장한 기억을 지니고 있다. 개성은 한국전쟁 중이던 1951년 휴전을 위한 역사적인 협상장소였으며 냉전이 끝난 후인 1991년에는 오늘날까지도 아슬아슬하게 유지되는 남북 공동경제특구를 실현하려는 시도의 현장이었다(2016년 2월 박근혜 정부가 개성공단의 잠정 폐쇄조치를 내린 상태

다: 옮긴이]. 그러나 고려 역시 지속적으로 위협을 받았다. 그때는 몽골인들 때문이었다. 쿠빌라이 칸은 13세기 70~80년대에 두 번에 걸쳐 고려를 일본 정복의 발판으로 삼으려고 했으며, 고려는 한 세기 가까이 원나라의 간섭을 받아야 했다.

중국과의 연결은 문화적인 측면에서 가장 광범위했다. 문자와 유교를 받아들였으며, 남아시아에서 중국을 거쳐 백제가 받아들인 불교는 일본에도 전파되었다. 1392년 마지막 왕(공양왕)이 퇴위하면서 고려가 망하고 1910년까지 500년 이상 지속된 조선 왕조가 시작되었을 때 중국의 영향은 더 심화되었다. 불교는 유교에 밀려났다. 하지만 이와 동시에 조선의 독자적인 정체성이 태동하기 시작하여 1443년 고유 글자인 한글이 창제되면서 이후 중국 작품들의 번역도 나타났다.

한양(서울)을 수도로 한 조선 왕조는 오늘날의 남북한을 합한 크기의 영토를 갖게 되었다. 북쪽으로는 거대한 이웃인 중국(명나라)과 맞닿은 압록강을 경계로 했다. 1592년과 1597년 두 번에 걸쳐 일본이 한반도를 침략했을 때 조선은 끈질긴 저항과 명의 도움에 힘입어 일본을 막아낼 수 있었다. 두 번째 침략 때 일본 군대는 1598년 명령권자인 도요토미 히데요시가 사망한 다음에야 국토의 절반을 파괴한 채, 특히 수많은 장인을 비롯한 조선 백성을 납치해 퇴각했다. 백성이 노예로 잡혀가고 정체성 확립에 기여한 수많은 예술품을 약탈당한 조선은 당시에 추가적으로 안정을 잃었다.

1609년 일본과 강화조약[광해군 1년에 일본과의 통교를 허용하기 위해 대마도주와 맺은 기유약조를 가리킨다: 옮긴이]을 체결한 후 1627년과 1636년에는 청나라의 끔찍스러운 침공이 이어졌다. 이에 조선은 처음에 고립을 강화하는 방식으로 맞섰으며, 명나라 또한 청나라의 통제를 받기도 했다. 조선은 17세기 중반 무렵에야 다시 정치적 안정을 되찾았으며 그 상태는 19세기 중반까지 유지되었다. 그 이후 조선은 새로 일본의 사정권 안에 들어갔다. 이번에는 세계적 차원의 제국주의가 힘을 발휘했다.

에도시대 막바지인 1876년에 일본은 서울을 향해 부산, 원산, 제물포(인천) 등의 항구를 개방할 것을 강요했다. 이 강요된 협정은 제국주의적 서구 열강들인 영국, 독일, 오스트리아, 프랑스, 미국이 관철시킨 것과 같은 '불평등조약'의 시초가 되었다. 일본 제국도 서울에 영사관을 개설했으며 절과 은행, 경비대 같은 기반시설도 갖추게 되었다. 이것은 무엇보다도 선비를 중심으로 한 백성의 격렬한 항의로 이어졌다. 1882년에는 미국과의 협정이 체결되었다. 그다음 해에 독일은 통상조약, 우호조약, 해운조약을 체결했다. 얼마 후 최초의 기독교 선교사들이 들어왔다. 이들 역시 상당한 정치적 영향력을 행사했다. 서구 열강들은 그 이후로 교육정책의 중요한 영역들을 차지했다.

역설적으로 천황이 지배하는 일본이 바로 몇십 년 전에 똑같은 방식으로 스스로 선택한 고립에서 탈피하도록 강요받았다. 1853년 매튜 페리 제독이 이끄는 미국의 소규모 함대가 '검은 연기를 내뿜는 배'[흑선黑船: 에도시대 말기에 일본 근해에 출몰한 배를 가리키는 표현: 옮긴이]를 이용해 비슷한 방식으로 개항을 관철시켰다. 가나가와 조약은 1854년부터 우선 미국 선박들이 시모다와 하코네 항구로 입항하는 것을 보장했다. 일본은 외교적 관심사를 군사적으로 관철시키는 데 오래 망설이지 않았다. 1894~1895년 조선을 둘러싸고 일본이 청나라와 벌인 전쟁은 청나라의 완전한 패배로 끝났다. 이 패배는 1895년 4월 17일에 체결된 시모노세키 평화조약에 명시되었다. 조선뿐만 아니라 페스카도레 섬을 포함하여 타이완도 일본의 영향권 안에 들어갔다. 조선의 북서쪽에 위치해 있으며 중요한 항구인 포트아서(뤼순)를 지닌 요동반도도 일본에 내주어야 했다. 이 모든 지역은 그 후 수십 년 동안 부분적으로 냉전을 넘어서서 지속적으로 분쟁의 대상이었다.

조선은 이 시기에 아직 공식적으로 일본의 보호국이 아니었지만 (1905년 11월 17일 일본은 을사늑약을 통해 조선의 외교권을 박탈했다), 일본은 이미 조선의 내정에 깊숙이 개입했다. 갑오경장[갑오개혁甲午改革, 1894년(고종 31년) 7월부터 1896년 2월까지 추진된 개혁운동: 옮긴이]과 함께 이 봉건국가는 미국에 의한 일본의 강제적인 개방과 비슷한 방식으로 새로운 권력자의 의지에 따라 개조되었다. 게다가 서구의 모범에 따른 특별한 변화들이 이루어졌다. 여기에는 행정이 해당되었을 뿐만 아니라 달력 또한 전통적인 음력 대신에 서구에서 쓰는 그레고리력으로 바뀌었다. 조선을 자국의 영향권에 두려는 마지막 조치로 일본은 조선의 마지막 황제인 순종이 퇴위하도록 강요했다. 1910년 8월 22일 조선은 공식적으로 총독부가 되면서 일본의 영토로 편입되었다. 그 이전인 1908년 중국(청나라)과 러시아뿐만 아니라 미국도 루트-다카히라 조약에 따라 동아시아의 영토 재편에 동의한 바 있었다. 그 반대급부로 일본은 미국이 하와이와 함께 1898년 스페인과의 전쟁 때 획득한 필리핀을 합병하는 것을 용인했다.

한반도에서는 경쟁자들이 관심지역을 배분하는 일에서도 비교적 빨리 거래에 합의를 보았다. 물론 불평등조약들이 늘 그랬듯이 그들의 요구는 궁극적으로 일본이 조선을 합병함으로써 힘을 잃었다. 러시아는 1896년 압록강변의 항구인 신의주의 개항을 강요했다. 이 도시는 한국전쟁에서 특히 중요했다. 유엔군에 의해 평양이 함락된 후 잠시 북한 정부의 소재지였던 탓에 엄청난 공중폭격을 당했기 때문이다. 1900년 모스크바는 중국에서 의화단 운동을 일으킨 민족주의자들을 잔인하게 진압한 식민세력들 간의 합의를 이용해 인접한 만주에 군대를 주둔시키게 되었다. 일본은 1902년 적어도 영국과 함께 비교적 수월하게 동아시아에서 각각의 청구권에 대해 합의할 수 있었다.

지하자원을 약탈하기 위한 면허를 배분하는 문제도 수월하게 해결되었다. 1882년 서구 열강 중 최초로 조선과 협약을 체결한 미국은 1890년대 중반에 원산 근방의 금광 채굴권을 얻었다. 러시아는 함경도의 광산과 압록강변의 숲에서 경제적 이득을 취할 수 있는 허가를 받았다. 독일 제국은 1897년 부산 근방의 섬인 영도에서 금광을 채굴할 면허를 확보했다.[2]

항일운동

일본이 조선을 점령하기 전부터, 그리고 특히 그 이후에 중국이나 그 밖의 식민지에서처럼 민족주의에 입각한 강력한 저항이 일어났다. 이미 1895년 명성황후의 죽음과 관련해 일본이 배후로 지목되고 있었다. 1873년부터 1907년까지의 왕(나중에 황제) 고종의 비인 명성황후는 일본에 반대하는 조선-러시아 동맹의 창안자로 간주되고 있었다. 그녀의 죽음에 관한 진실은 일본 공사 이노우에 가오루가 처음부터 강한 의심을 받았지만 진실은 한 번도 밝혀지지 않았다. 1909년 조선의 독립운동가 안중근이 고종의 퇴위에 책임이 있는 일본 총독 이토 히로부미를 암살하자 일제는 민족주의의 팽창을 이유로 고종의 후계자인 순종을 퇴위시키고 조선 왕조의 역사를 끝장냈다. 그 2년 전인 1907년에는 이미 독자적인 조선 군대가 해산되었다. 1910년에는 경찰권의 박탈과 민족주의 운동단체들의 해체가 이어졌다.

저항은 조선이 공식적으로 일본 제국에 합병되기 수십 년 전부터 시작되었다. 정치적인 집회, 시위 성격의 상점폐쇄, 심지어 비장한 자결뿐만 아니라 무장봉기와 테러 등이 항일운동의 일부였다. 이에 대해 식민지 관청은 매번 가혹하게 대응했다. 1875년에 태어난 남한 최초의 대통령 이승만도 그러한 항의시위 도중 체포되어 징역 6년형을 선고받았다. 그 후 그는 1904년 조국을 떠나 미국의 명문대학인 프린스턴에 입학해 1910년 박사학위를 받았다. 물론 바다를 건너는 길은 이주를 희망하는 대부분의 조선인에게 가혹한 이주규정들 때문에 막혀 있었다. 이 규정들은 19세기의 마지막 3분의 1 기간 중에 점점 더 강화되었으며 미국에서는 특히 아시아 이민자들을 겨냥했다.[3] 그래서 수만 명이 한반도의 인근 국가나 심지어 일본으로 갔다. 거기에서 그들은 흔히 이등국민 취급을 받았다. 이승만은 한동안 고국으로 돌아올 수 없었다. 그 대신에 그는 미국이 관할하는 하와이와 중국에서 살았다. 중국에서 그는 일시적으로 시민계급이 주도한 망명정부에 몸담기도 했다. 그는 일본의 식민지배가 끝난 1945년이 되어서야 고국으로 돌아왔다.

1907년 정신적으로 허약한 아들 순종에게 자리를 물려주고 퇴위한 고종 황제가 1919년 1월 21일에 덕수궁(경운궁)의 침실에서 세상을 떠났다. 이에 대해서도 조선인들은 점령세력에게 책임을 돌렸다. 한 달 반이 지난 후인 3월 1일 독립선언이 발표되고 나서 조선의 민족주의 운동에서 최초의 대규모 저항이 이어졌다. 고종은 1907년 전시법과 국제법 이외에 군축문제를 다룬 제2차 헤이그 평화회의에 조선의 식민지화가 국제법 위반이라는 것을 의제에 올리려고 시도했기 때문에 백성의 우상이자 민족주의의 상징이 되었다. 당시에 그의 목표는 조선의 합병을 강요한 일본과의 조약을 무효로 선언하게 만드는 데 있었다.[4] 물론 조선 대표단은 네덜란드의 헤이그에서 열린 회의에 참석을 허락받지 못했다. 고종의 죽음을 계기로 일어난 저항인 3·1운동은 일본인들에 의해 잔인하게 진압된 후 한국의 민족사에서 기념비적 사건들 중 하나가 되었다.

희생자에 대한 통계는 이미 당시에도 편차가 심했다. 일본 총독부에 따르면 553명이 사망했고 1만 2,000명이 체포되었다. 하지만 한국인들의 말에 따르면 7,500명이 죽고 4만 5,000명이 구금되었다.[5] 이에 대한 후속조치로 일본은 억압을 점차적으로 강화했다. 이러한 억압은 민족주의적 결속을 와해시키는 데 초점이 맞춰졌다. 1934년부터 이것은 계속 새로운 정점에 도달했다. 일본어가 공용어로 도입되었는가 하면, 학교교육이 상당히 제한되었으며, 일본의 신도神道와 일본 불교가 강제적으로 전파되었다. 일본은 아시아와 태평양의 강대국이 되려는 야망을 위해 이 나라 전체를 농업, 산업, 노동력의 비축기지로 조직화했다. 식민지배에 필수적인 엘리트는 한편으로 일본에서 건너왔고, 다른 한편으로는 한국[편의상 이후부터 한반도 전체를 가리키는 표현은 '한국'으로 통칭한다: 옮긴이]의 독자적인 교육기관에서 배출되었다. 1924년에 설립된 경성제국대학은 일본 총독이 직접 관할했다. 1945년 해방 이후에 이 대학은 국립대학의 근간이 되었다. 한국 엘리트의 일부는 식민국의 그러한 제안을 심지어 기꺼이 받아들였다. 학위와 작위 수여도 한국 사회의 일부에서는 경멸스러운 부역이라기보다는 사회적 상승의 징표였다.

1900년 이래로 한국인들이 무리를 지어 일본으로 쏟아져 들어갔다. 1909년 그 수는 790명이 불과했으나, 10년 후에는 2만 8,000명 이상이었고, 1929년에는 약 29만 8,000명으로 늘어났다.[6] 이들은 강제노동을 위해 일본으로 끌려간 100만 명 이상의 한국인들과는 확연히 구별된다. 제2차 세계대전이 끝난 후 일본에 남은 약 60만 명의 한국인들은 오늘날까지 남북한 모두에 강력한 로비 대상이다. 한국에서 강제적으로 진행된 일본화는 1943년부터 남성들에 대한 병역의무가 부과되면서 특별한 정점에 도달했다.

과거 남한의 대통령 역시 식민지 관청이나 심지어 일본에서 정치적 사회화의 일부를 전수받았다. 1963년부터 1979년까지 대통령으로 재임한 박정희가 이에 해당되었다. 그는 장교로서 일본 황군에 복무했으며 이를 위해 창씨개명(다카키 마사오)까지 했다. 이것은 1965년 한일관계의 정상화와 그 이후에 시작된 남한의 경제성장에 심지어 긍정적으로 작용했다.

한국의 일본화를 위해 일본은 주로 한국계가 아닌 일본인들을 이주시키는 정책을 추진했다. 그 결과 1940년에는 약 7만 명의 일본인들이 한국에 거주했다.[7] 공식적으로 선언된 바와 같은 일본과 한국의 융화에 담긴 숨은 목적은 장기적으로 한국의 민족적 결속을 파괴하는 것이었다.[8] 일본화가 정점에 다다랐을 때는 식료품이나 우편물을 배달받을 때 한국식 이름을 쓰는 것조차 금지되었다. 이렇듯 강제적 조치들이 이어지자 실제로 국내에서 저항의 상당 부분이 차츰 사라졌다.

정치적인 저항은 국내에서 점차 그 동력이 고갈됨에 따라 망명 그룹들이 조직화를 꾀하면서 명맥을 이어갔다. 이것은 동시에 식민지시대 이후를 위한 전망을 제시해야 하는 과제를 안고 있었다. 한국에서 민족운동 차원의 대규모 3·1운동이 일어난 지 얼마 지나지 않은 1919년 4월 13일, 대한민국임시정부KPR가 상하이(나중에는 충칭으로 옮김)에서 수립되었다. 임시정부의 대통령은 적어도 얼마 동안은 이승만이었다. 1925년 그 자리에서 물러난 그는 다시 하와이로 돌아갔다. 임시정부의 부주석으로는 김규식이 선출되었다(1940~1947년). 1919년 파리강화회의에 참석한 그는 로노크 대학 학사, 프린스턴 대학 석사 출신이었으며 이승만처럼 기독교로 넘어갔다.

임시정부를 꾸리는 일은 험난했다. 하지만 어쨌든 중국 시민계급의 민족운동에서 나온 원칙들에 입각해 조금씩 나아갈 수 있었다. 1911년 12월 29일에 수립된 '중화민국'의 초대 '임시' 대총통 쑨원

인구변화 1397~1949년(천 단위 이하 생략)[9]

연도	인구
1397	99,000
1492	1,080,000
1669	7,225,000
1750	9,810,000
1917	16,969,000
1925	19,016,000
1935	21,891,000
1949	29,907,000

이 설립한 민족운동조직인 중국국민당은 그 이전 수십 세기 동안 중국이 그러했던 것처럼 한국의 미래에 하나의 전범이 되었다. 이것은 1944년 장제스가 이끌던 중국국민당이 대한민국임시정부를 공식적으로 인정하는 데 중요한 전제조건들 중 하나였다.

한국에서는 그사이에 중산층이 항일운동의 한 축에서 떨어져나갔으며 일부는 교회에 의지하기도 했다. 이들은 외부 압력뿐만 아니라 새로운 권력자에 대한 적응을 통해서도 구심력을 잃었다. 비교적 덜 알려져 있지만(유럽에서 나치시대의 후반기와 비슷하게) 일본의 지배도 1931~1937년에 정복한 지역에서 상당 부분 부역자에 의지했다. 한국 내 일본인의 숫자가 제한되어 있어서 그럴 수밖에 없었다. 사법기관만 보더라도 1908년에 이미 판사의 약 3분의 1과 직원의 50퍼센트가 한국인이었다. 감옥의 교도관도 절반이 한국인이었다.[10] 이러한 상태는 제2차 세계대전 중에도 유지되었다. 일본 황군이 1941년부터 동쪽으로는 하와이까지, 서쪽으로는 미얀마까지, 남쪽으로는 거의 오스트레일리아 근처까지 넓은 지역에 분산되어 있었던 반면, 한국과 만주 점령지역(만주국)에서는 경찰병력의 50퍼센트가 한국인이었다.[11] 약 250만 명의 청년이 식민지 권력에 의해 설립되고 통제되는 청년조직들의 단원이었다. 이것은 또 다른 독재체제들과 비슷하게 강요와 불안, 설득과 내적인 확신의 혼합 속에서 이루어졌다. 일본군 징집도 1943년부터 이와 비슷한 형태를 보였다. 여기에서도 입대는—적어도 공식적으로는—'자원'이었다.

나치의 독일과 점령당한 유럽에서와 마찬가지로 한국과 만주에서는 무엇보다도 조직화된 좌파 저항세력이 유지되고 있었다. 이 세력은 1919년의 전국적인 항일운동이 진압되고 난 후 한 번 더 강력한 추진력을 얻었다. 상하이로 빠져나간 시민계급의 망명정부와는 달리 이 좌파세력은 이미 19세기부터 대다수의 한국 이민자들이 정착한 만주를 효과적으로 공략할 수 있었다. 이것은 1948년에 건국된 조선민주주의인민공화국DPRK의 저명한 지도층에도 해당되었다. 좌파 빨치산이 전쟁의 중요한 부분을 조직화했고 나중에 북한 최초의 내각수상이 된 김일성(본명: 김성주)의 가족도 3·1운동 후 만주로 이주한 경우였다.

마르크스주의, 레닌주의, 볼셰비즘, 스탈린주의적 공산주의 등은 1919년 러시아 혁명에서부터 1991년 냉전이 끝날 때까지 제국주의의 숙명적인 적으로 간주되었다. 이것은 1922년에 세워진 소련을 '프롤레타리아트 혁명의 모국'으로 받드는 견해였다. 따라서 서구 열강들이 중국에서 1842년에 체결된 불평등조약[홍콩을 영국에 할양한다는 난징조약: 옮긴이]을 고집한 반면에 볼셰비키들은 황제시대에 체결된 조약에 대한 요구를 명시적으로 포기하고 나서자 쑨원 같은 사람이 1919년 이후에 좌편향을 감행한 것은 결코 우연이 아니었다. 쑨원은 연설과 글에서 비록 선동에 주안점을 두기는 했지만 러시아 혁명을 자신의 논리에 끌어들였다. 1924년 10월의 연설이 이에 해당된다. "러시아는 백색의 형제국가들이 걸어온 길과 작별했습니다. 왜 그랬을까요? 러시아는 폭력과 외적인 이익이 아니라 선과 정의를 믿었기 때문입니다. 러시아는 〔……〕 힘 있는 소수가 힘없는 다수를 억압해야 한다고 생각하지 않습니다. 이로써 러시아는 저절로 아시아 민족들과 연결됩니다."[12]

쑨원은 무엇보다도 모스크바의 자칭 반제국주의를 모범으로 여기기는 했지만 소련의 방식에 대해서는 적어도 부분적으로 비판적이었다[13](스탈린은 동아시아에서의 혁명을 지원하기 위해 1925년 모스크바에 설립된 교육기관 명칭에 쑨원의 이름을 사용하는 것을 방해하지 않았다). 반면에 한국에서 1919년 3·1운동 이후에 등장한 볼셰비키 그룹들은 거의 타협 없이 모스크바를 지향했다. 그럼에도 그들은 기본적으로 한국의 민족주의자들이었다.[14] 이것은 1925년에 생겨난 공식적인 조선공산당CPK에도 적용되었다. 이들은 만주와 중국에서 공작했다.[15] 공식적인 당사黨史에 따르면 북한 최초의 독재자 김일성도 1926년 10월 17일 중국에서 독자적인 공산당 그룹을 결성했다. 그는 실제로는 망명 한국인들의 구성원으로서 모스크바와 독립적인 공산당 청년 그룹의 모임에 참가했을 뿐이었다.[16] 열네 살 소년이 이미 진지하게 공산당 당원으로 등장할 수 있었는지 여부는 두 번째 문제다. 어쨌든 조선공산당은 1928년 모스크바의 공산당 인터내셔널, 즉 코민테른에 받아들여지는 성공을 거두었다. 물론 그 기쁨도 잠시였다. 2년 후 한국의 공산주의자들은 너무 민족주의적이라는 비난을 받고 다시 배제되었다.

1931년 일본은 만주를 정복하고 보호국(만주국)으로 만들고 나서 공산주의자들의 추격 범위를 그곳으로까지 확장했다. 한반도와 달리 일본인들은 만주와 중국 국경지대에서 약 20만 명의 게릴라들과 대적하고 있었다. 이 게릴라들은 한국의 모든 항일단체와 정당에서 모병한 인원이었다.[17] 하지만 그 핵심은 국내와 마찬가지로 일본에 대한 저항능력을 갖춘 조선공산당 추종자들이었다.

일본 전시경제하의 한반도

일본 입장에서 한반도는 포기할 수 없는 경제권이었을 뿐만 아니라 무엇보다도 1931년부터 만주, 그리고 1937년부터 중국 대륙을 정복하기 위한 군사요충지였다. 한반도의 북쪽과 남쪽을 각각 산업중심지와 농업중심지로 개편하고 나라 전체를 원료 공급지와 징집대상지역으로 만들어놓지 않았다면 도쿄가 1938년 말에 선언한 이후 1941년부터 '대일본 경제권' 속에서 실현하려고 했던 '동아시아 신질서'는 가능하지 않았을 것이다.

노동력 비축기지로서 한국은 전쟁에 중요한 공장들뿐만 아니라 군 위안소도 제공해야 했다. 약 400만 명의 한국인이 노동노예처럼 부려졌고 그중 3분의 1은 일본으로 끌려가 특히 위험한 일을 담당해야 했다.[18] 물론 이른바 '위안부'라는 굴레는 오늘날까지 깊은 정신적 외상을 남겼다. 간호사로 모집된 일부 강제 성노예들은 제2차 세계대전이 끝난 지 몇십 년이 지나서야 공개적으로 자신의 처지를 표명할 엄두를 겨우 냈다. 고향과 마찬가지로 일본에서도 심한 차별을 받아왔기 때문이다. 야마타니 데츠오의 영화 〈오키나와의 할머니: 군위안부의 증언〉은 1979년 두 나라에서 시작되어 세간의 이목을 끌었지만 아직 끝나지 않은 논쟁의 출발점이었다.[19]

한국에서뿐만 아니라 다른 점령지에서도 끌려간 '위안부'의 정확한 수는 알려져 있지 않다. 최소한 10만에서 20만 명의 여성이 형용할 수 없는 조건 아래 1945년까지 군위안소에서 일한 것으로 추정된다.[20] 사령관의 직접적인 명령으로 설치되기도 한 이 시설은 인도네시아, 중국, 티모르, 태국, 말레이시아, 타이완, 베트남뿐만 아니라 한국에도 있었다.[21]

산업적인 측면에서 한국에 대한 일본의 요구는 1930년대 초반부터 폭발적으로 증가했다. 1932년 약 38만 4,500명의 한국인이 국내에서 일본 산업을 위해 일했던 것과 비교하면 1943년 그 수는 130만 명 이상으로 세 배가 넘었다.[22] 일본에는 전쟁 초기인 1941년에 이미 약 140만 명의 한국인이 일하고 있었다. 그중에서 절반 이상이 강제노동자(77만 명)였으며, 이들은 주로 건설산업(22만 명), 공장(20만 8,000명), 광산(9만 4,000명), 농업(24만 8,000명)에 투입되었다. 전쟁 말기에는 13만 6,000명의 한국인이 광산에서 노동했다. 만주국에서도 이와 비슷한 규모의 노동력이 동원되었을 것으로 추정된다.

한국은 더 나아가 일본에서 전쟁물품 생산 때문에 줄어든 경작지를 보완해줄 가장 중요한 농업지대가 되었다. 그 때문이기도 하지만 한국은 1945년까지, 그리고 제2차 세계대전 이후에도 한참 동안 농업사회로 남아 있었다. 식민지시대에 전체 경작지는 일본과 한국의 소수 대지주 소유였다. 전쟁 말기에 대지주는 일본인이 184명, 한국인이 116명이었다.[23] 주목할 만한 것은 남한이 전쟁 이후 한 세대 만에 세계에서 가장 중요한 산업국가들 중 하나로 성장했다는 점이다.

전후시대를 위한 준비

특히 망명 중에 일본 지배를 종식시키기 위해 작업하고 투쟁했던 사람들을 비롯한 한국인들은 일본군의 패배 이후 나라의 독립을 간절히 희망했다. 한국의 독립은 1943년 연합국들의 카이로회담에서 처음으로 약속된 바 있었다. 루스벨트와 처칠은 당시에 장제스와 함께 '적당한 시기에' 자유롭고 독립적인 한국 정부를 수립하기로 합의했다.[24] 하지만 그들은 그 시기가 언제일지는 말하지 않았다. 알타와 포츠담의 전쟁회담에서는 가까운 장래에 가능한 한국의 독립에 대한 언급이 더는 없었다. 한국에서 일본 군대의 철수가 논의되기는 했지만 다른 식민지들과 마찬가지로 상당한 기간을 염두에 두고 있었다. 루스벨트는 1945년 2월 알타회담에서 그때까지 아시아와 태평양에 적용해온 미국 방식을 원용해 한국도 20년에서 30년까지의 신탁기간을 거쳐 독립할 수 있을 것이라는 의견을 냈다. 그의 견해는 1945년 여름에 개최된 포츠담회담을 위한 준비회동에서 다시 한번 강조되었다.[25] 이에 대한 전례로 1898년 미국이 스페인과의 전쟁 이후 스페인에서 넘겨받은 필리핀을 들었지만 이러한 예는 한국인의 희망과는 동떨어진 것이었다. 40년 이상의 점령, 현지 독립운동 세력과 힘든 싸움을 겪은 후 필리핀은 1946년 주권을 되찾은 이후에도 분쟁지역으로 남았다.

그럼에도 1918년 이후 한국인에게 널리 퍼진 희망의 밑바탕에는 미국인이 있었다. 1918년 1월 8일 미국 대통령 우드로 윌슨은 의회에서 '14개 조항'을 발표했다.[26] 그 핵심은 부당한 권력자에게 지배당하는 불법적인 세계의 '해방'과 식민지 주민들의 이해관계에 대한 고려였다. 바로 그 때문에 1919년 한국 항일운동의 대표자들이 파리로 가서 제1차 세계대전 이후의 평화협상을 논의하는 자리에서 자신의 요구사항을 전했다. 그러나 그 결과는 실망만 배가시켰을 뿐이었다. 상하이에 위치한 대한민국임시정부의 부주석으로 파리 여행을 떠났던 김규식은 비토의 대상이 되었고, 한국의 점령국이자 제휴를 맺은 협약의 동맹국으로서 전승국 편에 서 있었던 일본은 심지어 중국과 태평양의 독일 식민지를 보상으로 받았다. 일본의 식민지는 어떤 방식으로든지 전승국들에 문제가 되지 않았다. 이것 또한 식민지의 해방운동이 서구에서 멀어져 결국에는 대다수가 서구에는 적대적이고 소련에는 우호적으로 된 이유이기도 했다.

지식인의 논쟁에는 언론을 필두로 영화와 라디오 프로그램도 중요한 역할을 했다. 삼엄한 감시 아래서도 이 매체들은 정치적인 의견교환의 무대가 되었다. 1930년대 말에 한국에서는 거의 1,000개에 이르는 정기간행물이 시장에 유통되었다.[27] 물론 인쇄매체는 거의 글자를 읽지 못하는 대중의 의견형성에 큰 영향을 주지는 못했다. 수십 년간의 식민지배가 끝난 1945년 한국인들의 약 80퍼센트가 문맹이었다.[28] 그래서 그들에게는 단순한 정치적 수사가 더욱 먹혀들었다.

2장

한반도의 분단,

1945~1950년

점령시대의 종식

한국을 비롯해 동아시아와 태평양 지역에 대한 일본의 지배는 공식적으로 일본이 항복한 날인 1945년 9월 2일에 끝났다. 이미 2주 전인 8월 15일 일본 천황 히로히토는 히로시마와 나가사키에 투하된 원자폭탄으로 인한 치명적인 파괴에 직면하여 그 전날 준비한 군대의 항복을 선언한 바 있었다. 1945년 9월 9일 서울(경성)의 총독부 옥상에서 일장기를 내림과 함께 35년에 걸친 한국의 식민지 역사가 공식적으로 막을 내렸다. 그럼에도 1926년에 완공된 이후로 한국인이 일본 지배의 혐오스러운 상징으로 여겨온 총독부 건물은 1995년에야 새로운 국립박물관 건설을 위해 철거되었다.[1]

점령시대의 직접적 종결은 한국인에게 그 이전의 시기와 비교할 때 별다른 문제없이 진행되었다. 오늘날 남북한의 국경일(광복절)인 1945년 8월 15일 일본 당국은 항복 이후 철수가 가능한 한 매끄럽게 이루어질 수 있도록 하는 데 신경 썼다. 그날 일본 총독 아베 노부유키는 연합군에 행정권을 이양하면서 그 어떤 반일소요도 허용하지 않겠다는 조건을 달았다. 이 조건은 계속해서 유지되었다. 물론 일본 군대의 철수는 1945년 9월에야 궁극적으로 완료되었다. 미국이 자국의 점령지에서 일본인의 도움을 필요로 했기 때문이다. 일본군의 무기 대부분은 한반도에 남겨졌다. 소련은 얼마 후 자국의 점령지에서 이 무기들을 빼내 마오쩌둥에게 넘겨주었으며 나머지는 북한에서 조직화를 시작한 경찰과 군대에 배분했다. 이와 비교할 때 미국이 관할하던 남쪽에서는 소수의 무기들만이 남한의 경찰과 군대에 보급되었다. 특히 중화기는 전혀 넘겨주지 않았다.

일본 총독부에서 조선건국준비위원회(건준)로 무난하게 이행할 수 있었던 것은 무엇보다도 여운형 덕분이었다. 중산층의 부역과 사회주의 이념에 대한 대중의 걷잡을 수 없는 열광을 고려할 때 총독부가 건국준비위원회 위원장 여운형을 받아들인 것은 어쩔 수 없는 일이었다. 당시 60세였던 이 좌익 민족주의자는 1919년 중국에서 쑨원에 기대어 구성되었지만 사분오열된 망명정부 출신이었다. 또한 그는 그 때문에 특히 소련에 우호적이었다. 심지어 그는 1922년 초 모스크바에서 개최된 공산주의 인터내셔널 회의에 극동 노동자 대표로 참가했다. 그해에 이보다 앞서 모스크바에서 설립되어 처음에 카를 라데크가 이끌면서 몇 년 뒤 특별히 중국인을 위해 설립된 쑨원대학을 밀어낸 극동노동자공산대학처럼 공산주의 인터내셔널 회의는 반식민주의 해방운동을 위한 지도자들을 끌어들이려는 목적도 지니고 있었다. '극동대학' 혹은 '스탈린대학'으로도 불린 이 교육기관의 유명한 학생으로는 북베트남의 혁명지도자 호찌민과 장제스의 아들이자 나중에 타이완 국민당 정부의 총통이 된 장징궈 등이 있었다.

그러나 여운형은 당파성에 매몰된 것이 아니라 이 시기에 대부분의 한국인처럼 식민지배로부터 한국의 해방과 독립적인 국가 건설을 목표로 삼았다. 중국에서 그는 마오쩌둥뿐만 아니라 쑨원과의 접촉도 시도한 적이 있었다. 그는 자신의 목적을 달성하는 데 유용한 것이라면 어느 쪽의 도움도 마다하지 않았다. 이러한 정치적 개방성을 근거로 일본은 그에게 과도정부를 맡아달라고 요청했다. 여운형은 8월 15일 특히 좌익 성향의 지하조직들에서 생겨난 145개의 인민위원회를 근간으로 조선건국준비위원회를 발족시켰다. 이 인민위원회들은 해방 직후 정치적으로 이름을 더럽히지 않은 유일한 조직이었으며 본질적으로 순조로운 정부이양을 위해 애썼다. 예를 들어 나중에 소련이 점령한 지역에서 재정부장을 지냈지만 모스크바가 선호한 조선노동당 위원장 김일성에 밀려 자리에서 쫓겨나 끝내 처형당한 조만식은 평양인민위원회 책임자였다.

일본이 최종적으로 항복한 지 4일이 지나고 아직 미국 점령군이 한반도의 남쪽에 진주하기 전인 9월 6일에 한반도 전체를 대상으로 조선인민공화국이 선포되었다. 그 정점에는 우익과 좌익 민족주의 그룹들이 참여한 임시정부가 포진해 있었다. 당파적 성격은 지도부에서도 잘 드러났다. 미국에서 한국 망명정부의 대표였으며 워싱턴뿐만 아니라 중국에서 반공산주의 노선을 취한 국민당과 특별히 긴밀한 관계였던 우익 민족주의 성향의 이승만이 주석, 여운형이 부주석이 되었다.

주석과 부주석의 서로 다른 정치적 노선과 막 시작된 냉전을 고려하면 여운형이 금방 이승만과 싸우고 갈라서게 된 것은 놀랄 만한 일이 아니었다. 그는 1947년 7월 19일 테러로 목숨을 잃었다. 이 테러를 사주한 인물은 밝혀진 적이 없었다. 다른 진영의 증오도 효과가 적지 않았다. 과거 망명정부에서 왕성한 정치활동으로 부주석을 지냈던 김규식은 이미 1947년에 좌절하여 자리에서 물러났지만 서방세계에 우호적인 정치활동이 걸림돌이 되어 더는 살아남지 못했다. 그의 흔적을 가능한 한 재구성해본 결과, 그는 1950년 북한으로 납치된 후 12월 10일 평안북도 만포진 근처에서 병사했다.

관료들의 자리는 처음에 좌익에서부터 우익에 이르기까지 다양한 정치적 성향의 인사들로 채워졌던 반면, 1945년 9월 14일에 발표된 조선민주주의인민공화국의 정부 프로그램은 오늘날에는 차라리 '좌파적'으로 보이지만 전후 파괴된 유럽에서도 우익 민족주의 또는 시민계급의 스펙트럼을 벗어나지 않은 요구들을 담고 있었다. 그 대표적인 것이 대기업의 국유화와 토지개혁이었다. 이 두 가지는 정의의 회복과 전범자들에 대한 처벌로 간주되었다. 미국과 서방세계의 시각에서 보면 이것은 물론 소련과의 대결 국면에서 미심쩍기만 했다.

38선

건준이 조선인민공화국을 선포하기 약 한 달 전인 1945년 8월 8일에 소련은 이미 합의한 바대로 양대 점령국들 중 처음으로 북한 땅에 들어왔다. 그날은 최초의 미국 원자폭탄이 히로시마에 투하된 지 이틀 후였고 플루토늄 폭탄 '팻맨'이 나가사키에 떨어지기 하루 전이었다. 소련은 매우 조심스럽게 행동했으며 천천히 남쪽으로 내려왔다. 8월 10일이 되어서야 소련은 동북해안의 항구도시 웅기(오늘날의 선봉)에 도달했다. 14일 후에는 북한의 수도 평양에 도달했으며 8월 28일에는 결국 미국과 합의한 분리선인 38선에 도달했다. 계속 남쪽으로 진군하던 군대는 심지어 당시에 38선 남쪽에 위치한 개성에 발을 들여놓기도 했다. 하지만 그들은 곧 다시 뒤로 물러났다.

소련 점령지역의 사령관은 테렌티 슈티코프였다. 그는 과거 극동 제1러시아 전선의 정치위원이었으며 1948년 북한 정권 수립 후 3년간 평양 주재 초대 러시아대사를 역임했다. 슈티코프는 스탈린에게 완전히 복종했으며 그의 공식적인 '메가폰'인 안드레이 즈다노프와 긴밀한 관계를 유지했다. 즈다노프는 1947년 9월 '두 진영 이론'으로 냉전을 위한 모스크바의 공격적 노선을 천명했다. 스탈린과 한국에 관한 그의 결정들에 슈티코프가 큰 영향을 미쳤으리라는 점은 의문의 여지가 없었다. 심지어 많은 사람이 1950년 2월 스탈린으로 하여금 남한에 대한 공격을 갑작스럽게 동의하게 만든 인물이 바로 슈티코프

1945년 9월 8일 미군은 소련보다 정확히 한 달 늦게 서울 시민의 환호를 받으며 점령지역에 진주했다. 한국인들 사이에는 아직 독립국가에 대한 열망이 지배하고 있었다. 사진 배경에 1926년에 건설되고 1995년에 철거된 조선총독부 건물이 보인다. 그다음 날 조선총독부 건물 옥상의 일장기를 내리는 것과 함께 한국에서 거의 35년간의 식민지 역사가 공식적으로 막을 내렸다.

라고 추측하기도 했다. 소련 점령지역의 민간행정은 슈티코프와는 달리 한국 이민자 출신인 안드레이 로마넨코 장군이 이끌었다.

미군은 일본에서 출발하여 9월 8일에야 한국에 상륙했다. 그다음 날 군사 퍼레이드가 서울에서 열렸다. 그곳에서 미군은 일본군의 공식적 항복을 받았다. 일본에 진주한 연합군의 최고사령관으로서 한국도 책임지게 된 더글러스 맥아더 장군은 미국 점령군 사령관으로 존 하지 장군을 임명했다. 그를 선택하게 된 것은 오키나와에 주둔한 그의 부대가 지근거리에 있는 유일한 부대였고 다른 곳에 필요하지도 않았기 때문이다. 하지는 전선 경험이 있었음에도 관료주의자로 알려져 있었고 한국에서 실제로 점령군 장교처럼 행동했다. 그는 오랫동안 워싱턴의 육군성에서 근무했지만 1943년 이래로 사단장으로서 태평양, 그중에서도 특히 피비린내가 진동한 과달카날 전투에 참여했다. 그의 첫 번째 조치 중 하나는 미국 점령지역에서 좌파 성향이 드러난 인민위원회의 활동을 금지한 것이었다.

하지는 군정장관으로 또 다른 미군 장군인 아치볼드 아널드를 임명했다. 아널드는 태평양의 가장 격렬했던 전투를 통해 군사적 경험을 쌓았다. 그는 1946년 미소공동위원회에 파견 나가서 이미 물 건너간 한국의 통일에 관한 힘겨운 협상에 참여했다.

미국과 소련은 사사건건 다투면서도 한국뿐 아니라 세계의 다른 곳에서도 이해상충지역의 분리만큼은 엄격하게 지켜왔다. 이는 소련군이 38선에서 멈춘 것에서도 증명하듯이 한편으로는 1945년 2월 포츠담회담 때의 다툼을 이겨내고 체결한 얄타협정에 근거했다. 다른 한편으로 분리선을 북위 38도 혹은 39도로 할 것인지는 논쟁의 대상이 아니었다. 이미 1896년과 1903년 러시아와 일본의 협상에서 38선이 이해관계 분리선으로 이야기되었다.

1947년에 설립된 미 국가안전보장회의NSC의 전신으로서 워싱턴의 국무－육군－해군 조정위원회State-War-Navy Coordinating Committee는 소련군이 진입하기 시작한 지 이틀 후인 1945년 8월 10일 한반도 지도를 보면서 소련과의 점증하는 분쟁을 고려해 한반도의 중앙에 분리선을 긋는 것이 가장 좋겠다고 확신했다.[2] 그 이전에 독일의 분단에도 이와 비슷한 방식을 도입한 바 있었다. 이 방식은 10년 후 베트남의 분단에도 적용되었다. 물론 거기에서도 자의적으로 확정된 분리선이 지속적으로 인정된 국경선이 될 수는 없었다.

미국이 자국의 통제구역에서 취한 첫 번째 조치가 바로 소련의 통제구역에서 처음에 존속했던 인민위원회를 해체하고 주한미군정청USAMGIK으로 대체했다는 것은 모든 관찰자의 입장에서는 확실한 신호로 받아들여졌다. 점령당한 유럽과 마찬가지로 여기에서도 즉흥적이고 자발적으로 생겨난 위원회는 미국 정부의 눈에는 공산주의적으로 보였다. 이 시기에 미국과 소련이 맞붙은 모든 곳에서 이러한 상황은 유럽에서 전쟁이 끝난 후 모두에게 명확해졌고 이미 1945년 7월 포츠담회담에서 드러난 깊은 불신으로 특징지어졌다.

1941년의 '부자연스러운 동맹'과 제2차 세계대전에서 연합을 통한 승리 이후에 서로 다른 세계관들의 근본적인 투쟁을 다시 시작해야 한다는 확신이 한국에서도 어떤 결정을 하는 데 기초가 되었다. 일본에서 해방된 한국을 어떻게 처리할지에 관한 성숙한 계획은 당연히 미국이나 소련의 관심사가 아니었다. 유럽과 마찬가지로 한국에서도 양측의 관심사는 급박한 경우라 할지라도 공간과 자원을 그냥 적에게 넘겨주지 않는 것이었다.

1945년 한국에 대한 스탈린의 구상은 소련 위성국가들의 경우와 마찬가지로 여기에서도 직접적인 위험이 생겨나지 않도록 함과 동시에 '사회주의 세계체제'의 기초를 확립하는 것이었다. 북한에서도 소련에 우호적인 공산주의 또는 사회주의 정당이 주도권을 행사하는 국지적인 '민족전선'이 '시민세력'에 대한 통제를 보증할 필요가 있었다.[3] 이 밖에도 소련 외무성에서는 이미 1945년 가을 중국에서 마오쩌둥의 혁명이 성공하는 순간 어떻게 하면 동아시아에서 영향력을 더 얻게 될 것인지에 대해 심사숙고했다. 이러한 과정에서 나온 가능성들 중 하나는 전략적으로 중요한 지역으로 영향력을 확대하는 것이었다. 소련 점령구역 바깥에서 전략적으로 중요한 지역은 가령 남한의 항구인 인천과 부산이었다.[4]

미국의 입장에서 한반도는 동아시아 전체 대륙과 마찬가지로 이 시기에 최고의 관심구역이 아니었다. 그 때문에 1950년까지 한반도에 대해서나 1949년까지 중국에서 장제스의 투쟁에 대한 군사적 지원이 약했다. 초기의 전략적 무관심은 이미 언급했듯이 1950년 1월

12일 미 국무부장관 딘 애치슨의 '원둘레'에 관한 연설에서 적나라하게 나타났다. 이 연설을 통해 그가 말한 태평양에서의 미국의 '방어선'에 한국과 타이완은 제외되었다. 미국의 관심은 북쪽으로는 알류샨 열도에서 시작해 남쪽으로는 필리핀에서 끝나는 선에 있었다. 그 안에는 일본과 미국의 중요한 군사기지인 오키나와가 있는 류큐 열도가 포함되어 있었다.[5]

주한미군정청은 물론 이미 1945년에 이것을 다르게 바라보았다. 하지와 그 상관인 맥아더는 한반도가 미국의 직접적 안전은 아니더라도 냉전에서 전 지구적 차원의 이해관계에 매우 중요하다고 여겼다. 현지 군사전문가들의 일치된 견해에 따르면 한국의 상실은 극동에서 서방세계의 위상을 상당히 침해하게 될 것이었다. 미국 대통령 트루먼도 나중에 비망록에서 분명히 밝혔듯이 늦어도 1948년 봄 이래로 한국을 "소련이 통제하는 공산주의 세계가 공격을 감행할지도 모르는" 특별한 위기지역으로 주시했다.[6]

1948년의 선거와 남북한 정부 수립

38선이 벌써 양대 점령세력의 진주 이후 거의 직접적으로 남북한 사이의 빗장처럼 놓여 있었다는 사실은 주권을 가진 통일국가에 대한 한국인들의 희망을 빨리 충족시키고자 하는 전망을 어둡게 했다. 한반도 인구의 3분의 2가 경계선의 남쪽에 살고 있었지만 에너지 분야를 포함한 산업과 지하자원의 대부분은 북쪽에 위치해 있었다. 소련은 이미 1945년 한반도에서 덜 발달된 남쪽에서 필요할 수밖에 없는 물자들의 필수적인 교환을 방해했다. 북한에서 자체적으로 소비되지 않은 생산품들은 제2차 세계대전 종전 이후에도 오랫동안 생필품 공급의 어려움을 겪던 소련으로 보내졌다.[7] 이와 반대로 처음에 사람들은 왕래가 가능했다. 약 160만 명의 한국인이—그중에서 3분의 1은 한반도 너머의 북쪽에서—처음 몇 달 사이에 남쪽으로 이동했으며 그 정도가 점차 심해졌다.[8]

1948년 북한의 건국 때까지 그러한 이주가 가능했다. 그 배경에는 우선 북한과 만주의 산업지대로 끌려온 강제노동자들의 귀환이 있었다. 얼마 후에는 소련 통제구역에서 박해를 받은 사람들의 수가 늘어났다. 진짜든 아니든 일본에 부역한 사람, 대농 혹은 대지주로 간주된 토지소유자, 자본주의자로 낙인찍힌 상인, 다양한 종교의 신자 등이 여기에 해당되었다. 1947년까지 대략 80만 명이 도망쳤다.[9] 당시에 개성처럼 38선에 인접한 도시들에는 목격자들에 따르면 한국전쟁 직전에 매일 최대 3,000명이 북쪽에서 내려왔다.[10] 그중 많은 사람은 일본 식민지 당국의 강제조치 때문에 북쪽으로 끌려갔다 돌아온 경우였다. 1945년 이래로 남쪽에서 북쪽으로 간 사람은 이보다 훨씬 적었다. 1946년에서 1948년 사이에 그 수는 약 4,000명으로 추산되고 있다. 그중 대다수는 정치적으로 좌익이었다.[11]

실제로 소련은 자국의 통제구역에서 정치적인 보폭을 넓혀나갔다.[12] 1945년 10월 이래로 북한에서도 처음에 떠받들어지던 인민위원회가 압박을 받았다. 소련의 독일 점령구역에서처럼 변화는 인물정책을 통해 특히 인상적으로 이루어졌다. 한국의 시민계급과 기독교 조직에 뿌리를 두고 있음에도 1945년 8월 재무부장으로 임명된 조만식은 이미 10월에 일본 식민지배에 맞선 투사로서 논란의 여지가 없는 업적은 무시된 채 소련군과 함께 귀환한 공산당 지도자 김일성에게 권력을 내주어야 했다. 조만식이 1945년 11월부터 단지 몇 개월간 영향력 없는 '민주당'을 대표했던 반면에 소련에서 교육받은 김일성은 그의 결정적인 역할을 넘겨받아 1994년 죽을 때까지 권력을 내려놓지 않았다. 이것으로 충분하지 않았던지 1946년 2월부터 조만식은 공식적인 직함을 빼앗긴 후 가택연금을 당했다. 한국전쟁 중 유엔군이 1950년 10월 1일에 38선을 넘어 북쪽으로 진격했을 때 그는 속성 재판에서 유죄판결을 받고 유엔군이 평양을 점령하기 4일 전인 10월 15일에 처형당했다.

초기 몇 달 동안 김일성의 호감을 사지 못한 또 다른 정치지도자들도 소련 점령구역에서와 비슷하게 그다음 몇 년에 걸쳐 사라졌다. 1946년 11월 남로당을 조직한 후 1949년 6월 북로당과 합쳐야 했던 박헌영은 1948년 북한의 부수상과 외무상을 역임했지만 1953년 김일성이 주도한 숙청에 희생되었다. 1955년 그는 결국 이른바 미국의 스파이라는 죄명으로 처형되었다. 이것 또한 소련이 통제한 유럽과 소련 자체의 행동방식을 뚜렷이 상기시켰다.

숙청은 여러 방향에서 수시로 예전의 동지들에 대해서도 일관되게 이어졌다. 그중에서도 1950년대 말에는 중국에 우호적인 연안파 출신의 망명 공산주의자들이 숙청의 대상이 되었다. 그 결과 과거 임시인민위원회 의장이자 나중에 조선노동당WPK으로 흡수된 조선신민당의 당수였던 김두봉이 희생되었다〔1958년에 숙청된 것으로 추정되나 정확한 시기는 미상이다: 옮긴이〕.

이처럼 소련의 막강한 비호를 받는 가운데 김일성은 거리낌 없는 권력의지를 갖고 1945년 이래로 확실하게 정치지도자로서의 입지를 구축했을 뿐만 아니라 북한 사회의 사회주의적 개조를 추진했다.[13] 벌써 1946년에 토지개혁이 도입되었다. 또한 같은 해에 이미 국가계획위원회를 설치해 그 후 수십 년에 걸쳐 처음에는 소련과 나중에는 특히 중국과 긴밀히 협의하며 경제발전을 이끌도록 했다.

북한이 어느 방향으로 나아갈지는 1945년 가을 혹은 늦어도 그다음 해가 지나면서 모두에게 분명해졌다. 더욱이 김일성은 1946년 11월 북한의 지방선거에서 인민에게 상당한 압력을 가해 자신을 선택하도록 했다. 이때 지주, 상인, 다양한 종교 교인을 비롯해 공산주의자의 가상의 혹은 실제적인 반대자의 대탈출이 시작되었다.

38선 남쪽에서는 미국이 비슷한 방식으로 정치적 유연화에 신경썼다. 소련이 독일 점령구역에서처럼 더 많은 자본을 투자하기보다는 빼내간 북한과는 달리 남한에서는 미국의 경제원조가 1945년 490만 달러에서 1947년 1억 7,540만 달러로 증가했다.[14] 그 규모는 한국전쟁 기간에도 별로 늘어나지 않을 정도였다. 1951년과 1953년 사이에 경제원조 규모는 1억 650만 달러에서 1억 8,840만 달러 사이를 왔다 갔다 했다. 전체적으로 미국은 1945년에서 1951년 사이에 약 10억 달러를 남한에 투자했다.

그러나 이것과 동반하여 미국 점령구역에서도 실제적인 혹은 가상의 반대자, 또는 미국의 입장에서 그렇게 여기는 인물에 대해 점점 가혹한 조치가 이루어졌다. 이미 인민위원회가 해체된 후 하지가 이

남한에 대한 경제원조 1945~1953년(단위: 100만 달러)[15]

	점령지행정 구호자금 GARIOA	경제협력법 ECA	유엔군 한국 민간구호처 CRIK	국제연합 한국재건단 UNKRA	총액
1945	4.9	–	–	–	4.9
1946	49.9	–	–	–	49.9
1947	175.4	–	–	–	175.4
1948	179.6	–	–	–	179.6
1949	92.7	23.8	–	–	116.5
1950	–	49.3	9.4	–	58.7
1951	–	32.0	74.4	0.1	106.5
1952	–	3.8	155.2	2.0	161.0
1953	–	0.2	158.8	29.6	188.4
총액	502.5	109.1	397.8	31.7	1,040.9

끄는 군정청의 관심사는 좌익으로 평가된 그 밖의 모든 활동으로 옮겨갔다. 여기에는 파국적인 식량사정 때문에 거의 필연적으로 발생할 수밖에 없었던, 더 나은 식량보급을 요구하는 시위도 해당되었다. 1946년 10월 한반도의 남동쪽에 위치한 대구에서 배고픔에 시달린 나머지 폭동이 일어나자 미군정청은 피에 아랑곳없이 즉각 진압했다.

미국은 자국의 점령구역에 공산주의자들이 잠입하는 것에 대한 두려움이 컸다. 의심스러운 경우에는 정치적으로 좌익의 편에 선 인물들로 대체하기보다는 일본에 부역해 정치적인 신망을 잃은 나이 든 엘리트를 오히려 관직에 그대로 두었다. 그래서 미국 점령구역에서 한국의 행정조직을 경찰이나 군대와 마찬가지로 함부로 건드리지 않았다. 이후 남한의 젊은 작가들은 시위대를 향한 공권력의 잔인함에 대한 근본적인 이유를 바로 이러한 전통에서 찾았다. 이러한 추세는 수십 년에 걸쳐 이어졌고 1980년 광주에서 비극적인 절정[5·18광주민주화운동: 옮긴이]에 달했다.[16]

극도로 부당한 소유관계를 변화시킬지도 모르는 토지개혁도 서독의 경우와 비슷하게 남한에서는 이루어지지 않았다. 토지개혁 계획에 반대한 것도 역시 미군정청이었다. 토지개혁은 사회주의로 가는 길로 인식되었기 때문이다. 물론 문제의 핵심은 심각한 식량사정과 형편없는 생산성에 있었다.[17] 남한에서는 오늘날까지도 세입자보다는 집주인에게 더 많은 권리를 부여하는 이른바 전세제도가 유지되고 있다. 이것은 일종의 장기임대제도로서 세입자는 집 시세의 80퍼센트까지 미리 내야 함에도 집에 대한 그 어떤 권리도 갖지 못한다.

1946년 과거 황제의 거처이자 해방된 한국의 상징인 덕수궁(경운궁)에서 열린 미소간의 모든 회담이 아무런 성과를 내지 못한 것도 놀랄 만한 일이 아니었다. 1945년 말 모스크바회담에서 연합국들은 미국과 소련의 외무부장관인 마셜과 몰로토프가 원래 합의한 것처럼 한국에 대해 공동의 신탁통치를 하기로 다시 한번 합의했다. 결국 스물네 번의 무의미한 회담이 끝난 지 한 달 반 만에 소련은 이러한 합의의 무효를 공식적으로 선언했다. 양측이 상대방에게 그 책임을 돌린 것도 새로운 것이 아니었다. 서울에서뿐만 아니라 세계 곳곳에서 양대 초강대국은 이미 사소한 문제들로 티격태격했다.

더 놀라운 것은 미국이 1947년 9월만 하더라도 한국에 대한 4개국의 전권을 국제연합기구에 넘겨줄 것을 제안했다는 점이다. 오늘날의 시각에서 보면 미국 정부가 그 결정적인 순간에 좀더 방어적으로 행동했다는 것 자체가 실로 낯선 풍경이라고 할 수 있다. 그러나 당시에는 한반도의 전략적 의미에 대해 확신을 갖지 못한 상태였다. 국제연합기구의 임시위원회는 한반도 전체를 대상으로 선거를 준비했다. 그러나 그 시점에 평화롭고 무엇보다도 머지않은 통일에 대한 희망은 이미 전반적으로 사라지고 없었다.

한반도 전체를 대상으로 한 선거 역시 실패하리라는 것도 예상할 수 있었다. 소련은 자국의 점령구역에서 외국의 선거참관인들이 통제하는 투표를 허용하지 않았다. 따라서 미국은 38선 남쪽을 분리해 선거를 치르도록 결정했다. 1948년 5월 10일 남한에서 단독으로 치러진 총선은 결정적으로 친미 성향의 단호한 반공주의자인 이승만에게 승리를 안겨주었다〔이승만은 총선에서 무투표 당선된 데 이어 초대 국회의장으로 선출되었다: 옮긴이〕. 이어서 그는 7월 20일에 국회에서 치러진 간접선거를 통해 '대한민국' 초대 대통령에 당선되었다.

1948년 8월 25일 북한이 그 뒤를 따라 '한반도 전체를 대상으로 한' 또 다른 선거를 실행에 옮겼다. 북한이 한반도 전체를 대상으로 선거를 치른 것은 두 번째 선거를 치름으로써 분열의 책임을 면해보고자 하는 의도가 명백했다. 어쨌든 이 선거를 통해 김일성은 '조선민주주의인민공화국'의 내각수상〔1972년부터 1994년까지는 '주석': 옮긴이〕이 될 수 있었다. 이미 1948년 5월 1일 소련을 모범으로 하여 만든 새로운 헌법이 발효되어 있었다. 이렇게 해서 한반도의 두 국가가 공식적으로 성립되었다. 1948년 8월 15일 남쪽에서는 공식적으로 대한민국이 탄생했고 얼마 후인 9월 9일에 북쪽은 조선민주주의인민공화국을 선포했다. 이러한 과정은 동서독의 탄생과 맥을 같이한다.

해방과 재통일의 유토피아

1945년 8월 15일부터 남북한의 정부가 수립될 때까지 독자적인 민족국가를 건설하기 위한 노력을 보면 38선을 사이에 둔 양쪽의 한국인들이 당시의 현실을 받아들일 수 없었다는 사실을 분명하게 보여주었다. 해방과 통일에 대한 유토피아는 남한과 마찬가지로 북한에서도 논란이 되었다. 어려운 결정은 극단적인 제안을 하는 쪽이 내릴 수밖에 없다는 것이었다. 어쨌든 양쪽에서 군사적 방법을 동원한 통일에 관한 시나리오가 협상을 통한 해결방안만큼이나 널리 퍼져나갔다. 분단된 독일과 마찬가지로 한반도에서도 같은 민족의 적대적 두 국가가 통일은 민족의 의무이며 서로 민족을 대표하는 권리를 갖고 있다고 배타적으로 주장하면서 대치하고 있었다.

일본의 지배에서 한국이 해방된 지 3년 후인 1948년 8월 15일 모든 권리를 이승만 정부에 넘겨준 미국 또한 1950년 6월 25일 북한의 공격이 시작될 때까지 남한을, 특히 남한 정부를 극도로 불신했다. 하지만 일본에 주둔한 미군 최고지휘관(연합군 최고사령관SCAP)인 더글러스 맥아더는 1948년부터 약간 다른 입장을 가지고 있었으며 이승만 대통령의 취임식에 직접 참석하기도 했다. 워싱턴에서 입안된 미국 정책의 기본노선은 한국에 별다른 영향력을 발휘하지 못했다.

1948년 9월부터 1949년 6월까지 미군의 수는 계속 줄어들었다. 남한 정부가 독자적인 군대를 창설할 수 있도록 지원하는 임무를 지닌 주한미군사고문단KMAG 소속의 482명만이 남한에 잔류했다. 미국 국방성이 아니라 외무성, 그중에서도 주한미대사인 존 무초가 이들을 관리했다. 이와 비슷한 기능을 지닌 고문단은 향후 베트남과 같은 다른 지역에도 투입되었다. 트루먼은 북한의 남침이 시작된 지 이틀 후인 1950년 6월 27일 베트남에 최초의 군사고문단을 파견했다.

상대편과 마찬가지로 이승만은 수시로 공개석상에서 통일에 대한 극단적인 생각을 털어놓았다. 이 바람에 미국 언론에 자주 오르내리는 인물이 된 이승만을 믿을 수 없었던 트루먼 대통령은 이승만이 군사적 방식을 통한 통일을 시도할 엄두를 내지 못하게 조치했다. 그 결과 한국전쟁 초기에 남한은 약 10만 명의 육군과 공군, 그리고 6,000명 규모의 해안경비대를 보유하는 정도에 그쳤다. 중화기(탱크 혹은 대구경의 대포)뿐만 아니라 현대식 비행기도 보유가 금지되었다.[18]

대포의 경우 약 90문의 105밀리미터 박격포와 위력이 크지 않은 대전차무기가 전부였다. 남한 공군은 소수의 구식 비행기를 운영했다. 거기에는 일본이 남기고 간 훈련기 다치카와 55, 프로펠러 추진 방식의 미국 훈련기 T6FAC, 관측용 경비행기 세스나 L19A도 포함되어 있었다.[19] 이것을 모두 합쳐도 46대에 불과했다.[20] 해군은 1척의 구축함, 15척의 소해정, 소수의 상륙정이 주축이었다. 그나마 남한에 주둔해 있던 미 해군 최고지휘관인 C. 터너 조이 제독조차도 처음에는 몇 척의 소규모 전함 이외에는 활용할 수 있는 것이 없었다. 이것은 주한미군사고문단에게도 불충분한 것으로 파악되었다. 북한의 남침이 시작되기 열흘 전인 1950년 6월 15일에 작성된 주한미군사고문단의 보고서에 따르면 대부분의 무기는 사용 불가능한 상태였다. 북한이 공격해올 경우 남한 군대는 기껏해야 15일을 버틸 수 있을 뿐이라는 내용도 있었다. 결론적으로 "한국은 중국과 동일한 재앙에 직면

하게 될 것이다"라고 했다.[21]

1950년 6월 25일 북한의 남침 직후 일본에서 파견된 미군 역시 처음에는 무장이 제대로 갖춰져 있지 않았다. 그들이 가지고 온 경전차 M24채피는 북한군이 소련에서 제공받은 전차 T34/84에 결코 상대가 되지 않았다. 나중에 유엔군과 함께 투입된 미국의 중전차 M4셔먼, M46패튼, M26퍼싱이나 영국의 전차 센추리언이 명성에 걸맞은 성공을 비로소 거두었다. 1950년 9월 16일 부산 교두보를 돌파할 때 이르러서야 유엔군은 약 500대의 전차를 보유하고 있었다. 반면 상대편은 겨우 100대를 가동하고 있을 뿐이었다.[22]

한국전쟁이 일어나기 전에 북한군은 남한군의 거의 두 배인 20만 명 수준이었다. 소련은 T34/85를 중심으로 379대의 중전차뿐만 아니라 약 200문의 대구경 대포와 수백 대의 전투기를 제공했다.[23] 그래서 북한 공군은 1950년 6월 25일에 프로펠러 추진 방식의 구형 전투기와 일류신Ilyushin Il-2나 야크9기와 같은 전투기뿐만 아니라 제트전투기 야크15기도 동원했다. 당시에 북한은 약 260대의 야크전투기와 188대의 폭격기를 보유하고 있었다. 1949년에야 가동되기 시작한 최신식 제트전투기 미그15기는 물론 1950년 11월부터 투입되었다. 그때는 북한군과 새로 투입된 중국 인민지원군이 방어적인 상태에 있었던 시기였다. 소련제 미그15기의 급작스러운 투입으로 북한이 성공을 거두자 미국은 그해 12월 제공권을 되찾기 위해 최신의 제트전투기 F86세이버를 투입했다. 하지만 그 목적은 부분적으로만 달성했다.

미국은 통일에 대한 이승만의 야망에 신경을 쓰면서 의심스러운 경우에는 저지하려고 했다. 통일에 대한 김일성의 생각은 동독에서와 마찬가지로 스탈린 방식에 사로잡혀 있었다. 1946년 말 박헌영에 의한 남로당 창당은 남한을 압박하고 북한의 입장에서 통일을 강행하려던 시도의 일환이었다. 스탈린은 이와 비슷한 전략을 유럽에서뿐만 아니라 중동과 같은 세계의 다른 지역에서도 추구했다. 실제로 이란 북부에서는 별도로 조직된 '민주당'이 1946년 12월 테헤란의 합법정부를 궁지에 몰아넣고 아제르바이잔 지역에 공산주의 자치정부를 세우는 데 성공했다. 이 자치정부는 서구의 압력이 높아지고 나서야 물러났다. 1950년대에는 남베트남에서도 이와 유사한 접근방식이 시도되었다.

한국전쟁의 발발에 관해서 여전히 수많은 가설이 난무한다. 예나 지금이나 남한이 먼저 공격했고 북한군은 방어했을 뿐이라는 설이 나돌고 있다. 오늘날까지도 북한은 남한의 북침이라고 주장하고 있으며 이는 냉전이 끝날 때까지 동구 전체에 퍼진 해석이었다.[24] 동독의 대표적인 군사역사학자 올라프 그뢸러가 1980년에 쓴 글에 따르면 북침은 이승만을 구하고 워싱턴의 '롤백정책'[방어 자세에서 적극적 공세로 전환하여 상대를 반격하는 외교정책: 옮긴이]을 처음으로 실행에 옮기기 위한 시도였으리라는 것이다.[25] 이러한 설은 심지어 오늘날에도 가령 북한에 대한 미국의 선제공격이 거론될 때 위세를 떨친다.[26]

냉전시대에는 서구의 문헌에도 이러한 주장이 등장했다. 그러한 주장이 처음에는 특히 좌파 정당의 스펙트럼에 머물러 있었지만 1950년대에는 좌파의 전유물만이 아닌 서독의 평화운동과 관련한 출판물에도 등장했다.[27] 1960년대에 냉전에 대한 수정주의적 연구는 미국에 비판적인 입장에 대한 대중의 특별한 관심을 불러일으켰다. 데이비드 호로비츠는 널리 알려진 저서 『얄타에서 베트남에 이르기까지 미국 외교정책의 배경』을 통해 북한의 남침을 남쪽의 도발에 대한 김일성의 반격으로 해석했다.[28]

가령 남한의 군대가 먼저 38선 이북의 해주를 공격한 것에 대해 북한이 반격하면서 3년간의 전쟁으로 이어졌다는 가설을 입증하려는 다양한 시도는 근거 없는 주장으로 거듭 밝혀졌다.[29] 역설적인 일이지만 소련의 당서기장이자 행정부 수반이었던 니키타 흐루쇼프는 1970년에 세상에 내놓은 비망록에서 스탈린, 김일성, 마오쩌둥 사이의 논쟁과 북한의 남침을 승인하는 결정을 포함한 비사秘史를 기술했다. 이는 동구의 공식적인 입장을 완전히 무시한 정반대의 내용이다.[30]

실제로 미국의 입장은 부적절한 언행으로 점철되었다. 특히 미국 정치가들은 1950년 6월 25일 직전의 아슬아슬한 상황에서 적의 선전에 수많은 빌미를 제공했다. 그것이 순진함이나 방심에서 비롯된 것인지는 모르겠지만 말이다. 알다시피 냉전에서는 선전선동이 특히 중요하다. 미국의 상원의원이자 다년간 공화당의 외교전문가로서 당시에 국무부의 의뢰를 받아 일본과의 평화조약을 준비했던 존 포스터 덜레스는 1950년 6월 19일 이승만에게 미국의 지원을 약속했다. 그리고 그다음 날에는 북한과의 국경선에서 미국과 남한의 장교들에 둘러싸인 채 38선이 그려진 지도를 펼쳐놓고 사진을 찍었다.[31] 이 사진은 일주일 후 『뉴욕 헤럴드 트리뷴』의 비중 있는 지면에 실렸고 소련과 동구권에서 자기 멋대로 해석할 자료로 악용되었다. 그리고 특히 북한은 이 사건을 유명한 선전영화 〈무명용사들〉에 활용했다.

전후 맥락을 살펴보면 북침 해석을 하도록 하는 것이 있다. 앞에서 살펴본 것처럼 공산주의에 대항하는 '롤백정책'의 입안 당사자인 존 포스터 덜레스가 6월 20일에 북한과의 국경선에서 군인들과 함께 공격의 가능성을 검토했다는 점이다(그는 1953년부터 아이젠하워 행정부의 국무부장관을 맡았다). 평양과 동구 전체가 이 점을 들어 북침으로 해석했다.[32] 물론 전쟁 초기에 우월한 전력으로 육상과 해상에서 동시다발적으로 행해진 북한군의 공격에 남한이 제대로 된 대응을 전혀 하지 못했다는 점을 고려하면 이승만이 북한에 대해 심각한 공격을 시작할 만한 능력을 갖추고 있지 않았다는 것은 의심의 여지가 없었다.

따라서 서구에서는 처음부터 북한이 남침을 했다는 견해를 가지고 있었다. 주변의 전언에 따르면 미 국무부장관 애치슨은 남한이 미국으로부터 더 많은 원조를 얻어내기 위해 적어도 전쟁을 도발하지는 않았으리라고 확신하지 못했다고 한다.[33] 실제로 이승만은 전쟁이 시작되기 직전에(1950년 6월) 공세적인 발언을 눈에 띌 정도로 했다. 이승만의 발언은 심지어 남한 국회 개원에 맞춰 서울에 머물던 존 포스터 덜레스 대표단을 당혹스럽게 만들었다.

1950년 6월 20일 전쟁이 시작되기 5일 전의 장면으로 평양의 선전에 악용된 사례. 그 시기에 미국 상원의원이자 공화당의 외교전문가였던 존 포스터 덜레스가 북한과의 국경선에서 미국과 남한의 장교들과 함께 지도를 들여다보고 있다. 냉전이 끝날 때까지 이 사진은 6월 25일의 공격이 미국에 의해 시작되었다는 증거로 활용되었다.

『애리조나 데일리 스타』의 편집장이자 존 포스터 덜레스의 친구인 윌리엄 매튜스를 비롯한 대표단의 몇몇은 이승만이 가까운 시일 내에 전쟁을 포함한 '어떤 대가를 치르더라도' 해결책을 찾으리라고 확신했다.[34] 특히 이승만이 1953년 복잡한 전쟁포로 교환을 보이콧하기 위해 그 어떤 것도 마다하지 않은 직후에 미국은 통일이 이루어지지 않은 상태에서 휴전을 강요했다.

전쟁이 일어나기 몇 해 전부터 국경지대에서 지속적으로 충돌이 발생한 것도 사실이다. 이때 양쪽은 실제적인 의도와는 상관없이 적의 영토를 침범했다. 영토 침범은 냉전시대에 독일을 포함한 다른 지역의 군사분계선에서도 거의 일상사였다. 여기저기에서 교전이 벌어졌다. 바로 그 때문에 1950년 6월 25일 새벽의 공격이 38선에서 일어나곤 했던 거의 일상적인 전투가 아닌지 하는 의구심마저 들게 만들었다. 최악의 대결은 1949년 봄과 여름에 일어났다. 5월 4일 개성 근방의 남한 군대가 공격해 500명의 사망자를 낸 전투였다.[35]

지속적인 대결구도에서 누가 먼저 공격을 하고, 누가 공격을 받았는지는 구분하기 어려웠다. 양쪽의 게릴라 부대는 혼란을 부추기는 역할을 했다. 1949년 여름에 심각한 수준의 공격을 행한 당사자는 북한의 지령을 받아 남한에서 사보타지 활동을 한 좌익 게릴라 부대였다. 그러한 '히트 앤드 런hit and run'(치고 빠지기) 작전의 목표물은 당시에 주로 경찰서를 비롯한 남한의 관공서였다.[36]

3장

한국전쟁의 시작,

1950년 6~10월

6·25: 1950년 6월 25일 북한의 공격

1991년 냉전이 끝난 뒤 보관기록들이 공개되자 과연 누가 1950년 6월 25일 한반도의 통일을 목표로 대규모 공격을 시작했는지에 대한 질문에 명확한 해답을 찾게 되었다. 그 이후로 모두가 알게 되었듯이 김일성은 이미 1949년 3월 모스크바의 스탈린을 찾아가 통일을 위한 군사적 해결 가능성을 논의했다. 그 시점은 우연한 선택이 아니었다. 중국 내전의 마지막 국면이 시작되던 1949년 4월 23일 마오쩌둥의 부대가 국민당 정부의 수도인 난징을 점령했다. 기록에 따르면 스탈린과의 대화에서 주요 안건은 경제적·군사적 지원이었지만, 김일성은 남한에서 정부 수립 후 미군 철수가 또 다른 커다란 기회를 제공하리라고 확언했다.[1] 또한 그는 미군 철수가 38선을 무용지물로 만들고 통일로 가는 길을 열어줄 것이라고 강조했다. 인민민주주의는 그것이 민족의 통일을 완성시킬 방법으로 선전되는 한 공동의 국가에 대한 희망을 확신시키고 이승만 정부를 약화시킴으로써 저절로 자리를 잡아가게 될 것이라 했다. 흐루쇼프의 기억에 따르면 김일성은 "옆구리를 한번 찌르기만 해도 남한에서 정치적인 폭발이 일어나 인민이 권력을 [……] 쟁취하게 될 것"이라고 말했다.[2] 1990년대에 비밀이 해제된 미국의 자료가 보여주듯이 실제로 미국은 동일한 시기에 분단된 독일에서도 동독이 공격하면 신생국가인 서독의 시민들이 정치적인 자유와 서구와의 동맹보다 통일을 우선시하고 저항도 하지 않은 채 항복하지 않을까 두려워했다.[3]

김일성은 그다음 몇 개월 동안 여러 채널을 통해 자신의 제안을 반복했다. 그리고 그때마다 스탈린은 김일성의 마음을 돌리기 위한 그 어떤 시도도 하지 않았지만 전쟁에 찬성할 수도 없었다.[4] 나중에 흐루쇼프는 다음과 같이 썼다. "남한을 이승만과 반동적인 미국의 영향에서 해방시키려는 열망을 지닌 김일성을 말리려는 사람은 진정한 공산주의자라고 할 수 없다. 그것은 공산주의 세계관과 완전히 배치되는 것이다." 국외자들에게는 놀랄 만한 일이었지만 1950년 1월 스탈린은 전쟁을 결정했다. 그 결정에는 한편으로 소련 최초의 핵폭탄 실험이 성공하고 중국의 내전에서 마오쩌둥이 승리한 것이다. 다른 한편으로 1월 12일 방어선에 관한 애치슨의 발언에서 보듯이 한반도에 대한 미국의 무관심이 중요한 역할을 했다.

입증된 바에 따르면 이 소련 독재자는 1월에 승리를 구가하던 마오쩌둥을 만난 직후인 2월 9일 한국의 통일에 필요한 '해방전쟁'을 수행하기 위해 김일성이 원한 조치들을 승인했다고 밝혔다.[5] 물론 해방전쟁 작전이 실패할 위험을 최소화하려면 많은 준비가 필요했다. 하지만 스탈린은 직접적인 개입은 꺼렸다. 그는 김일성에게 남쪽에서 생각만큼 쉽사리 승리하지 못할 경우 중국에 물어보라고 전했다.[6] 스탈린은 적어도 그 시점에는 미국과의 직접적인 전쟁을 원하지 않았다. 그러기에는 소련의 전력이 비록 몇 년 전부터 증강되면서 냉전의 조건에 맞게 개편되고는 있었지만 결코 충분치는 않았다. 물론 스탈린은 애치슨이 말한 방어선과 관련해 미국이 한국에서의 전쟁에 개입하리라고 믿지 않았다. 1948년 말 아시아 정책과 관련해 미국 정부의 국가안전보장회의에서 결의된 제48호 문건 역시—이 문건은 불투명한 통로로 크렘린에 넘어갔다—한국에 대한 특별한 언급이 없었으며 스탈린이 애치슨의 발언에서 예상한 바를 증명하는 것처럼 보였다.[7]

이 모든 것은 소련의 당서기장을 지낸 흐루쇼프의 회상록에 담긴 것으로서 1970년 미국에 처음으로 알려졌다. 물론 그 시기에 이것이 얼마나 신빙성이 있는지 아무도 알지 못했다. 흐루쇼프가 특히 강조했듯이 스탈린이 일반적으로 동의했음에도 김일성은 마오쩌둥과 합의해야 한다고 주장했다.[8] 이에 대한 이의제기가 없었을 뿐만 아니라 마오쩌둥 역시 한반도에서 전쟁이 일어나도 내전이기 때문에[9] 미국이 개입하지 않으리라고 예상하면서 한반도에서의 전쟁이 결정되었다. 1950년 1월 19일 모스크바의 만찬자리에서 김일성이 말한 바에 따르면 상황은 실제로 그런 식으로 전개되었다. 북한의 이 최고지도자는 소련은 나라를 통일하려는 자신을 돕지는 못하지만 마오쩌둥은 항상 북한을 지원해줄 것이라고 큰소리쳤다.[10]

마오쩌둥이 중국 내전이 끝난 직후 이웃나라의 새로운 전쟁에 휘말리게 되는 것에 동의했다는 사실은 그의 정치적 사고와 전략적 행동에 대한 통찰을 엿볼 수 있다. 전쟁에 참여할 것을 결심한 배경에는 북한과의 전통적인 동맹관계뿐만 아니라 세계혁명의 진전이 더 중요하게 작용했다. 이것은 중국에 대해 임박한 폭격, 심지어 핵폭탄조차도 그의 결심을 바꿀 수 없을 정도로 분명해 보였다. 따라서 한반도 문제에 대한 그의 동의는 일회성이 아니었다. 그는 한반도에서의 '해방전쟁'과 관련해 스탈린과 김일성에게 동의를 표명한 것과 병행하여 1950년 1월 베트남의 독립을 위해 프랑스 식민지 군대와 싸우고 있던 베트남 공산당과 호찌민과 라오스의 저항운동에도 지지를 선언했다.[11] 중국 주변 국가들에서 일어난 공산주의 운동은 스탈린이 1945년 이후에 소련의 인접국들에 해준 것처럼 마오쩌둥의 지원을 받을 수 있었다.

스탈린과 마오쩌둥의 관계는 이미 이 시점에 썩 좋지 않았고 김일성과의 관계만큼이나 어려웠다. 이 중국 혁명지도자는 모스크바의 지도적 역할을 전적으로 받아들였고 무엇보다도 스탈린에게 개인적으로 신세진 것이 있다고 느끼기는 했다. 하지만 이것은 그다음 10년 동안 스탈린의 후계자에 이르러 근본적으로 바뀌게 된다. 한국전쟁 직전에 스탈린과 적어도 그 뒤를 따라가는 입장인 마오쩌둥 사이에는 제정러시아 시대부터 이어져온 베이징의 근본적인 불신 이외에도 마오쩌둥에게는 뼈아픈 것으로서 스탈린이 장제스와 맺은 협약이 가로 막고 있었다. 이미 언급했듯이 소련이 대일전쟁에 참여한 지 일주일 후인 1945년 8월 14일에 체결된 우호동맹조약은 소련의 이익을 완전히 관철시키고 중국의 손해를 초래했다. 스탈린은 1949년 이후에도 자신에게 유리한 협정들을 철회하기를 거부했다. 그는 그렇게 되면 다른 모든 협약이 무효로 선언될지 모른다고 주장했다. 이와 비슷한 방식으로 분단된 베를린에서도 부차적이고 방해가 되는 것이었음에도 연합국들 사이에 맺어진 협약이 이 도시의 전체적인 위상에 의문을 제기하지 않기 위해 수십 년 동안 유지되었다. 그러나 동서관계를 한때 원점으로 되돌린 한국전쟁이 끝난 지 2년 후인 1955년 6월 흐루쇼프는 군사기지인 포트아서(다롄)를 중국에 되돌려주었다. 이것은 서구의 반응에 대한 우려와는 전혀 관계가 없었다.

다른 한편으로 마오쩌둥은 스탈린이 죽을 때까지 그를 '맏형'으로 여기고 자신이 중국에서 어려움에 처했을 때 이러한 관계를 활용했다. 이것은 1950년 10월 1일 마오쩌둥이 압록강까지 밀린 북한군을 중국이 돕도록 결정한 직후의 작은 에피소드에서도 알 수 있다. 스탈린은 1950년 7월 13일에 전투기 사단의 지원에 동의했지만 10월 10일 중국 초대 총리 저우언라이와의 회동에서 이 약속을 다시 철회했다. 물론 저우언라이는 이것을 받아들이려 하지 않았다. 이에 격분한 소련 독재자는 마오쩌둥에게 문서를 보내 중국이 이제는 북한에 대한 원조에 더는 참여하지 말라고 전했다. 마오쩌둥은 결국 "소련의 공중지원 유무와 상관없이 김일성을 도울 것"이라고 대응했다.[12]

하지만 소련의 공중지원은 나중에 이루어졌다. 한국전쟁에 개입하려는 중국 인민지원군의 전진기지인 선양에 1950년 8월 4일부터 주둔 중이던 이반 벨로프 소장 휘하의 소련 전투기들은 원래 중국 인민지원군 조종사들에게 미그15기의 조종훈련을 시키는 것이 임무였지만 1950년 10월 14일 유엔군과의 전투에 끼어들었다.[13] 그러나 이것은 중국 인민지원군의 공격이 초기 국면에서 재앙으로 끝나지 않게 만들기 위해서였다. 선양과 베이징 주변뿐만 아니라 중국 동쪽과 남쪽의 여러 지역에 거의 70만 명의 소련 군인이 유사시에 만주를 방어할 목적으로 주둔하고 있었다.[14]

그런 점에서 마오쩌둥은 스탈린과 갈등을 빚으면서도 그를 정치적 모범으로 여기고 결국에는 개인우상이라는 측면에서 그를 복사했다고 말할 수 있다. 그래서 마오쩌둥이 몇 년 후인 1956년 흐루쇼프가 주도한 '탈스탈린화'에 대해 극도로 민감하게 반응한 이유도 설명이 가능하다. 그가 그런 태도를 보인 것은 스탈린에 대한 탈신화화가 동시에 자신의 대표성과 지도력에 의문을 품게 만들 수 있기 때문이었다. 조금씩 균열을 보이다가 4년 후 중소동맹 관계가 공식적으로 깨졌을 때 그 원인은 물론 베이징의 이 독재자가 체면을 구긴 것에 대해 앙심을 품게 되었기 때문만은 아니었다.[15]

마오쩌둥이 1956년 4월 '열 가지의 위대한 관계'에 대한 연설에서 공개적으로는 처음 소련의 노선과 거리를 두었을 때 그 배경에는 이미 겹겹이 쌓인 짜증이 놓여 있었다. 그가 추측한 바에 따르면 모스크바가 예전의 우월감에서 자신에게 원자폭탄 개발에 관한 청사진을 주지 않은 것은 참을 수 없는 일이었다. 하지만 마오쩌둥이 가장 심각하다고 느낀 것은 소련의 '수정주의'였다. 수정주의는 '만형'이 서구와의 협상과 '평화적 공존' 전략을 통해 세계혁명의 이념에서 명백하게 물러서는 셈이었다. 이것이 1960년 '중소 블럭'을 깨뜨리는 역할을 했다.

마오쩌둥은 공산주의 진영 중에서도 이웃인 북한의 김일성을 단지 커다란 정치적 도전에 직면한 신출내기로 여겼다. 1950년 5월 스탈린이 주선해 김일성과 마오쩌둥 사이에 이루어진 개인적 대화는 껄끄럽게 진행되었다.[16] 마오쩌둥은 처음에는 망설이더니 북한과의 국경에 군대를 주둔시키겠다고 제안했다. 김일성은 자신의 체면을 생각해서라도 이것을 포기할 수 있다고, 심지어는 그래야 한다고 믿었다. 북한에서 김일성의 명성은 특히 일본과의 투쟁에서 성공한 빨치산 지도자로 쌓아진 것이다. 모스크바에서 그는 전쟁을 산책하는 정도로 묘사했기 때문에 남한을 상대로 한 '해방전쟁' 계획을 밀어붙이게 되었다. 그래서 김일성은 마오쩌둥이 매우 불손하고 거만하게 여겼던 회동 중에 거침없이 북한군만으로도 이 일을 처리할 수 있다고 말했다. 여기서 김일성은 남한에서 이미 활동 중인 빨치산을 염두에 두었다고 할 수 있다.[17]

1년 이상 지속된 협상과 심사숙고의 결과는 결국 1950년 6월 25일 오전 4시 직후 탱크, 대포, 전투기의 지원을 받은 약 12만 명의 병력으로 공격을 시작하겠다는 김일성의 야심이었다. 그 이전의 수많은 전쟁과 마찬가지로 기습의 효과를 극대화하기 위해 주말에 공격하기로 결정되었다.

그럼에도 사전경고가 없지는 않았다. 38선의 남쪽 접경지역인 개성에서 1950년 6월 25일 북한군에 붙잡혔던 감리교 선교사 래리 젤러스Larry Zellers가 나중에 전한 바에 따르면 이 도시의 미국인들은 수시로 대사관과 현지 미군들로부터 공격이 임박해 있을지도 모른다는 경고를 받았다. 그의 기억에 따르면 그곳의 미국인들은 심지어 "북한이 실제로 공격할 경우 대피가 용이하도록" 서울로 거처를 옮기라는 제안을 받기도 했다.[18]

실제로 서구의 공식적 통로에서는 이미 오래전부터 그때까지의 국경 충돌과는 확연히 구별되는 심각한 공격이 임박했다는 이야기가 수시로 나돌았다. 몇 달 전 미 중앙정보국CIA은 공격 시점을 1950년 6월로 점찍기도 했다.[19] 그러나 미국의 관계당국들이 나중에 인정하지 않을 수 없었듯이 미국 정보기관과 정부는 이 공격에 허를 찔렸다. 당시에 미 국무부국장이자 극동책임자로서 38선을 분리선으로 합의하는 정책을 입안했던 딘 러스크는 1941년에 벌써 일본의 진주만 공격을 예견하는 데 실패한 정보기관들이 새로운 재앙에 직면해 책임을 모면하려 별짓을 다한다고 비난했다. 그의 말에 따르면 "그 모든 것이 완전히 엉터리였다."[20] 실제로 비밀정보수집SIGINT(Signal Intelligence)을 통해 적의 통신망을 감청하는 기능은 결코 매끄럽게 작동하지 않았다. 그 후 1950년 10월 중국 인민지원군의 공격 역시 돌발적인 사건이 되었다. 한국에서 오늘날까지 지속되고 있는 전후 시대에도 정보수집 활동은 수많은 오류로 점철되어왔다.

남한 방어를 위한 결정들

주한미대사 존 무초는 1950년 6월 25일 일요일 새벽에 시작된 북한의 공격을 오전 10시에 워싱턴에 보고했다. 이에 대한 뉴스가 미국에는 시차 때문에 6월 24일 21시 26분에 알려졌다. 긴급뉴스로 타전된 내용들은 당시에 남한 영토인 개성과 옹진반도에 새벽 4시부터 포탄이 쏟아졌음을 알렸다. 그러나 38선에서 남쪽으로 멀리 떨어진 춘천 근방에서도 북한군 탱크와 보병부대가 목격되었다. 오전 9시에 개성이 함락되었다. 동해안의 강릉 근처에서는 상륙작전이 펼쳐졌다는 보고도 있었다. 무초는 북한이 무력통일을 위해 오랫동안 기다려온 전쟁을 의미하는 대규모 공격이 이루어지고 있음을 직감했다. 동해안에서 목격된 것과 같은 대규모 상륙작전에는 오랜 준비가 필요했기 때문이다.[21]

서울의 미군 라디오 방송은 오후 1시에 몇 년 전부터 일상적으로 벌어진 국경 충돌을 염두에 두고 처음에는 안정을 잃지 말라고 당부했다. 그것이 대규모 공격인지 정확히 알 수 없다는 이유에서였다.[22]

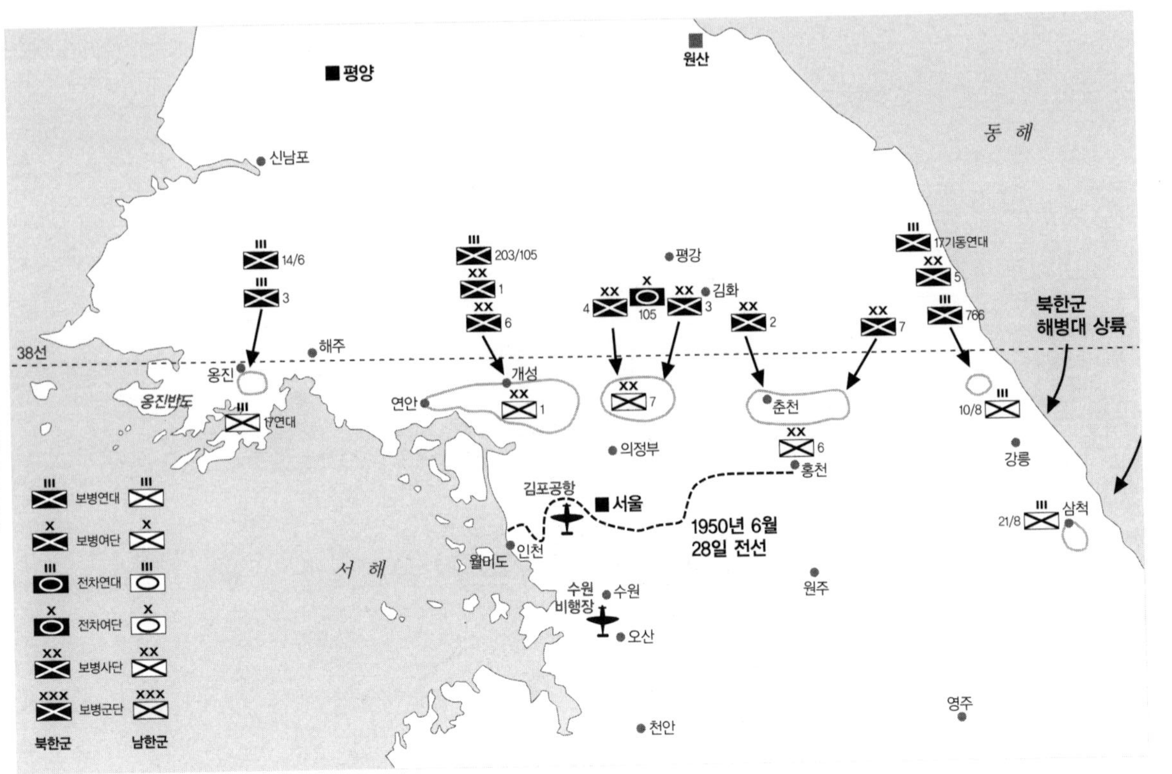

1950년 6월 25일 북한군의 침략

그러나 실제로는 모든 것이 북한의 전면적 침략을 암시하고 있었다. 이미 같은 날에 북한의 전위부대가 남한의 수도인 서울에 도달했다. 서울을 함락한 28일까지 전투가 지속되는 동안 북한군의 선봉대는 남쪽으로 계속 이동하고 있었다. 첫 번째 공세에서 미국 공군기지인 김포와 수원에 대한 공격도 이어졌지만 별다른 손실이 발생하지는 않았다. 같은 시각에 북한은 남한군의 해주시 공격에 반격을 가했다고 발표했다. 이것은 나중에 누가 먼저 총을 쏘았는지에 대한 질문이 제기되었을 때 중요한 의미를 내포하고 있었다.[23]

주한미군사고문단에 소속된 소수의 미군뿐만 아니라 남한군도 공격에 전혀 대비하지 않았다는 것은 6월 25일 오후 3시 무초가 미 국무부에 탄약이 급히 필요하다는 내용의 도움을 요청하는 전문을 보낸 것에서 분명하게 드러난다.[24] 그다음 며칠 동안 일본에서 보급품이 공수되어왔지만 북한의 진격을 저지할 수는 없었다.

트루먼은 오랫동안 내버려두었던 남한을 방어하겠다는 결정을 6월 25일의 공격 직후에야 내렸다. 그는 고향인 미주리 주 인디펜던스에서 10시가 조금 넘은 시각에 '차를 마시며' 국무부장관 애치슨에게 관련 보고를 받고 지체 없이 워싱턴으로 돌아왔다.[25] 그는 미국 의회의 사전 결의를 기다리지 않고 같은 날에 유엔 안전보장이사회에 전화를 걸어 국경선의 회복에 관한 안건을 올리도록 했다. 소련이 중국에 대한 고려가 부족하다는 이유로 위원회를 보이콧한 탓에 6월 25일에 첫 번째 유엔 결의안이 채택될 수 있었다(유엔 결의안 82호). 1950년 6월 27일에

남한군과 유엔군의 규모(1951~1953년)[26]

국가	1951년 6월 30일	1952년 6월 30일	1953년 6월 30일
유엔군			
에티오피아	1,153	1,094	1,271
오스트레일리아	912	1,844	2,282
캐나다	5,403	5,155	6,146
프랑스	738	1,185	1,119
그리스	1,027	899	1,263
영국	8,278	13,043	14,198
콜롬비아	1,050	1,007	1,068
뉴질랜드	797	1,111	1,389
네덜란드	725	565	819
벨기에	602	623	944
필리핀	1,143	1,494	1,496
태국	1,057	2,274	1,294
터키	4,602	4,878	5,455
미국	253,250	265,864	302,483
의무병			
인도	333	276	70
이탈리아	–	64	72
노르웨이	79	109	105
스웨덴	162	148	154
남한군			
남한	273,266	376,418	590,911

는 군사적 개입을 허용하는 결의안이 이어졌다(결의안 83호). 7월 7일의 84호 결의안과 7월 30일의 85호 결의안 역시 소련의 비토 없이 채택되었다.

미군이 유엔군의 주력부대였지만 20개 국가가 군인을 파견했다. 에티오피아, 오스트레일리아, 벨기에, 프랑스, 그리스, 영국, 캐나다, 콜롬비아, 룩셈부르크, 뉴질랜드, 네덜란드, 필리핀, 남아프리카공화국, 태국, 터키가 전투병을 파견했고 덴마크, 인도, 이탈리아, 노르웨이, 스웨덴은 의무병을 보냈다. 북한 편의 참전국(소련, 중국)을 포함해 결국 25개국이 이 전쟁에 관여하게 된 셈이 되었다. 게다가 북한은 불가리아, 폴란드, 루마니아, 체코슬로바키아로부터 의료지원도 받았다. 양쪽에 간접적으로 물품을 제공하고 지원하는 국가도 있었다. 거기에는 독일의 두 국가도 포함되었다. 서독과 동독은 각각 유엔군과 북한을 편들었다.

유엔 결의안이 채택된 지 나흘 후인 1950년 7월 1일에 주한미군사고문단과 남한군을 돕기 위해 미군이 처음으로 들어왔다. 당시 일본에 주둔하던 미 8군 예하 제24보병사단이 남한에 급파되었다. 이 부대는 남쪽으로 후퇴하면서 벌인 전투, 특히 대전을 사수하기 위한 전투에서 심각한 병력 손실을 입은 것으로 유명해졌다. 대전은 1950년 7월 20일 북한군의 수중에 넘어갔고, 미군은 병력의 약 30퍼센트를 잃었다.[27]

1944년에 창설된 후 오늘날에도 남한의 용산에 주둔 중인 미 8군은 북한이 공격했을 때 일본의 맥아더가 가용할 수 있었던 유일한 부대였다. 이 부대는 전쟁 초기에 약 8만 3,000명 규모의 병력을 보유하고 있었으며 이때부터 점차 강한 전투력을 갖추게 되었다.[28] 전쟁이 끝날 때쯤에는 93만 3,000명의 병력이 유엔의 지휘를 받고 있었다. 그중에서 미군이 30만 2,483명이었으며, 3만 9,145명은 다른 유엔 회원국들에서 파견한 병력이었고 남한군은 59만 911명이었다.[29] 남한의 장정들을 미군에 배속시키는 것은 오늘날까지 유지되고 있는 전통이 되었다. 1950년 8월 15일부터 미 8군은 카투사라는 개념으로 남한의 군인들을 배속시켰다. 이보다 한참 뒤에는 또 다른 미군 부대들이 전쟁에 투입될 준비를 갖추게 되었다. 1946년에 해체된 미 10군단은 8월 15일의 인천상륙작전 준비를 위해 재소집되었다. 이 부대는 인천에서뿐만 아니라 북한을 점령할 때 핵심 작전에 투입되었다.

6월 26일 월요일에 벌써 미국은 자국민과 서방국가들의 국민을 서울에서 황급히 대피시켰다. 이들은 항공편으로 한강을 넘어 거기에서 몇 킬로미터밖에 안 되는 인천 근방의 해안으로 이동했다. 이 작전으로 약 2,000명이 안전지대로 옮겨진 반면에 한강 이북에서는 절망에 빠진 남북한 민간인과 남한군 병사들이 다리 앞으로 몰려들고 있었다.[30] 인천 해안에 집결한 외국인들은 자국 또는 우방국의 배를 이용해 일본으로 대피했다.

항공모함 '밸리 포지', 순양함 1척, 구축함 9척을 포함한 미 7함대의 일부가 바다에서 적의 공격을 막아내기 위해 필리핀에서 출발해

6월 28일 한국 해역에 도달했다. 그다음 몇 년 동안 상륙작전이나 지상공격을 지원하기 위해서뿐만 아니라 부산의 교두보를 확보하기 위해 수시로 함포가 동원되었다. 인구밀집지역에서 함포는 전략폭격기와 마찬가지로 북한군뿐만 아니라 민간인에게도 말할 수 없이 끔찍한 결과를 낳았다.

유엔 안전보장이사회는 소련이 불참한 가운데 채택한 82호와 83호 결의안을 통해 북한의 급습을 비난함과 동시에 무장공격을 물리치고 평화와 안전을 회복시키기 위해 남한에 모든 지원을 해줄 것을 허용했다. 6월 27일부터 일본에서 이륙한 미 공군의 B26, B29 폭격기들이 전투에 개입해 북한군과 보급로를 폭격했고 미군과 남한군의 후퇴를 지원하기 위한 공격을 감행했다.

가용할 수 있는 '모든 것'이 투입되었다. 이것은 폭격에만 해당되지 않았다. 파열폭탄 이외에도 제2차 세계대전의 마지막 국면에서 이미 알려진 네이팜탄도 투하되었다. 이 폭탄에 담긴 젤리 형태의 휘발유는 사실상 진압할 수 없을 정도의 끔찍한 화재를 일으켰다.[31] 당시에 무장이 빈약한 남한군 병사들은 죽은 자들의 무기를 들고 계속 싸울 수밖에 없었다.

서울이 함락되었고 남한군과 소수의 미국인들은 혼란스러운 상황에서 남쪽을 향해 후퇴하고 있었다. 6월 30일부터 미 공군은 북한 내에 있는 목표물을 공격했다. 그중에는 수도인 평양 인근의 비행장을 비롯해 원산과 함흥의 산업지대가 포함되어 있었다.[32] 이때부터 미군의 제공권이 지속적으로 우위에 있게 되었다. 1950년 8월 초에 벌써 미군은 북한이 운용한 약 130대의 비행기 중에서 이미 110대를 없애 버렸다고 평가했다.

공중공격은 물론 북한이 덜 훈련된 자국의 조종사들을 소련, 그리고 나중에는 중국 인민지원군의 노련한 조종사들이 지원하도록 한 것이 알려지면서 정치적 쟁점이 되었다. 이들은 북한군 복장을 하고 북한을 상징하는 표식이 달린 비행기를 조종했다. 지금은 누구나 알고 있듯이 이때 스탈린은 제2차 세계대전에서 가장 유명했던 '정예 조종사'들을 전쟁터에 보냈다.[33] 그들 중 일부는 이전에 장제스의 국민당과 전쟁을 벌인 마오쩌둥을 도와준 적이 있었다. 1950년 10월부터 중국이 참전하는 동안 소련 조종사들은 북한과 중국의 동료들과 함께 공중지원에 나섰다. 무엇보다도 소련이 1950년 말이라는 시점에 제공할 수 있었던 가장 현대적인 미그15 제트전투기 조종사들이 바로 이들이었다.[34]

북한이 공격을 시작한 초기 국면에서 미국의 전투기들이 외국인들의 서울 탈출 작전을 엄호하며 소련제 야크9기 3대를 격추시켰을 때 미 국무부는 '남한에 대한 공격을 소련의 공격으로' 평가할 근거를 갖게 되었다.[35] 1950년 6월 25일의 보고 역시 이에 대해 언급하고 있었다. 즉 북한의 공격이 유럽에서 동일한 시나리오의 청사진이 될 수 있으므로 동독이 서독을 급습함으로써 동일한 모범에 따른 통일을 시도할 가능성이 있다는 것이다.

그러나 북한의 공격에 대한 남한 민중의 반응은 김일성이 모스크바와 베이징에 예고한 시나리오와 전혀 일치하지 않았다. 남한 국민들 대다수는 평양의 군대를 피해 도망쳤다. 북한군이 근접해오고 외국인들이 이미 항공편으로 빠져나간 서울은 첫날부터 공황상태에 빠졌다. 남한 정부는 서울을 완전히 비우기로 결정했다. 6월 27일에 이승만은 남쪽에 위치한 대전으로 피신했다. 같은 날 남한 군대는 이 도시를 사실상 포기하고 방어선을 서울로부터 남쪽으로 후퇴시켰다. 그중 일부는 동쪽 방향으로 이동해 홍천까지 내려갔다(80쪽 지도 참조). 방어는 사실상 불가능했다. 동쪽 방면에서도 강릉과 삼척에 상륙한 북한군에 포위당했기 때문이다. 처음에는 그 어떤 전선에서도 침략을 저지할 수 없었다. 6월 28일 서울은 북한의 수중에 들어갔다. 물론 서울에서의 마지막 전투가 그다음 날까지 이어지기는 했다. 극적인 상황 속에서도 맥아더가 전쟁지역으로 직접 와서 전황을 살폈다.

남한 병사들뿐만 아니라 미국 병사들 사이에서도 심리적 공황상태가 나타났다. 보고에 따르면 일부 병사들은 후퇴하면서 무기를 버리고 가능한 한 빨리 남쪽으로 도망치려고 했다.[36] 이러한 경솔함은 보급품과 후속부대가 일본에서 도착한 7월 1일 이후에도 없어지지 않았다. 미군 의무대의 기록에 따르면 1950년 9월까지 정신질환이 급격히 상승했다. 미군이 그해 발행한 『애뉴얼 메디신 리포트』에 밝혀져 있듯이 이러한 정신질환의 특징은 심신쇠약, 무감각, 두려움, 고혈압, 몸을 떠는 증상, 불면증, 식욕부진, 악몽 등이었다(88쪽 도표 참조).[37]

1950년 7월부터 1953년 7월까지 발생한 미군의 정신질환 통계

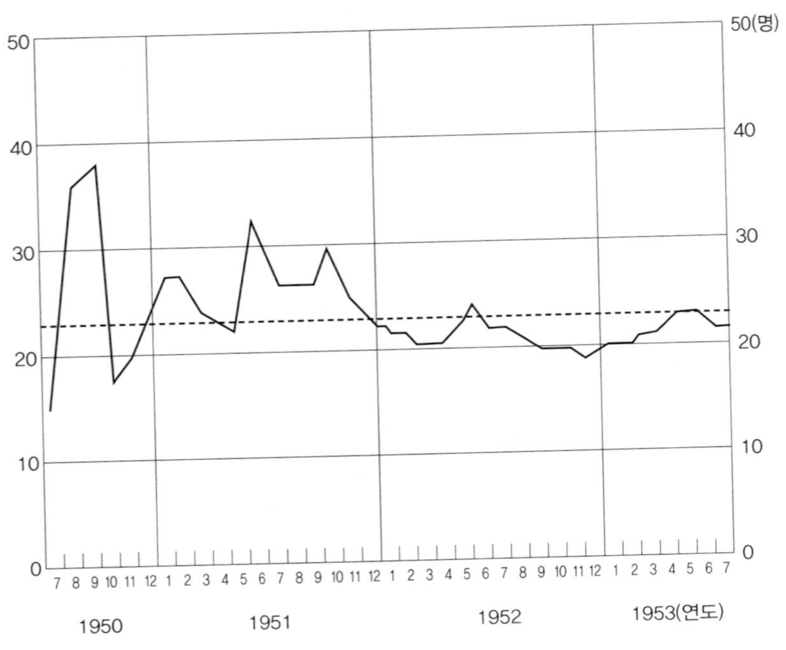

이러한 증상들은 훨씬 나중에 쇼크에 의한 적응장애PTBS라는 개념으로 알려졌다.

또 다른 기록에 따르면 북한군으로 탈영하는 사태도 발생했다. 나중에 북한군이 후퇴할 때에는 반대 방향으로 동일한 현상이 나타났다고 한다. 물론 지난 몇십 년 동안 역사 기록물에 등재된 정보들 중 일부는 선전에 불과한 것으로 밝혀졌다.[38] 식민지시대에 이승만이 이끌던 임시정부에서 부주석이었던 김규식의 이른바 '전향'은 사실이 아

니었다. 그는 납치되어 북쪽으로 끌려갔으며 결국 1950년 12월 중국과의 국경선 인근 만포진에서 사망했다.

1950년 9월까지 북한군은 남한을 거의 완전히 점령했다. 이때 공황상태에 빠져 후퇴하던 남한군과 유엔군이 개별 진지를 절망적으로 사수하려는 과정에서 끔찍한 장면이 연출되었다. 1950년 7월 26일 북한군을 피해 안전한 곳을 찾던 최대 700명의 민간인들이 대전시 남동쪽의 충청북도 영동군 황간면 노근리로 몰려들었다. 미 제7기병연대 2대대 병력은 경부선 철로 위에 피난민들을 모아놓고 총탄을 퍼부은 데 이어, 이들이 철로 밑 쌍굴다리로 숨어들자 무차별 사격을 가했다. 이때 쌍굴에 갇힌 사람들 중 약 3분의 2가 죽었다.[39] 그 이전에 지휘관은 민간인들이 부대가 통과할 길을 막지 못하도록 하라는 명령을 내린 바 있었다. 그러한 사건들이 유엔군과 남한군에 의해서만 100건 이상 일어났다는 추정도 가능했다.[40]

미군은 한국의 전투 상황에서 일어난 민간인 살상에 대해 오인으로 인한 정당방위라고 변명했다. 그러한 행위들은 병사들이 전투에서 더는 전투원과 비전투원을 구별할 수 없다고 믿었거나 최소한 그런 식으로 보고했기 때문에 자주 발생했다.[41] 이러한 현상은 한국전쟁이 끝난 후 베트남전쟁을 비롯해 수많은 '뜨거운' 작은 전쟁들에서 계속 나타났다. 아프가니스탄(2001년부터)과 이라크(2003~2011년)에 미국이 개입했을 때도 마찬가지였다.[42]

특정한 군사작전에서 전투원과 비전투원 사이의 경계는 처음부터

전쟁범죄 진격 중이던 북한군에 의해 양손을 결박당하고 뒷머리에 총상을 입은 채 죽은 제21보병사단 소속의 미군GI. 그는 1950년 7월 10일 유엔군이 부산 교두보로 후퇴하던 도중 낙동강 주변에서 발견되었다.

구분지을 수 없는 경우가 흔했다. 이것은 부분적으로 구름이 시야를 가린 가운데 레이더에만 의존해야 하는 폭격이나 바다에서 이루어지는 함포사격의 경우에도 마찬가지였다. 전쟁 초기 몇 주 동안 이미 수백 명의 민간인들이 남한에서 죽었다.[43] 유엔군 병사들은 성폭행에도 연루되었다. 전쟁범죄의 규모는 지난 몇 년간 남한의 시민운동단체가 주도한 조사를 통해 알려졌다. 이와 반대로 한국 민간인에 대한 무자비한 행태가 몇몇 저자의 가정처럼 실제로 아시아인들을 거의 예외 없이 '국스gooks'(가령 '찢어진 눈'이라는 의미)로 비하했던 유엔군 병사들의 명백한 인종주의로 설명 가능한 것인지는 확실하지 않다.[44] 비전투원을 고려하지 않는 폭격은 제2차 세계대전 때 유럽의 전장에서도 일반적이었다.

상대방이 덜 잔인한 것도 아니었다. 민간인을 방패막이로 삼은 북한 인민군에 관한 보고도 있다. 북한군은 포로로 잡힌 유엔군 병사들을 사살하기도 했다. 이에 대한 보고서는 전투가 시작된 직후에 벌써 작성되었다. 이와 관련해서는 미국의 전쟁범죄조사위원회가 지속적으로 보고서를 냈다. 최초의 보고들에 따르면 1950년 7월 10일 포로로 잡힌 병사들이 머리에 총을 맞고 처형되었다.[45]

그러한 사건들 중 많은 경우가 서류로 정리되었다. 8월 12일 포위당한 부산 교두보 근처에서는 포로가 된 후 사살당한 미군 병사들의 시체 75구가 발견되었다. 이 범죄는 '피의 협곡 학살'(137쪽 지도 참조)로 악명 높았다.[46] 당시에 벌써 가장 많이 알려진 전쟁범죄들 중 하나는 물론 1950년 8월 17일 대구 전투에서 포로로 잡힌 미군 병사들을 살해한 일이었다. 낙동강 인근의 왜관에서 멀리 떨어져 있지 않은 남서쪽의 303고지에서 벌어진 학살(137쪽 지도 참조)로 41명의 병사들이 목숨을 잃었다. 조사 결과에 따르면 그들은 북한군이 미군의 공중공격을 받고 후퇴하면서 데려가고 싶지 않았기 때문에 사살된 것이었다. 당시에 맥아더는 이러한 전쟁범죄가 미국과 서방국가들에 언론을 통해 즉시 공개되도록 했고 항공전단을 이용해 전선 뒤의 북한 지역에도 알리도록 조치했다. 전쟁범죄를 저지른 당사자들에게 형법상의 책임을 물을 수 있다고 위협하기 위해서였다.[47]

전선은 1950년 8월 초까지 지속적으로 한반도의 남쪽과 남동쪽으로 밀려났다. 이때 북한군은 남한군뿐만 아니라 미군도 둘러싸거나 심지어는 포위하기도 했다. 처음에 대전 서쪽을 방어하던 미 8군 예하 24보병사단이 그러한 경우였다. 사단장 윌리엄 F. 딘 소장은 이 전투에서 다른 수많은 장병처럼 적의 손아귀에 들어갔다. 나중에 그는 북한의 전쟁포로로 잡혀 있었을 때의 비인간적인 여건에 대한 주목할 만한 진술과 거의 완전히 파괴된 북한에 대한 보고를 통해서 유명해졌다.

8월 4일에 이르자 유엔군의 방어선은 항구도시 부산 주변의 동쪽 구석에서 안정을 찾았다. 포항–대구–마산으로 이어지는 방어선의 좁은 공간에 약 14만 1,000명의 남한군과 미군이 집결해 있었다. 그중에서 9만 2,000명이 전투부대에 소속되어 있었다.[48] 여기에는 특히

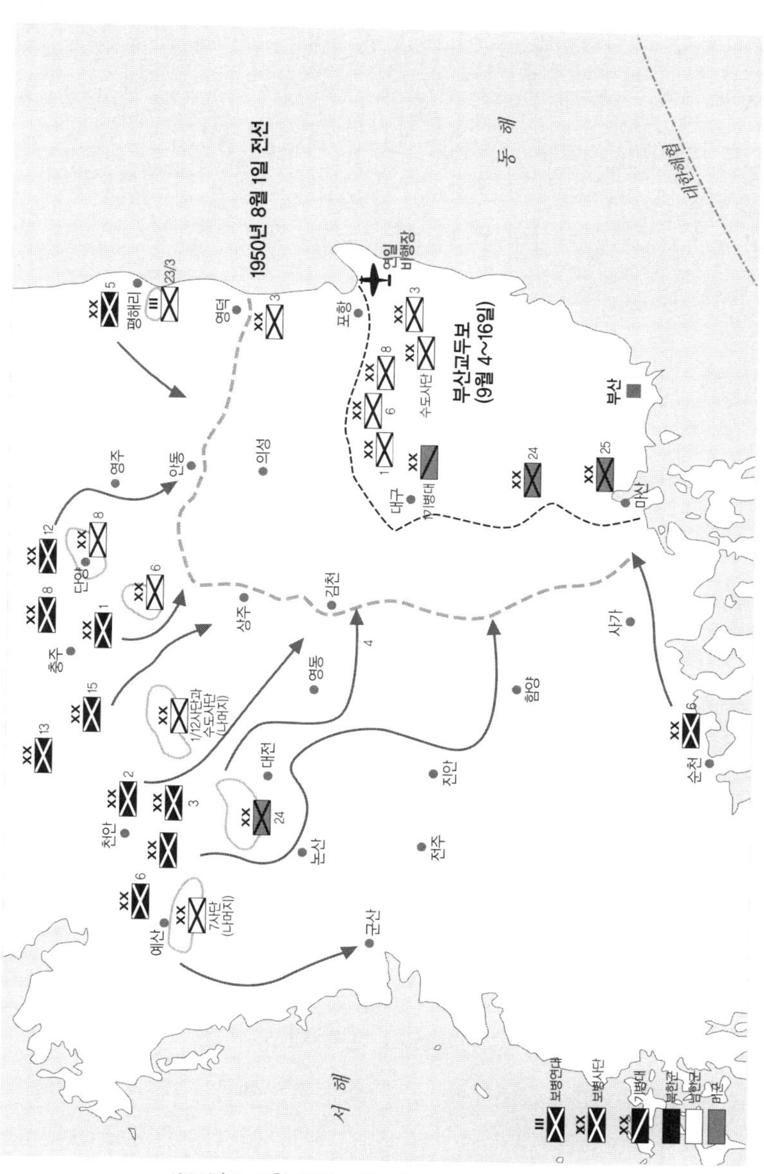

1950년 7~9월: 부산 교두보를 사이에 둔 상태에서
북한 인민군의 진격과 남한군·유엔군의 후퇴

남한군 5개 사단뿐만 아니라 24보병사단의 패잔병들을 포함해 미군 3개 사단이 주둔해 있었다. 그들이 약 7만 명의 북한군에 둘러싸여 있기는 했지만, 진격을 거듭해온 북한군 역시 마지막 교두보를 접수할 여력은 없었다.

인천 상륙

원래는 퇴역장군으로서 1941년 일본이 진주만을 기습한 후 군에 재소집된 더글러스 맥아더는 남서태평양과 극동에서 연합국 최고사령관이 되어 승승장구했다. 그는 또한 탁월한 업적을 바탕으로 1945년 9월 2일 일본의 항복을 받아낼 수 있었다. 대한민국의 원상회복을 요구하는 유엔 결의안이 채택된 지 약 2주일 후인 1950년 7월 8일 그는 한국에서 작전하는 유엔군을 지휘하게 되었다. 그가 지휘권을 가졌던 1951년 4월까지 병력은 50만 명 이상(55만 4,577명)으로 증가했다.[49] 가장 많은 병력을 파견한 국가는 처음부터 미국이었다(25만 3,250명).

그다음으로 많은 병력을 참전시킨 국가들은 남한(27만 3,266명), 영국(8,278명), 캐나다(5,403명), 터키(4,602명) 순이었다. 갈등의 첨단지대에 유엔군사령부UNC에 소속된 약 93만 3,000명 규모의 보병부대가 약 101만 명 규모의 북한, 중국, 소련 혼성부대와 대치하고 있었다. 그 주력은 마오쩌둥이 보낸 부대였다.[50] 첫 번째 공세에서 베이징은

1950년 10월 19일과 11월 5일 사이에 6개 군단(30개 보병사단과 3개 포병사단)을 파병했다. 1951년 1월 8일까지 그 규모는 15개 군단(48개 보병사단과 9개 포병사단)으로 증가했다. 1952년 4월부터는 42개 보병사단 외에 처음으로 4개 기갑연대와 8개 항공사단이 전투에 대기했다. 1952년 12월과 1953년 7월 사이에 중국 인민지원군의 증강이 최고조에 달했다. 이때 60개 보병사단, 10개 항공사단, 4개 기갑연대로 이루어진 20개 군단을 가용할 수 있었다. 중국 인민지원군 보병부대만 74만 명 규모였다. 이 밖에 26만 명의 북한군과 2만 6,000명의 소련군(약 1만 명은 항공정비인력)은 중국 인민지원군을 지원하는 정도였다. 물론 소련군은 비교적 소수의 병력이었지만 미국과 소련이 냉전의 주역으로서 직접 대치했다는 것이 중요했다. 더욱이 소련 조종사들은 북한이 군사적 안정을 찾는 데 결정적인 역할을 했다.

제2전선의 구축에 관한 방안은 맥아더에게 1950년 8월 유엔군과 남한군이 처한 수세적인 입장을 고려하면 논리적인 결론이었다. 그 모범은 태평양전쟁에서의 경험이었다. 제2차 세계대전에서 맥아더의 지휘 아래 비싼 비용을 지불하며 지속적인 상륙작전을 통해 이루어진 '섬에 뛰어오르기'는 근본적으로 일본에 대한 승리에 기여했다. 상륙 지점으로는 인천이 선정되었다. 남한에서 두 번째로 큰 항구도시인 인천은 서울에서 서쪽으로 가까운 곳에 있었지만 북한 동맹군 뒤쪽으로 멀리 떨어져 있었고 1950년 6월 이래로 가장 중요한 보급기지들 중 하나가 되었다.

'크로마이트' 작전〔인천상륙작전의 암호명: 옮긴이〕의 실행은 물론 간단하지 않은 것으로 입증되었다. 조수간만의 차가 커서 낮에는 6시간만 작전이 가능했을 뿐만 아니라 수로는 좁고 해안은 암초로 뒤덮여 있었기 때문이다. 이 모든 것이 8월 12일 이래의 계획단계에서부터 많은 의구심을 불러일으켰다. 가장 큰 걱정은 상륙정이 한 척만 침몰하더라도 작전 전체를 위험에 빠뜨리게 될 것이라는 점이었다.[51] 맥아더는 도쿄 사령부를 힘겹게 설득해 결국 작전을 감행하기로 했다. 기습작전이 모험을 무릅쓸 만한 가치가 있는 반면에 망설임과 이로 인한 패배는 세계의 다른 지역, 특히 유럽에 어떤 결과를 가져올지 모른다는 이유에서였다. 미디어가 매 순간을 쫓아가는 방식으로 동참한 인천상륙작전에 관한 사진과 필름은 한동안 미국과 전 세계 언론을 장식했다. 이것은 맥아더에게 냉전시대 장군의 원형이라는 이미지를 만들어주었고, 그 이미지는 이후 수많은 (전쟁)영화에서 수시로 재생산되었다.[52]

새로 투입된 미 10군단을 포함한 대략 7만 명의 유엔군이 230척의 선박을 동원해 9월 15일 '크로마이트' 작전을 실시했다. 이 작전은 모든 어려움을 극복하고 아무런 문제없이 성공했다. 작전을 급히 준비하다 보니 상륙정의 대부분이 일본의 재고품이었고 심지어는 일본인이 조종하는 사태가 벌어지기도 했다. 현지시간으로 오전 6시 30분 태평양전쟁에서 활용한 전범에 따라 미 7함대 소속의 전함들이 엄청난 규모의 함포사격을 하고 미 공군이 격렬한 폭격을 가한 후에 부대

한국에서의 전체 보병부대 전력(천 단위 이하 생략)[53]

날짜	1950년 6월 25일	1951년 6월 30일	1952년 6월 30일	1953년 6월 30일
미국	500	253,000	266,000	302,000
남한	95,000	273,000	376,000	591,000
기타 유엔군	–	28,000	36,000	3,977,000
유엔군과 남한군 소계	95,500	554,000	678,000	932,000
북한	135,000	218,000	83,000	260,000
중국	– 5월 11일까지 21,000	530,000	590,000	740,000
소련	10,000(기술자)	10,000(기술자)	10,000(기술자)	10,000(기술자)
동구 전체	145,000 5월 11일까지 355,000	758,000	683,000	1,010,000

들이 인천 앞바다의 월미도에 이어 육지에 상륙했다. 기습을 당했을 뿐만 아니라 격렬한 폭격 때문에 거의 마비된 소규모 북한군은 별다른 저항을 하지 못했다. 그래서 상륙작전으로 인한 희생은 크지 않았다. 20명의 유엔군 병사가 죽었을 뿐이었다.[54] 물론 북한의 희생자 수는 알려지지 않았다. 월미도를 접수할 때에만 108명의 북한군이 사살되었다.[55]

그사이 약 18만 명 규모로 증강된[56] 미 8군이 9월 16일 포위상태에서 벗어나 부산을 둘러싼 북한군의 전선을 돌파하고 인천–서울로 향

인천 한국전쟁 당시 가장 유명한 사진들 중 하나다. 더글러스 맥아더가 9월 15일 전함 'USS 마운트 맥킨리'의 함상에서 부하 장군들과 함께 크로마이트 상륙작전을 관찰하고 있다(왼쪽부터 C. 휘트니 준장, E. K. 라이트 소장, D. 맥아더 장군, E. 알몬드 소장).

하는 북서쪽 방면, 홍천으로 이어지는 북쪽 방면, 동해안에서는 강릉 방면 등 세 방면으로 대규모 공격을 가하며 진격하는 동안, 인천 동쪽으로 진출한 유엔군은 곧 서울에 도달했다. 서울은 그달 28일에 완전히 탈환했다. 북한군에 점령당한 지 정확히 세 달이 지난 시점이었다. 후방으로의 연결이 끊기자 남쪽 깊숙이 박혀 있던 북한군은 서둘러 북쪽으로 후퇴할 수밖에 없었다. 그중 일부는 심지어 광주 동쪽과 대전 북쪽에서 포위당하기도 했다.

미 공군이 후퇴하는 북한군에 대해 격렬한 폭격을 가하면서 전선은 매우 빠른 속도로 불과 3개월 전에 전쟁이 시작된 38선까지 올라갔다. 10월 1일 남한군을 시작으로 며칠 후에는 유엔군의 일부도—미 8군 예하 제1기병사단—북한으로 향한 경계선을 넘어 냉전시대의 공산주의 국가를 처음이자 마지막으로 점령하기 시작했다. 이 진격은 중국과 국경을 이루는 압록강까지 이어지면서 오늘날까지도 제한적인 국경분쟁을 세계적인 차원의 핵전쟁으로 비화시킬 수도 있었다.

미국 보고서에 따르면 북한 주민들은 유엔군을 처음부터 매우 우호적으로 대했으며, 특히 기본적으로 반공의 분위기가 고조되었다고 한다.[57] 이러한 긍정적인 입장이 그다음에 부분적으로 급속히 바뀌게 된 것은 한편으로 전쟁지휘부의 전반적인 강경함, 또 다른 한편으로 남한군과 그 밖의 치안세력, 특히 북한 주민의 '재교육'을 위해 투입된 반공단체들과 연관되어 있었다.[58]

북한군이 부산을 앞에 두고 힘을 소진하고 있는 상황에서 소련이 대규모의 원조를 해주지 않은 이유와 관련해 흐루쇼프는 특히 전임자와의 관계를 전반적으로 청산하는 차원의 회상에서 많은 부분을 스탈린 탓으로 돌렸다.[59] 그러나 사실 독재자 스탈린은 군사적인 반격이 필요하더라도 소련은 개입하지 않겠다고 김일성에게 확언한 바를 충실히 지켰을 뿐이었다. 그 배경에는 직접적인 군사 개입이 미국과의 전쟁을 불러일으킬지도 모른다는 두려움이 깔려 있었다.

그래서 이 과제는 전적으로 중국의 몫이 되었다. 중국 총리 저우언라이는 개입의 가능성을 타진하기 위해 1950년 6월 30일에 전문가 집단을 북한에 파견했다. 물론 중국은 유엔군이 인천에 상륙하기 전까지만 해도 기본적으로 수동적인 입장이었다. 그것은 마오쩌둥이 전쟁을 못해 안달하던 김일성에게 한 수 가르쳐주려고 했기 때문이기도 하다. 그러나 1950년 9월 17일 유엔군이 이틀째 서울을 향해 진격하는 한편으로 부산 교두보 돌파에 성공하자 마오쩌둥의 입장이 바뀌었다. 중국은 우선 일단의 군사고문단을 파견했다.[60] 사흘 뒤 저우언라이는 '지원군'을 투입하는 방안을 마련했다. 적의 동맹군이 10월 1일 38선을 넘어선 직후 마오쩌둥도 이 방안에 동의했다. 10월 8일 '지원군' 사령부가 압록강에서 북쪽으로 150킬로미터 떨어진 선양에 설치되었다. 그사이에 유엔군의 일부는 이미 압록강에 도달했다. 10월 15일 마오쩌둥은 마침내 스탈린에게 '지원군' 파병을 공식적으로 알렸다. 이러한 전쟁 개입은 한편으로 북한군의 궤멸과 이 지역에서 이승만과 미국의 영향력이 강화되는 것을 방지하기 위해 필수적이라는 것이었다. 다른 한편으로 중국은 소련과 마찬가지로 '지원동맹군'의 투입을 통해 공식적으로는 전쟁과 거리를 둘 수 있다고도 했다.

특히 전쟁 개입은 마오쩌둥의 입장에서는 1949년에 패배한 장제스와 국민당 군대를 타이완까지 추격하려던 자신을 방해한 미국에 한 수 가르쳐줄 수 있는 좋은 기회였다. 최고사령관은 당시에 중국 서북 군사행정위원회 위원장이자 나중에 최초의 국방부장관이 된 펑더화이 장군이었다. 마오쩌둥은 그의 탁월한 군사적 재능이라면 기술적 우위에 있는 유엔군에 충분히 대적할 수 있으리라고 믿었다. 펑더화이는 그러한 기대를 일부만 충족시켰지만 그의 장래에 방해가 되지는 않았다. 1959년 마오쩌둥의 경제정책에 대한 공개적인 비판이 비로소 그를 추락시키면서 1960년대 마오쩌둥의 문화혁명 시기에 유명했던 과녁들 중 하나로 만들었다.

북한 점령

북한과 남한 사이의 경계선인 38선 월경의 의미에 대해서는 많은 논란이 있었다. 그것이 1946년 이래로 미국 민주당이 전면에 내세운 봉쇄정책으로부터의 탈피였을까, 아니면 공화당이 선전했을 뿐만 아니라 결국 더글러스 맥아더가 단호하게 요구한 해방정책으로의 이행이었을까? 1950년 10월의 미 의회 선거를 눈앞에 둔 상황과 이 두 가지 관점에 대한 격렬한 논쟁이 벌어졌던 2년 전의 대통령 선거〔모두의 예상을 뒤엎고 1948년 민주당의 트루먼이 연임에 성공했다: 옮긴이〕를 고려할 때 38선 월경은 예기치 못한 근본적인 정치적 의미를 담고 있었다.

그 배경에 공세적인 해방정책이 놓여 있었다는 평가는 맥아더의 의견표명에 의해서뿐만 아니라 북한과의 경계선을 넘어서기 전날 유엔에서 미국이 자신의 입장을 설명한 것을 통해서도 설득력을 얻었다. 유엔 주재 미국대사 워런 오스틴은 9월 30일에 미국은 38선이 법적으로나 실제적으로 국가경계선으로서 존재의 정당성을 갖지 못한다는 입장임을 강조했다.[61] 그것은 북한이 독자적인 국가가 아니라는 견해임이 분명했다. 따라서 유엔의 결정을 더는 기다릴 필요가 없었다.

이 밖에도 그처럼 광범위한 작전에는 더 오랜 준비가 필요했다. 맥아더는 9월 11일, 즉 38선을 넘기 약 3주 전 트루먼을 만난 자리에서 이것을 보장받았다.[62] 미국 대통령 트루먼은 비망록을 통해 심지어 맥아더가 "북한 사람들을 38선 뒤로 몰아내고 북한군을 없애버리는 데 필요한 군사작전을 펼칠" 임무를 부여받았음을 암시했다. 미 국가안전보장회의는 중국이 개입해 세계대전이 발생할 위험이 생겨나지 않는 한 작전을 확대해서 북한을 점령하라고 권고했다.[63]

미국의 외교정책과 자유화 이념의 확산이라는 측면에서 한국전쟁을 전체적으로 평가할 때 확실한 것은 트루먼이 비망록에서 분명하게 밝히고 있듯이 대체로 '자유화'라는 공화당의 개념에 반대하지 않았다는 점이다.[64] 물론 그는 분쟁이 전반적인 핵전쟁으로 걷잡을 수 없

영속적인 국경전쟁 1950년 6월 25일 이전의 38선. 임시 진지, 목제 감시망루, 철조망, 경고판이 한국전쟁 이전에도 무력충돌이 잦았던 경계선의 존재를 나타내고 있다.

이 확산될 것이 걱정되었을 때 기존의 봉쇄정책으로의 회귀를 결정했다. 봉쇄와 자유화, 민주당원과 공화당원, 이 두 가지는 때때로 양극화된 논쟁이 벌어졌을 때에도 서로 밀접하게 연결되어 있었다. 이것은 무엇보다도 1952년의 선거전에서 나타났다. 1953년 이후 몇 년 동안 이 두 가지 개념은 심지어 공식적으로 '솔라리움'으로 명명된 작전에서 봉쇄와 자유화를 통합하는 전략으로 합쳐졌다. 이 전략은 향후 필요하다면 봉쇄정책을 추구하지만 핵전쟁의 위험을 피할 수 있는 곳에서는 공산주의를 몰아내기로 되어 있었다.[65]

한반도에서 일어난 전쟁은 결국에는 미국에 좌절을 안겨주는 방향으로 전개되고 때로는 핵전쟁에 근접하기도 했다. 미국은 이러한 방식으로 공산주의 독재자에 맞선 해방전쟁을 수행하려는 초당파적 자세를 한국전쟁에서 분명하게 드러냈다. 물론 그 전제는 유엔의 승인과 전반적인 핵전쟁을 불러일으킬 위험에 빠지지 않으리라는 예상이었다.

1950년 10월 1일 남한군과 유엔군이 38선을 돌파한 이후 그다음 몇 달 동안 진격과 후퇴로 여러 번 경계선이 오르내렸다. 당시의 38선은 1953년에 설정되어 오늘날까지 지속적으로 현대화된 군사분계선(휴전선)과는 반대로 비교적 눈에 띄지 않았다. 38선을 따라 목제 감시망루와 울타리가 설치되어 있기는 했지만 일반적인 표지판들이 경계선을 암시할 뿐이었다.

북진을 시작한 남한군과 유엔군은 10월 19일에 평양을 점령하고

10월 26일에는 압록강까지 이르렀다. 그러자 김일성은 도망갈 수밖에 없었다. 그는 정부 인사들과 함께 붕괴에 직면한 조선민주주의인민공화국에서 최후의 보루로 여긴 신의주로 물러났다. 신의주는 중국과의 국경선에 위치한 도시로서 일제 때 건설된 철로로 평양과 직접 연결되어 있었을 뿐만 아니라 과거 일본 식민지 행정관청 소재지로서 이에 상응하는 숙소들을 이용할 수 있었다. 압록강만 넘으면 곧바로 단둥(과거 일본의 꼭두각시 국가인 만주국의 지방수도였던 안동安東)인 지리적 상황은 안전한 중국으로 신속히 도망칠 수 있는 가능성도 제공했다.

물론 김일성과 북한 정부 인사들이 피신한 신의주는 미 공군의 최우선 목표가 되어 1950년 12월까지 거의 완전히 파괴되었다. 이 도시뿐만 아니라 단둥으로 연결되는 압록강 다리를 지키기 위해 소련 조종사들과 함께 배치된 미그기 편대들 또한 도움이 되지 못했다. 몇 번의 성공을 거두긴 했지만 결국 그들은 도시와 다리, 그리고 수력발전 시설을 갖춘 인근 댐이 거의 완전히 파괴되는 것을 막지는 못했다.

그다음 몇 주 동안 유엔군의 진격은 점점 더 확대되는 것처럼 보였다. 유엔군은 10월 26일 신의주 위쪽의 초산을 점령했다. 이와 거의 동시에 남한군 부대는 북동 해안의 청진을 접수했다(10월 25일). 거기에서부터 소련 국경지역인 카산까지는 100킬로미터 정도밖에 되지 않았다. 카산은 1938년 일본군과 소련군이 서로 맞붙었던 지역이었다. 11월 21일에는 남한군과 유엔군이 압록강의 또 다른 강변도시인

상징적 의미를 지닌 점령 북한의 수도 평양은 1950년 10월 19일 유엔군이 접수하면서 냉전시대에 공산주의 국가 중 서구 군대에 점령당한 유일한 수도가 되었다. 이것은 당시에 상징적인 의미를 지니고 있었다. 물론 이 도시는 12월 5일 다시 북한의 통제에 들어갔다.

혜산진에 도달했다.

그러나 전쟁은 그때까지 예기치 못한 새로운 차원으로 빠져 들어갔다. 1950년 11월 8일 처음으로 미국과 소련의 제트기들이 공중전을 벌였다. 이때 미국 록히드 회사의 F80 전투기가 북한 국기를 단 미그 15기 1대를 격추시켰다. 대부분의 공중전투가 벌어진 곳은 북한 북서쪽 구석의 압록강 근처 1만 7,000평방킬로미터 정도의 크기로서 '미그기 통로'로 불렸다. 거기에서 양쪽의 제트전투기들이 때로는 예상을 뛰어넘는 공중전을 벌였다. 미 공군의 육중한 폭격기들이 가장 큰 피해를 입은 곳도 여기였다.

미국 조종사들은 베이징과 모스크바를 자극하지 않기 위해 그 어떤 경우에도 중국이나 소련의 영공에 들어가지 말라는 규정을 일반적으로 준수하고 있었다. 이 규정은 주한미공군사령관FEAF 조지 스트레이트마이어가 강조했듯이 수시로 문제가 되었다. 그리고 이 규정이 있다고 해서 중국이 지원군을 파견하고 미그기에 중국 조종사가 탑승하게 된 사태를 막지는 못했다. 공중전 말고도 최고 마하 1에 이르는 제트전투기 비행속도를 고려하면 공격이나 회피 비행 때 국경을 시야에서 놓치기 쉬웠다.[66] 특히 위험한 상황에서는 미그기들도 일부러 국경을 넘어가기도 했다. 유엔군 조종사들의 기총소사에 의한 탄환들이 어쩔 수 없이 중국 영토에 떨어지는 일도 발생했다. 방공포화 때문에 고도 6,000미터 이상에서 이루어지는 미군의 지상폭격과 몇 주 동안 폭격기를 동원해 압록강 다리를 파괴하려던 시도 역시 외국 영공을

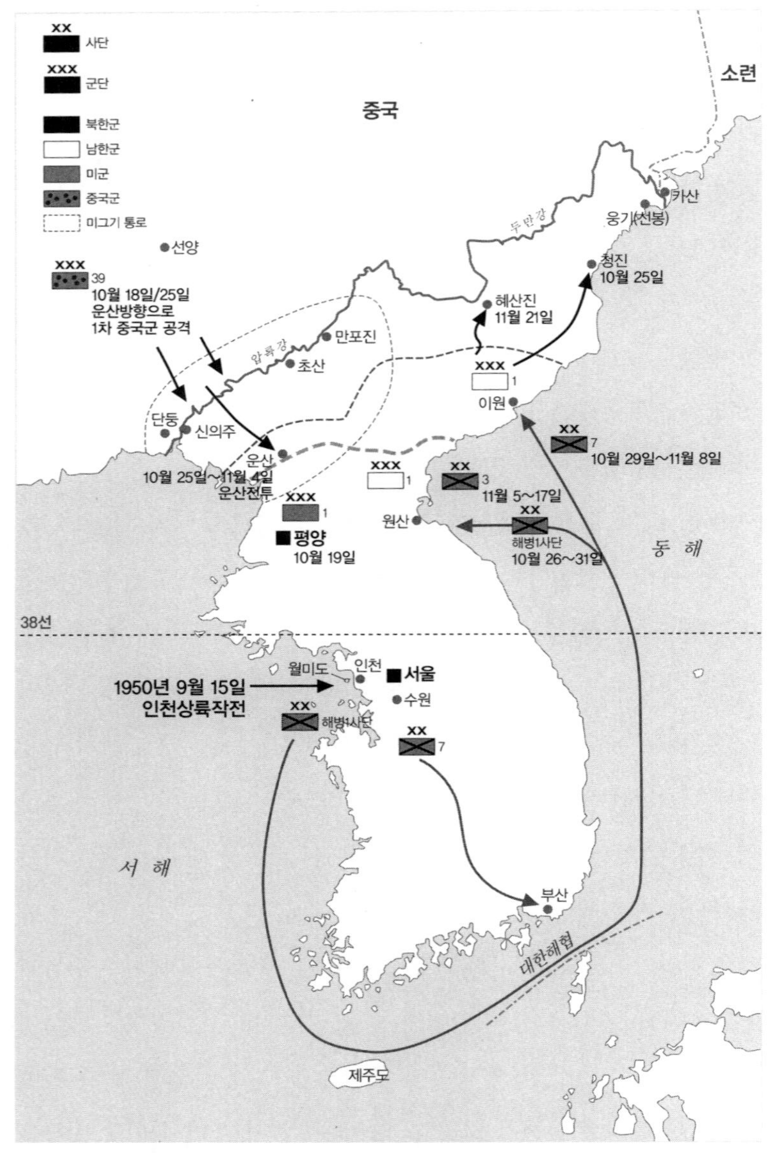

1950년 9월 15일~11월 4일: 인천 상륙, 유엔군의 북한 점령, 중국 인민지원군의 반격

넘지 말라는 명령을 어길 경우 군사법정에 세우겠다는 경고가 있었음에도 지킬 수 없게 만들었다.

모스크바 역시 유엔군의 빠른 진격과 북한의 허약함에 경악했다. 1949년 3월 이래로 김일성의 호언장담과 정반대였기 때문이다. 흐루쇼프는 나중에 비망록에 "아무런 대책도 없이" "미국인들에게" 북한을 폭격하도록 허용한 셈이라고 기록했다.[67] NSC, CIA, 합동참모본부, 특히 유엔군 최고사령관 맥아더를 포함해 미 정부는 물론 처음에 중국이 개입할 위험성을 낮게 보았다. 1950년 10월 15일 태평양 웨이크 섬에서 이루어진 유명한 회동에서—트루먼은 의회 선거를 의식해서 마지못해 응했다—맥아더는 트루먼에게 아무런 걱정도 하지 말라고 안심시켰다. 전쟁은 거의 끝났으며, 중국은 첫 두 달 동안 개입할 절호의 순간을 이미 놓쳤다고 말했다. 만약 중국이 개입한다면 그것이 중국으로서는 학살이 될 것이라고 했다. 그에 따르면 오히려 문제는 북한 국경 너머 몇 킬로미터 떨어져 있지 않은 곳에 군대를 주둔시켜놓은 스탈린이었다.[68]

하지만 사흘 뒤인 10월 18일 소규모 중국군 부대들이 북한으로 침투해 들어왔다. 일주일 후인 10월 25일, 마오쩌둥이 개입을 결정한 지 3주가 지난 시점에 펑더화이 장군이 이끄는 최초의 중국 인민지원군 주력부대가 압록강을 건너 한반도 북서쪽 구석의 신의주 인근에서 공격을 시작했다. 이곳은 보병부대가 미그기의 보호를 받을 수 있었다. 알려진 바와 같이 이 중국 인민지원군은 선양과 단둥에서 이륙한 소련 조종사들의 엄호를 받았다. 같은 날 압록강 너머에서 처음으로 펑더화이 부대와 조우한 남한군 부대는 궤멸 수준의 타격을 입었다. 유엔군도 적의 공격에 처음에는 아무런 대처도 하지 못했다. 운산 인근에서는 10월 25일부터 11월 4일 사이에 최초의 대규모 교전이 있었다. 이때 중국군 제39군단은 미군 제8기병연대를 거의 완전히 없애버린 것을 비롯해 남한군의 후퇴를 엄호하던 미 8군의 또 다른 부대들을 섬멸했다(108쪽 지도 참조). 1953년 여름까지 펑더화이는 유엔군에 대해 일곱 번의 대규모 공세를 가했다. 이 가운데 가장 격렬하고 미군에게도 가장 많은 손실을 입힌 작전들은 1951년 5월까지 이어졌다.

4장

전쟁의 전환점과 휴전,

1950년 10월~1953년 7월

압록강: 핵전쟁의 경계에서

중국군의 공격은 웨이크 섬에서 이루어진 회동 이후에 이미 예고된 것이기는 하지만 그 강도에서 예상을 훌쩍 뛰어넘는 것이었다. 더불어 그동안 유엔군의 성공으로 가려져왔던 트루먼과 맥아더 사이의 근본적인 의견차를 단번에 만천하에 드러내는 계기가 되었다. 두 사람의 견해는 미 정찰기들이 밝힌 정보대로 중국군 부대들이 쏟아져 들어오는 통로인 압록강 다리를 폭격하는 문제에 관한 논의에서 가장 격렬하게 충돌했다. 중국군 주력부대의 침공이 시작된 지 10일 후인 11월 5일 주한미대사관은 그 병력 규모를 약 2만 5,000명으로 추산했다.[1] 두 사람의 논쟁은 미국에서 이미 몇 년 전에 시작된 것처럼 미국의 외교와 안보정책에 대해 근본적인 질문을 던지는 포괄적이고 극적인 논쟁을 배경으로 하고 있다.

'압록강 논쟁'으로 불리는 논쟁에서 유엔군 최고사령관인 맥아더는 강을 건너기 위한 통로들을 단 한 번의 대규모 작전으로 파괴할 것을 요구했다.[2] 이를 위해 그는 11월 6일 B29 폭격기 90대의 투입 준비를

'압록강 단교斷橋' 신의주에서 단둥 방향으로 북한 쪽의 절반만 파괴된 압록강 철교. 오늘날 관광명소가 된 '압록강 단교'는 한국전쟁을 국지적인 작은 전쟁의 틀 속에 가두려는 미국 정부의 의지를 분명하게 보여준다. 미국은 중국이 최소한 공식적으로는 전쟁의 당사자가 되어서는 안 된다는 입장이었다. 그것은 "잘못된 장소에서 잘못된 시기에 잘못된 적을 상대로 한 잘못된 전쟁"이 될지도 모르기 때문이었다.

명령했다. 무엇보다도 중국군 부대들의 유입 통로인 여섯 개의 압록강 다리를 파괴하기 위해서였다. 이러한 견해는 그 혼자만 갖고 있었던 것은 아니었다. 휘하의 공군사령관 역시 이것이 필수적이며 이 밖에도 B29 편대가 경우에 따라서는 중국마저도 '완전히 파괴할' 태세가 되어 있다고 확신했다.[3] 폭격기가 출발하기 직전, 즉 두 시간 전에야 맥아더가 미국 외무부와 펜타곤에 이를 통보한 것은 그의 자기이해와 무엇보다도 트루먼과의 관계를 보여주는 특징적인 사건이었다. 트루먼은 비망록에 기록했듯이 이것을 맥아더의 새로운 하극상으로 여기고 즉시 폭격기 발진을 금지시켰다.[4]

맥아더가 요구한 복명서는 그 폭발력에 있어서 비견될 만한 것이 거의 없었다. 또한 이를 통해 유엔군 최고사령관은 워싱턴의 책임자들이 심각성을 인식할 만한 능력이 없다고 여긴다는 것을 분명하게 보여주었다. 다시 말해 맥아더는 압록강 다리를 건너온 중국군이 북한군을 지원하는 것이 아군에게는 커다란 위험이며 전멸에 가까운 패배로 이어질지도 모른다고 예견했다.[5] 미 합동참모본부의 긴급전문 형식으로 전달된 트루먼의 대답에 따르면 신의주와 압록강 다리 남쪽 부분에 대한 폭격은 그 어떤 경우에도 중국 영토를 침범하지 않는다는 조건 아래에서만 허용되었다. 발전소와 댐에 대한 폭격은 완전히 금지되었다. 맥아더는 만주와 시베리아를 '성지'로 간주하는 이 결정을 잘못된 것으로 여겼지만 명령에 복종했다.[6]

압록강 다리에 대한 작전은 1950년 11월 8일에 시작되었다. 또한 이날에 최초의 제트전투기 공중전이 벌어져 미그15기 1대가 격추되었다. 이 밖에도 1910년 이래로 일본인들이 건설한 압록강 다리들이 맞히기 어려운 목표점일 뿐만 아니라 보통 이상으로 견고하다는 사실이 입증되었다. 오늘날 중국의 국경도시 단둥에서 볼 수 있듯이, 어쨌든 명령받은 대로 북한 쪽의 절반만 파괴할 수밖에 없었다.

미숙한 조종사들에게 국경선을 인식하는 것이 얼마나 어려운 일인지는 10월 8일의 아찔한 돌발사태가 보여주고 있다. 당시에 미 공군 소속 F80 전투기 2대가 실수로 소련 영공을 130킬로미터나 침범했을 뿐만 아니라 심지어 블라디보스토크 인근의 비행장 두 곳에 사격을 가했다.[7] 모스크바의 날카로운 항의는 10월 19일 워싱턴의 공식적인 사과로 마무리되었다. 물론 소련은 중국과 마찬가지로 그것이 실수로 발생한 일이라고는 실제로 믿지 않았다. 트루먼이 10월 15일 웨이크섬에서 맥아더와 가진 회동에서 그 어떤 경우에도 중국 영토를 건드리지 말라고 고집한 것도 이 돌발사태와 관계가 있었다.

그러나 맥아더의 우려는 그 후 얼마 안 되어 분명한 사실로 드러났다. 11월 24일 이후 계속해서 새로운 중국군 부대들이 나타났다. 그 달 28일부터는 대규모의 침공을 언급할 수 있을 정도가 되었다. 10월과 11월에는 중국군 21개 사단이 유엔군과 남한군에 맞섰다. 그리고 1951년 초까지 그 규모는 33개 사단으로 증가했다. 마오쩌둥의 보병부대는 거의 매주 규모가 늘어나 1951년 중반에는 53만 명에 이르렀다. 1952년 중반에 약 59만 명이었던 병력이 1년 후에는 74만 명으로 늘어났다(97쪽 표 참조). 중국 국경선 너머에는 또 다른 예비군들이 대기하고 있었다.

몇 달 동안 조중연합군은 엄청난 규모의 전사자와 전쟁포로에도 불구하고 끊임없이 진격했다. 1950년 12월 5일 그들은 평양을 탈환하고 1951년 1월 4일에는 서울까지 점령했다. 중국군에 대한 보급 부족으로 교착상태에 빠지면서 전선은 38선에서 남쪽으로 멀리 떨어진 당진－충주－삼척선에 형성되었다. 유엔군은 1951년 2월부터 여러 가지 작전('펀치', '벼락', '킬러', '리퍼')을 통해 빼앗긴 지역에 대한 재탈환을 시작해 마침내 6월 24일에는 새로이 북쪽으로 밀고 올라갔다. 이때 다시 전선은 문산－철원－금화－간성선에 형성되었다(161쪽 지도 참조). 물론 평양은 다시 점령할 수 없었다.

중국군의 위력에 밀린 상태에서 북한으로부터의 철수는 미군이 겪은 가장 쓰라린 경험에 속한다. 장진호 지역에서 미군은 1950년 11월 26일부터 12월 13일 사이에 중국군에 포위되어 피비린내 나는 방어전투를 치러야 했다. 특히 격렬했던 또 다른 전투는 1952년 10월과 11월 사이, 그리고 1953년 3월과 7월 사이에 북쪽의 평강, 남쪽의 철원과 김화를 잇는 '철의 삼각지대'에서 벌어졌다(161쪽 지도 참조). 양쪽의 손실은 극심했다. 미국의 입장에서 볼 때 중국군이 훨씬 더 많은 손실을 입었다는 점에서 마오쩌둥에게는 차라리 상처뿐인 승리였다.

베이징의 시각에서는 물론 유엔군과 남한군의 후퇴만이 눈에 들어왔다. 이때 마오쩌둥의 관점에서도 세계혁명의 일부로 여긴 한국전쟁

마오쩌둥의 김일성 지원 1950년 11월 5일 수동리에서 포로로 잡힌 중국 인민지원군. 무장이 빈약한 중국군은 항공지원도 별로 받지 못해 이미 이 시기에 심각한 손실을 입었지만 진격을 멈추지 않았다.

개입으로 인한 인명손실은 어쩔 수 없이 치러야 하는 대가였다. 그가 1951년 3월 1일 스탈린에게 설명했듯이 "수십만 명의 미국인 목숨을 없애버리는 것"에 성공한다면 전쟁의 의미는 이미 충족되는 것이었다.[8] 그리고 미국은 엄청난 손실을 입지 않는 한 결코 포기하지 않을 것이라고 했다. 중국은 세계혁명을 위해서라면 자국에 대한 폭격도—마오쩌둥이 한때 확실하게 예상했던 핵폭탄을 미국이 투하할지라도—감수할 수 있었다. 마오쩌둥의 말에 따르면 핵전쟁에서 손실을 입고 난 뒤에도 중국은 세계혁명을 완성할 만큼 충분히 많은 인구를 보유하고 있었다.

흐루쇼프가 비망록에서도 확언했듯이 소련의 입장도 이와 다르지 않은 것처럼 보였다. 통역으로 전쟁에 참여한 마오쩌둥의 맏아들 마오안잉조차도 1950년 11월 25일 미군의 공습에 목숨을 잃었다는 것을 흐루쇼프가 애통한 마음으로 기록해놓기도 했지만 소련 역시 인명손실을 중요하게 여기지 않았다. 다만 마오쩌둥의 호언장담과 펑더화이가 지속적으로 보내는 승전보에도 불구하고 전쟁이 결코 빨리 끝날 기미가 보이지 않는다는 사실이 흐루쇼프를 화나게 만들었다. 게다가 매일 문젯거리가 늘어났다.[9] 그리고 간과할 수 없는 것은 1950년 10월 이후의 전투에서 중국군과 북한군이 입은 손실 대부분은 소련이 공중지원을 충분하게 하지 않은 탓이라는 점이다.

1951년 4월 미국 대통령과 유엔군 최고사령관의 대립이 보여주었듯이 핵전쟁의 위험성은 실제로 더는 염려하지 않아도 되었다. 한국전쟁사에 기록된 트루먼과 맥아더의 대립은 4월 11일 대중적인 인기가 특별했던 맥아더의 해임으로 끝났다. 그 후임으로 매튜 리지웨이가 임명되었다.[10]

맥아더가 1951년 2월 11일 재차 요구했던 핵무기 투입은 오래 논의되었다. 트루먼도 최소한 한때는 핵무기 투입을 염두에 두고 있었다. 미 공군이 신의주와 단둥을 잇는 압록강 철교를 폭격한 지 얼마 지나지 않은 1950년 11월 30일에 이미 미 대통령은 기자회견에서 베이징을 향해 핵무기를 투입할 수 있다고 위협했다.[11] 1951년 4월 9일에는 실제로 당시에 최신 세대인 마크Mark－IV형의 원자탄을 포함해 핵무장이 가능한 B29 폭격기들을 오키나와와 괌의 미군 기지에 배치했다. 이 당시 이미 소환 단계에 있던 맥아더 최고사령관에게는 이 사실을 알리지 않았다. B29 폭격기들은 괌에, 폭탄들은 오키나와의 가데나 기지에 있었다. 이러한 위협적인 자세는 새로운 것이 아니었다. 이와 유사한 시나리오는 핵무장을 갖추지 못한 B29 폭격기가 동원되었던 1948~1949년의 제1차 베를린 위기 때도 있었다. 트루먼의 후임자인 드와이트 D. 아이젠하워는 나중인 1953년 대통령 취임연설에서 1년 반을 끌어온 휴전회담이 실패할 경우 한국전쟁에 원자탄을 투입할 가능성에 대해 언급했다.[12]

그러나 트루먼에게 분명했던 것은 원자탄이 무엇보다도 정치적인 무기일 뿐이라는 점이었다. 원자탄을 투하하겠다고 위협할 수는 있겠지만 가령 서방세계가 장악한 냉전의 중심지에 대한 소련의 공격을

북한에서의 후퇴 유엔군이 북한에서 후퇴한 것은 승리에 익숙한 미군에게는 악몽 같은 경험이었다. 사진에서 보듯 1951년 초부터 미군도 중국군의 위세에 밀려 38선 밑으로 다시 후퇴했다. 이에 따라 1월 25일 전선은 서울에서 남쪽으로 멀리 떨어진 서쪽의 당진에서 동쪽의 삼척으로 이어지게 되었다. 반년 후에 유엔군은 다시 북한 쪽으로 밀고 올라갔다. 이때 특히 '철의 삼각지대'에서 전쟁이 끝날 때까지 제1차 세계대전 때처럼 진지전이 벌어졌다.

막아낼 수만 있어도 원자탄이 투입되는 일이 실현되어서는 안 되었다. 그리고 그 중심지는 서유럽과 미국에 불과했다. 그럼에도 트루먼 행정부 각료들과 대통령 자신이 때로는 이 문제에 있어서 공개적으로 원래 원하던 것보다 더 공격적인 태도를 보인 것은 1950년의 의회 선거와 1952년의 대통령 선거 사이의 시기에 국내 정치적으로 점증하는 공화당의 압력 때문이었다. 민주당도 수시로 봉쇄정책의 공격적인 성격을 공개적으로 강조했다.[13]

맥아더는 롤백정책의 명백한 신봉자였다. 물론 그는 모든 점에서 존 포스터 덜레스를 비롯해 이 정책의 저명한 옹호자들과 의견의 일치를 보인 것만이 아니라 더 공격적인 자세를 취했다. 그는 냉전이 중부 유럽이 아니라 동아시아에서 결판난다고 생각했다. 따라서 의심스러운 경우에는 원자탄도 투입되어야 했다.

맥아더의 그러한 요구들이 1950년 7월에 이미 알려졌고 합동참모본부가 이것을 논의했다는 것도 누구나 아는 사실이다.[14] 당시의 논의는 한국을 위해 동원할 수 있는 원자탄이 약 20개라는 전제에서 출발했다. 벌써 이 시점에 맥아더는 원자탄의 투입으로 블라디보스토크를 거쳐 북한에 이르는 보급로를 막을 수 있을 것으로 계산했다. 맥아더의 논지에 따르면 한반도는 막다른 골목이 되어야 했다. "만주와 블라디보스토크에서 한국으로 이어지는 유일한 통로들은 수많은 터널과 다리를 지나게 된다. 바로 여기에 원자탄을 투입하는 것이 단 한 번의 기회라고 생각한다. 이를 통해 그 구간을 봉쇄할 수 있기 때문이다. 복구에는 6개월이 걸릴 것이고 그동안 우리 B29 편대는 기력을 회복할 수 있다."[15] 그는 소련의 반응을 두려워하지 않았다. 소련은 제대로 작동하는 원자탄을 확보한 지 채 1년밖에 되지 않았고 몇 개 안 되는 핵탄두만으로는 전쟁을 치를 엄두를 내지 못할 것이었기 때문이다.

1950년 10월 중국군의 공격이 시작된 후 11월 30일 트루먼 자신이 원자탄을 포함해 모든 종류의 무기를 투입하겠다고 위협하고 나서자 맥아더의 견해는 눈에 띄게 극단적인 길을 걸었다. 1950년 성탄절에 그는 30개의 목표물이 담긴 첫 번째 목록을 제시했다. 부분적으로는 사후에 공개된 인터뷰에서 그는 점점 더 단호해졌다. 원자탄 투하와 마오쩌둥에게 복수를 희망하는 예전의 국민당 전사들의 투입이 그의 눈앞에 어른거렸다. 그뿐만 아니라 그는 무엇보다도 압록강 주변에 방사선을 노출시킴으로써 도저히 통과하기 힘든 안전벨트를 형성해 중국이나 소련의 새로운 침공이 수십 년간 불가능하게 만들기를 원했다. 그러기 위해서는 수소폭탄에서 나오는 코발트60을 이용해 최대 120년 동안 접근이 불가능한 지대를 만들어놓아야 했다.[16] 1964년 핵전쟁을 다룬 스탠리 큐브릭의 명작 〈닥터 스트레인지러브〉가 영화관에서 상영되면서 맥아더의 코발트60 이야기는 극단적인 핵전쟁 옹호자에 대한 풍자로 자리 잡았다.

고집 세고 정치적으로는 공화당에 기운 극동최고사령관과 트루먼 사이의 논쟁에 관한 한 편의 드라마는 10년 후 1960년에서 1961년으로 해가 바뀔 때쯤 『시카고 선 타임스』의 유명한 칼럼니스트이자 텔레비전 토크쇼 진행자였던 어브 '컵Kup' 컵시넷이 트루먼과 가진 텔레비전 인터뷰에서 다시 한번 드러났다. "사람들이 당신에게 한국전쟁에서 원자탄을 투입하라고 강요했나요?"라는 질문에 전직 대통령은 거의 10년이 지났지만 여전히 자제력을 잃었다. "그렇습니다. 맥아더는 원자탄을 투하하고 싶어했지요. 그는 중국과 소련 동부뿐만 아니라 다른 모든 곳도 원자탄으로 뒤덮어버리고자 했습니다."[17]

한국전쟁에서의 원자탄 투입을 둘러싼 대립이 트루먼이 1951년 4월 11일 맥아더를 해임하고 매튜 리지웨이를 그 후임으로 임명한 유일한 이유는 아니었다. 여기에는 1950년 10월 중국군의 침공 때 보였던 것처럼 맥아더 장군의 고집스러운 태도도 한몫했다. 이것을 트루먼은 점차 모욕으로 받아들였다. 대통령과 장군은 인간적으로 가까웠던 적이 한 번도 없었다. 맥아더가 3월 24일 마지막으로 요구한 바처럼 전쟁을 중국으로 확대하는 것은 무엇보다도 미국 안보정책에 있어서의 상식과 맞지 않았다. 핵전쟁뿐만 아니라 중국과의 갈등도 피해야 하는 이유에 대해서는 합참의장인 오마 브래들리 장군이 한 달 후 미 조사위원회에서 분명하게 말했다. "중국은 세계지배를 꿈꾸는 최강의 국가가 아닙니다. 솔직히 말해서 합참의 의견에 따르면 이러한 가정에서 출발한 전략은 우리를 잘못된 전쟁으로 끌어들일지도 모릅니다. 잘못된 곳에서 잘못된 시간에 잘못된 적을 상대로."[18]

냉전과 동아시아에서 불거진 분쟁 때문에 매우 불안해진 대중의 의

견이 얼마나 갈렸는지는 그다음에 나타났다. 동아시아를 떠난다는 것이 맥아더에게는 일종의 보상이었다. 하지만 도쿄에서는 수십만 명의 일본인이 그를 진심으로 환송할 준비를 하고 있었다. 미국으로의 귀환은 개선장군의 행렬에 버금갔다. 환호하는 군중과 밀려드는 기자들은 각 구간마다 그를 기다리고 있었다. 하와이, 샌프란시스코, 뉴욕, 워싱턴 등에서 이와 같은 광경이 벌어졌다. 개선장군에 대한 환대의 정점은 1951년 4월 19일 미국 상하원 의원들 앞에서 행한 연설이었다. 이때 그는 다음과 같은 유명한 말을 남겼다. "노병은 죽지 않는다. 다만 사라질 뿐이다." 이에 대해 트루먼은 "그것은 개 같은 소리에 지나지 않아!"라고 혹평했다.[19]

그 뒤에는 한국전쟁에서의 올바른 군사적 노선을 둘러싼 대립 이상의 것이 있다는 사실을 대부분의 사람들은 잘 알고 있었다. 이와 동시에 군사적 업적과 함께 맥아더를 유명하게 만든 간결하고 힘이 넘치는 고별사가 민간인으로서의 경력을 쌓는 것을 불가능하게 만든 것도 분명했다. 이러한 특징은 미국 역사에서 또 다른 강경주의자들과 일맥상통했다. 예를 들어 필립 셰리던 장군은 남북전쟁이 끝난 후 다시 남북 사이의 화해가 중시되었을 때 사람들이 더는 필요로 하지 않았다.[20]

1952년 공화당은 맥아더에게 많은 호감을 갖고 있었지만 똑같이 전쟁영웅이기도 한 다른 사람을 대통령 후보로 결정했다. 아이젠하워는 대통령 후보들 중 선두에 나서 한국전쟁의 그림자가 드리운 선거에서 승리했으며[1952년 11월 당선된 후 한국전쟁의 종식을 내건 선거공약대로 12월에 남한을 방문해 이승만과 회담을 가졌다: 옮긴이], 1953년 1월 20일 대통령에 취임했다. 한국 주둔 유엔군에 대한 명령권자였던 맥아더의 후임자는 그때까지 미 8군 사령관이었던 매튜 리지웨이였다. 그는 전임자가 "승리 아니면 대안이 없다"[21]라는 이유로 격렬히 거부했던 휴전협상을 계속 이끌었다. 리지웨이의 후임자인 마크 클라크 역시 외길 수순의 휴전협상에 얽매일 수밖에 없다고 생각했다. 물론 회담의 진행이 지지부진해 전쟁은 2년 이상 지속되었다. 그 이전의 세계대전과 그 이후의 베트남전쟁처럼 폭탄전쟁을 강화해 상대방을 협상 테이블로 끌어내려는 시도가 이어졌다.

폭탄과 네이팜탄

한국에서 일어난 전쟁은 처음부터 공중전쟁, 무엇보다도 폭탄전쟁으로 불릴 만했다. 1950년 6월부터 1953년 7월까지 유엔 공군은 104만 78회 출격했다. 그중에서 미 공군의 출격횟수는 72만 980회로 거의 70퍼센트를 차지했다.[22] 제2차 세계대전의 경험에 따라 아군의 우월한 화력에 의지한 맥아더의—나중에는 리지웨이와 클라크도 마찬가지였다—초기 작전에서부터 엄청난 규모의 폭탄 투하를 통한 공격이 시도되었다. 유엔이 남한을 군사적으로도 도와야 한다는 미국의 제안을 받아들인 날인 6월 27일에 이미 공중폭격이 38선을 넘나들며 시작되었다. 이와 동시에 공군이 엄호하는 가운데 항로를 통한 소개疏開가 이루어졌다. 북한이 공격을 시작한 지 며칠 후일 6월 말에는 심지어 평양도 폭격을 당했다.

이와 병행해 미 공군은 일본 기지들, 특히 제5함대의 기항지인 아시야, 이다즈케, 오키나와(가데나), 다치카와에서 출격해 남쪽으로 후퇴하는 아군을 엄호하려고 집중적인 폭격을 시도했다. 물론 이것은 좋지 않은 날씨뿐만 아니라 장거리 비행과 이에 따른 짧은 작전시간 때문에 완벽하게 성공하지는 못했다. 따라서 연합군의 항공기들이 전투에 투입되기는 했지만, 남한군과 일본에서 선발대로 넘어온 소수의 미군은 후퇴하는 과정에서 처음에는 상대편과 마찬가지로 공군의 지원을 받지 못하는 경우가 흔했다.

전쟁 초기 며칠 동안의 공격에서 완전히 비무장인 남한 민간인들이 하늘과 바다로부터의 폭격에 노출되었다. 1950년 8월 전선이 고착화된 포항에서만 미 해군의 함포사격으로 400명의 민간인이 죽었다.[23] 6월 29일부터는 서울을 점령한 북한군을 상대로 네이팜탄이 투하되었다. 1950년 7월 16일 미 공군 소속 B29 폭격기들이 점령당한 서울을 집중 폭격한 결과 용산에서 1,600명의 남한 민간인들이 사망했다. 이것은 한국전쟁사에 '용산 폭격'으로 기록되었다.

7월 초부터는 북한의 중요한 산업중심지, 특히 정유시설과 화학공장이 있는 항구도시인 원산과 흥남이 공격당했다. 이 두 도시는 인접한 산업중심지 함흥, 북한의 수도 평양과 함께 북한에서 가장 심하게 파괴된 지역에 속했다. 유엔군이 인천에 상륙한 1950년 9월 15일에 벌써 극동공군사령관 조지 스트레이트마이어는 "적군에게 전략적으로 중요한 모든 대규모 군사적·산업적 목표물이 중립화"될 수 있다고 선언했다.[24] 그 이후에 맥아더는 우선 폭격의 중단을 명령했다. 그만한 가치가 있는 목표물을 더는 발견할 수 없다는 명분에서였다.

전쟁 말기에 북한의 22개 대도시 중 18개 도시가 파열탄과 소이탄 공격으로 초토화되었다. 가령 고인동, 회령, 초산 등은 90퍼센트가 불길로 파괴되었다. 나중에 이 도시들은 소련과 많은 동구권 국가의 도움으로 겨우 재건되었으며 부분적으로는 함흥처럼 사회주의를 선전하는 현장이 되었다.

물론 남한도 사정이 거의 다르지 않은 것처럼 보였다. 북한군과 중국군에 두 번이나 점령당했다가 유엔군이 탈환한 서울도 한국 정부가 첫 피신처로 삼은 대전처럼 장기간의 전투가 벌어진 다른 도시들과 마찬가지로 철저하게 파괴당했다.

1950년 9월 15일의 인천상륙작전에 앞서 7월 26일부터 펼쳐진 대규모 항공작전은 38선 이북과 이남의 교량과 철교를 공격하는 것이 목표였다. 북한군이 남쪽으로 진격하는 동안 북한의 보급로를 끊기 위해서였다.[25] 이 작전에는 일본 기지에서 이륙한 대형폭격기뿐만 아니라 해안의 항공모함에서 발진한 전투기들도 투입되었다. 이것 또한 태평양에서의 제2차 세계대전에서 확립된 개념이었다.

엄청난 공중지원 속에 감행된 인천상륙작전, 그리고 미 8군의 부산 교두보 돌파와 함께 유엔군과 남한군이 중국 국경까지 진격한 이래로 가장 격렬한 공중공격이 1950년 11월 8일부터 압록강 주변에서 이루어졌다. 이를 통해 중국군의 지속적인 진입을 막고자 했다. 극동공군 사령관 스트레이트마이어는 12월에만 공중공격으로 중국군 4개 사단을 전멸시켰다고 평가했다.[26]

특히 집중 목표가 된 압록강 다리와 북한 정부가 숨어든 강계를 함락하기 위해 1950년 말에 약 2.5톤의 폭탄을 탑재하고 원격조종이 가능한 초대형폭격기인 '타르존'이 투입되었다. 신의주는 이미 11월 8일 B29 폭격기 79대가 550톤의 폭탄을 투하해 초토화된 상태였다. 그러나 북한 정부가 숨어든 깊은 벙커는 파괴되지 않았다. 그 결과 1951년 8월 타르존 프로그램을 완전히 접게 되었다.[27]

폭탄전쟁은 거의 1953년 여름 휴전 때까지 지속되었다. 이 과정에서 미 공군에 의해서만 약 38만 6,000톤의 폭탄이 한반도에 투하되었다.[28] 그 규모는 미군 폭격기들이 1965년과 1967년 사이에만 베트남에 투하한 양의 절반에는 못 미쳤다. 그렇지만 제2차 세계대전에서처럼 높은 고도에서 이루어진 융단폭격은 약한 건축자재로 지어진 도시들을 묵시록에 나오는 장면처럼 폐허로 만들기에 충분했다. 제2차 세계대전 때 일본 도시들을 황폐화시킨 공격 이후에 'B씨'라는 별명이 붙은 B29 폭격기들은 각각 9톤의 파열탄과 소이탄으로 무장하고 한국전쟁에 약 2만 1,000회 출격해 16만 7,000톤의 폭탄을 투하했다.[29] 이와 별도로 다양한 종류의 중형폭격기와 경폭격기들이 약 5만 5,000회 출격했다. 이 폭격기들은 무엇보다도 아군 보병부대 지원과 적 보급로 파괴에 활용되었다. 또한 노스 아메리칸 B45 토네이도와 같은 제트 경폭격기나 리퍼블릭 F84 유형의 전투폭격기도 동원되었지만 미그15기 때문에 극도의 위험에 처하기도 했다. 전쟁이 끝난 후 미 공군이 증거를 수집해 계산한 바에 따르면 탱크 1,327대, 차량 8만 2,920대, 기관차 963대, 화물객차 1만 407대, 다리 1,153개, 건물 11만 8,231동, 터널 65개, 벙커 8,839개, 유류탱크 16개, 선박 539척이 파괴되었다.[30]

희생자들을 담은 사진 덕에 여론의 관심을 많이 받은 베트남전[31] 보다 한국전에 더 자주 투하된 네이팜탄은 한국의 인구밀집지역뿐만 아니라 북한군과 중국군에 치명적인 것으로 입증되었다. 전쟁이 시작된 이래로 네이팜탄이 날마다 몇 톤씩 투하되었다. 전술적인 목표물, 즉 1950년 8월 부산 교두보 전투에서처럼 적군이 숨어 있는 작은 촌락이 네이팜탄의 주요 목표물이었다. 공식적인 통계에 의하면 1950년 6월에서 10월 사이에만 미 폭격기들이 3만 2,357톤의 네이팜탄을 투하했다. 이것은 약 330만 리터에 해당되었다.[32] 네이팜탄은 적군 병사뿐만 아니라 아군 병사도 희생시켰다. 엄청난 불길이 어디까지 미칠지 가늠할 수 없었기 때문이다. 어느 참전용사의 회상처럼 네이팜탄의 영향권에 든 미군 병사들이 피부가 "기름에 튀긴 감자칩처럼" 너덜거리자 동료들에게 자신을 총으로 쏴달라고 간청했다는 보고도

있었다.[33]

네이팜탄 공격의 영향에 대한 뉴스들이 부분적으로 끔찍한 세부내용을 담게 되자 국무부장관 애치슨은 1951년 2월 이에 대한 보도를 금지했다.[34] 그 계기는 2월 8일 서울 남쪽의 작은 촌락인 안양에 대한 미 공군의 네이팜탄 공격을 다룬 『뉴욕 타임스』의 종군기자 조지 배리트의 르포르타주였다. "마을과 들판에서 마을주민들이 폭탄에 맞아 죽었다. 그들 모두는 폭탄에 맞는 순간 취하고 있던 동작 그대로 굳어버렸다. 어떤 남자는 자전거에 막 올라타려는 순간이었고, 고아원에서는 50명의 남녀 아이들이 놀고 있었다. 남루해 보이는 어떤 아낙네는 시어스로벅〔통신판매회사: 옮긴이〕 카탈로그에서 찢어낸 종이 한 장을 시커멓게 타버린 상태로 손에 들고 있었다. 거기에는 '매혹적인 붉은색 잠옷'을 2.98달러에 판매한다는 것을 알리는 제품번호 3811294에 X표시가 되어 있었다."

전력과 급수시설을 겨냥한 표적공격은 북한 경제에 전략적인 영향을 주려는 특별한 차원에서 이루어졌다. 이것은 1943년 독일의 집수구역에 대한 공격과는 달리 전력시설뿐만 아니라 주로 쌀농사에 의존하는 농업의 급수시설에 타격을 가하기 위한 것이었다. 전쟁이 끝나기 두 달 전인 1953년 5월에도 미 공군의 표적공격으로 덕산, 구원, 화천의 댐이 파괴되었다. 북한과 중국의 국경지대에서 이륙한 미그 전투기들도 이것을 막지는 못했다.

때때로 전단을 통해 민간인들에게 폭격을 경고하기도 했지만 일반적으로 시간이 너무 촉박해 효과가 없었다. 이와 비슷한 일은 제2차 세계대전에서도 벌어졌다. 그러한 전단작전은 있을지도 모르는 전향자를 겨냥한 것이었고 한국에서도 효과를 보았다. 가장 유명했고 결국 가장 성공했던 것이 '물라Moolah' 작전(일명 '돈' 작전)이었다. 이 작전은 미그15기를 몰고 전향하는 조종사에게 10만 달러를 제공한다는 것이었다. 이를 위해 100만 장 이상의 전단이 북한에 뿌려졌다. 그러나 휴전이 된 지 거의 두 달 후인 1953년 9월에야 북한 조종사 노남석이 미그15기를 몰고 남한의 김포 비행장에 내렸다.[35]

거의 모든 구경의 폭탄을 장착한 유엔군 폭격기에 비해 북한과 중국 공군의 폭격기는 부분적으로 매우 노련한 소련 조종사들의 지원을 받았는데도 상대적으로 약한 모습을 보였다. 투입된 폭격기는 쌍발 엔진을 갖춘 투폴레프Tupolev Tu-2기와 단발 엔진의 낡은 전투폭격기 일류신 Il-10기와 같은 소련제였다. 제2차 세계대전에서 활약한 이 두 모델은 원래 중국 공군의 창설을 위해 준비된 것이었다. 1951년 말의 첫 번째 투입에서 특히 투폴레프 Tu-2기는 매우 취약한 것으로 입증되었다. 전투에 투입된 12대 중에서 2대는 즉시 격추되었다.[36] 이 분야에서도 전투폭격기로 변신한 미그15기가 가장 위험했다. 정확한 수는 알 수 없지만 북한은 동맹국인 중국, 소련과 함께 폭탄을 투하할 능력이 거의 없었다. 비용문제 때문이기도 했지만 이에 걸맞은 항공기가 없었기 때문이기도 했다. 그러나 북한과 중국의 소련제 방공시스템이 심각한 공중공격에 맞설 적절한 수단이 되지 못한다는 것이 금방 드러났다. 제2차 세계대전 중에 미국이 소련에 제공한 시스템에 기반을 둔 것이어서 쉽게 무력화되었다.[37] 그 레이더시설로는 영공 깊숙이 날아오는 항공기들을 잡아내지 못했다. 1953년의 휴전 이후에도 계속 이어졌지만 미국의 전자 정찰기를 활용한 엘린트ELINT(Electronic Intelligence) 작전은 레이더시설을 탐지한 다음 폭격하는 능력을 보여주었다. 심지어는 폭격을 하지 않고도 방해 전자파를 통해 레이더시설을 무력화시키는 것도 가능했다. 그럼에도 고사포나 또 다른 방식의 지상화기 공격으로 미군만 816대의 항공기를 잃었다.[38]

유엔군이 공중전쟁에서 많은 성과를 거두는 동안 전쟁 초기에 F86기보다 우월한 능력을 지녔던 미그15기가 휴전 때까지 진정한 경계대상이었다. 소련과 중국 공군은 한국전쟁을 위해 제트전투기인 미그9기 외에도 수백 대의 미그15기를 준비해놓고 있었다.[39] 미그15기는 F86기보다 더 높이, 그리고 더 빨리 날 수 있었다. 반면에 F86기는 더 빠른 급커브 능력을 갖추고 있었다. 그것은 피가 머리에서 다리로 압박하게 만드는 엄청난 원심력을 이겨내기 위해 새로 개발된 반反중력 제복 덕분이기도 했다. F86기의 그다음 버전은 비로소 상승능력에 있어서도 미그15기와 대적할 수 있었다. 그 능력은 격추된 항공기의 수에서도 금방 나타났다. 양쪽에서 격추된 항공기 수의 비교는 논란이 될 수밖에 없다. 북한, 중국, 소련의 손실은 결코 검증될 수 없기 때문이다. 소련이 최고 수준의 조종사들을 투입했지만 유엔군의 제트기

조종사들은 상대방보다 자신들이 항상 더 낫다고 주장했다.[40]

F86기와 미그15기의 대결과 관련해 미국의 입장에서 작성된 대차대조표에 따르면 미그15기가 792대 격추된 반면에 F86기의 손실은 78대로서 10대의 1의 비율이었다.[41] 공중전 승리의 상당 부분은 전쟁의 마지막 몇 개월 동안에 이루어졌다. 전쟁이 끝나기 직전인 1953년 5월과 6월 사이에 미국은 미그15기 131대를 격추시켰지만 F86기 1대를 잃었을 뿐이었다.[42] 물론 여기에 추가되어야 할 것은 F84기처럼 부분적으로 훨씬 더 취약한 또 다른 항공기들의 손실이다. 미 공군의 최종적인 공식 보고에 따르면 전쟁이 끝날 때까지 미국은 전투기 147대를 잃었다.[43]

유엔군의 입장에서 본 폭격기의 경우도 이와 비슷하다. B29기의 손실만 계산하면 전쟁의 전체 기간 중에 중국 영토에 비상착륙을 강요당한 것을 포함해 20대 이상(25대)이 격추되었다.[44] 이 밖에도 작전 중 손상을 입은 B29기 48대가 불시착해 전체적으로 73대가 완전한 손실로 처리되었다. 여기에는 속도가 빠른 미그기에 희생된 몇 대의 B29 정찰기도 해당되었다. 첫 번째로 격추된 것은 1950년 12월 12일 압록강 주변에서였다.

미군 폭격기들은 1951년 10월 23일 압록강 다리를 공격했을 때 가장 많은 손실을 입었다. 이날은 미 공군에게 '검은 화요일'〔1453년 5월 29일 비잔틴 제국의 수도 콘스탄티노플이 오스만 제국에 함락된 날에서 유래한 말로 오늘날 불행한 날을 지칭할 때 쓰인다: 옮긴이〕이라고 악평되는 날로 남게 되었다. 작전에 투입된 B29 폭격기 9대 중에서 1대만 귀환했다. 10월 23일 대략 200대의 항공기들이 맞붙은 공중전은 한국전쟁에서 최대 규모였다. 이 작전에 투입된 다른 유형의 폭격기들도 격추되었다. 전쟁이 끝난 후 유엔 공군은 총 1,986대의 항공기를 잃은 것으로 계산했다. 그중에서 미국 공군만 1,466대의 항공기를 잃었으며 1,041대는 적의 영향에 의한 경우였다.[45]

1950년 11월부터 전쟁 말까지 한국에 투입된 소련의 항공사단들에 대한 자체 평가는 완전히 달랐다. 적군 항공기(유엔군) 1,092대를 격추시킨 반면에 아군의 손실은 278대에 불과하다는 것이었다.[46] 이 밖에도 중국 조종사들은 적군 항공기 330대를 격추시켰다고 자랑했다.[47]

격추된 항공기에 관한 대차대조표의 불일치는 지금까지도 해결되지 않고 있다. 물론 한국전쟁은 B29기나 투폴레프 Tu-2기처럼 제2차 세계대전 때 활약한 폭격기들이 특히 주간공격 때 속도가 빠른 제트전투기에 극도로 취약하다는 것을 보여주었다. 따라서 미 공군사령부는 급히 폭탄공격의 대부분을 야간으로 제한했다. 그렇지 않아도 1947년부터 냉전의 특별한 수요에 맞춘 차세대 항공기들이 개발되었다. 미국에서는 B36기와 B50기에 뒤이어 결국에는 B52기가 선보였고, 소련 측에서는 예를 들어 미야시세프 Mya-4기를 개발했다.

하늘에서 떨어진 유엔군 조종사들이 포로가 되는 것은 전쟁포로가 된 보병부대원처럼 일반적으로 재앙이었다. 262명의 미군 조종사들이 북한이나 중국 진영에 억류되었다. 특히 그들은 전범으로 간주되었다. 이것은 북한과 중국의 입장에서 전시 국제법의 일반적인 규칙에 따른 대우를 배제한다는 의미가 된다.[48] 미군 조종사에게 비정상적으로 가혹한 심문을 해서 결국에는 조작된 '자백'을 하게 만들었다. 공중공격은 전쟁포로들을 학대하는 것이 되기도 했다. 미국 측이 증명할 수 있다고 믿은 것처럼 북한과 중국은 전쟁포로들을 일부러 "합법적인 군사적 목표물" 근처에 옮겨놓기도 했다.

무엇보다도 전투지역의 한국 민간인들은 도망치거나 대피하는 과정에서 폭탄공격과 직접적인 전투행위로 고난을 겪었다. 특히 미군의 격렬한 폭격은 북한뿐만 아니라 남한의 민간인들이 땅속으로 숨게 만들었다. 벙커시설이 부족한 상황에서 많은 사람이 동굴이나 터널 속에 몸을 숨겼다. 폭격으로 얼마나 많은 사람이 죽었는지는 불분명하다. 오늘날의 추산에 따르면 최대 450만 명이 전쟁에 희생되었다. 정확한 인원은 결코 밝혀지지 않았지만 북한에 대한 공중공격으로 희생된 민간인 10만 명이 여기에 포함되어 있다. 전체적으로는 남한이 최대 100만 명, 북한이 최대 250만 명, 중국군이 최대 100만 명을 잃었다.[49] 어림잡은 수이기는 하지만 이와 별도로 수백만 명이 고향에서 쫓겨났다.

유엔군의 상황은 이와 달랐다. 모든 유엔군 참전국을 통틀어 4만 530명이 전사했다. 그중에서 유엔군의 주력인 미군은 3만 6,570명이 전투에서 사망했다.[50] 유엔군으로 참전한 나머지 국가의 병사들 중에서는 총 3,960명이 전사했다. 펜타곤의 자료에 의하면 남한군은 9만

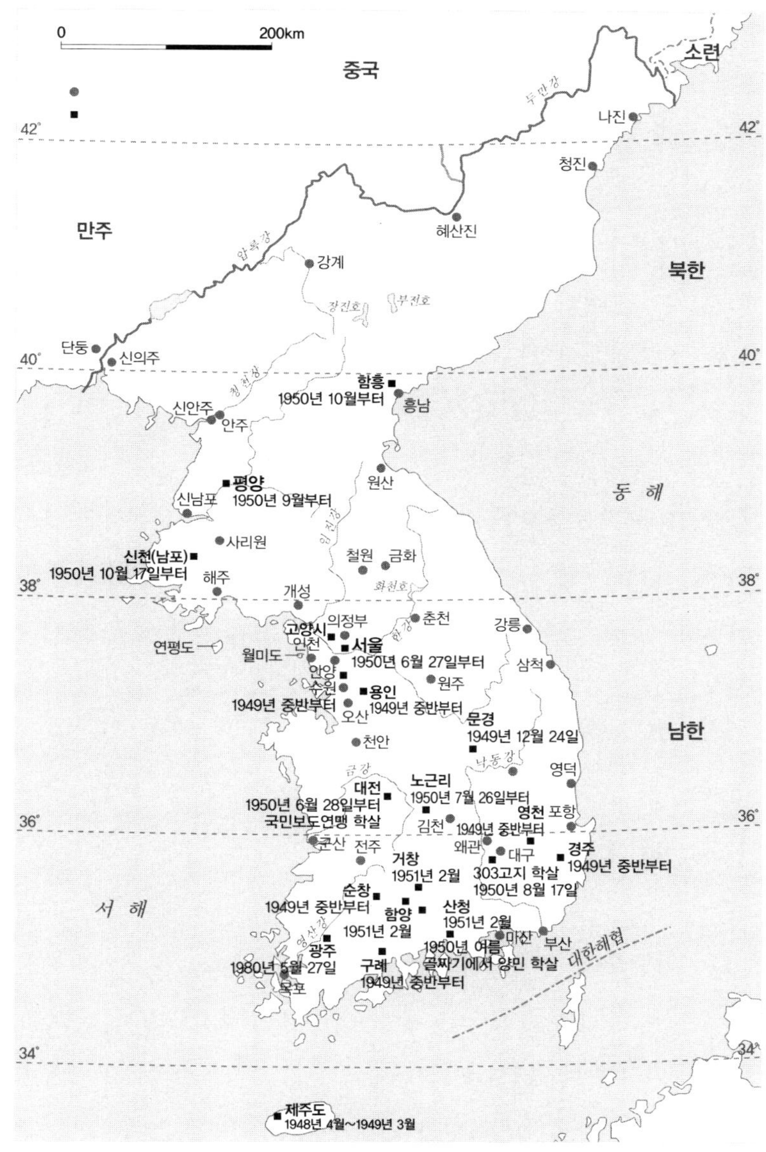

한국전쟁 때 벌어진 학살: 1948년에서 1951년 사이의 내전과 전쟁범죄

명의 병사들이 전사했다.[51]

북한이 얼마나 파괴되었는지는 전쟁이 끝난 후 몇몇 정보를 통해 바깥 세상에 알려졌다. 서방세계의 전쟁포로들도 그 역할을 했다. 1950년 7월 북한이 진격할 때 대전 근방에서 포로가 된 미 제24보병사단 사단장 윌리엄 딘 소장은 귀환 후에 "초토화된 도시들"에 대해 보고했다.[52] 전쟁이 끝났을 때 한국 전체에서 산업시설의 40퍼센트와 가옥의 30퍼센트가 파괴되었다. 특히 북한이 심각한 피해를 입었다.[53]

전선 사이에서 자행된 민간인 학살은 2000년대에 이르러서야 비로소 연구와 공개적 토론의 주제가 되고 있다. 가장 잘 알려진 최대 규모의 학살을 보여주는 한 가지 예로서 1950년 7월 26일에서 29일까지 대전시 남동쪽의 노근리에서 미군 병사들이 전선에 휘말린 민간인 수백 명을 죽인 사건에 대해서는 이미 짧게 언급한 바 있다. 그러나 그것만이 전부가 아니었다.

기억에서 지워버린 내전

1950년 6월 25일 한국전쟁이 시작되기 한참 전에 벌써 '좌'와 '우', 남북한 정부 추종자들 사이의 내전이 피를 뿌리며 최고조에 달한 바 있었다. 이러한 사건들은 군사적인 충돌과는 달리 실제로 오랫동안 기억에서 지워버린 상태로 있었다. 그것은 몇십 년간 본질적으로 '잊힌 전쟁'이었다. 여기에는 많은 이유가 있다. 무엇보다도 한반도 양쪽에 냉전의 전선이 지속되면서 남한에서도 얼마 전까지만 해도 조사가 방해를 받았다. 북한의 경우 이에 대한 정보는 늘 그렇듯이 제한되어 있었다.

냉전의 일부로서 국내 갈등에 있어서 중요한 것은 '상대편'으로 넘어간 '배신자'를 처단한 가해자를 밝혀내는 일이었다. 남한에서 최초의 학살은 1948년 4월 남해안에서 멀리 떨어진 아열대 기후의 제주도에서 일어났다. 당시에 공산주의를 의미하는 '붉은 섬'으로 간주된 이곳에서 4월 3일부터 남한의 군경이 좌익집단의 추종자들을 살해했다.[54] 미운 털이 박힌 사람들에 대한 유배지로 늘 이용되었던 이 외딴 섬에서 일본 식민지배가 해체되는 혼란을 틈타 그러한 충돌이 생겨났다. 냉전의 전선에서 섬 전체가 '상대편'의 지지자를 위한 특별한 도피처가 되고 있다는 풍문이 나돌았다. 실제로 1948년 초에 일어난 좌익 활동가들의 시위는 결국 이 섬을 심지어 해방구로 선언하는 사태로 이어졌다. 이러한 행위들은 북한의 조종을 받는 남로당 추종자들이 1948년 4월 2일부터 서울에서도 남한 정부와 남한 단독 선거를 반대하는 시위를 시작하면서 정점에 이르렀다.

항의시위는 동시에 제주도에서 격리정책의 끝을 의미했다. 미군과 협력한 남한군의 작전이 그 시작을 알렸다. 이 작전은 1948년 8월 15일 대한민국 정부 수립 이후에 강도를 더해가더니 4개월 후에는 엄격한 계엄령이 선포되었다. 제주도에서의 '소탕'작전은 1949년 3월까지 이어졌다. 상황이 더 첨예하게 된 것은 1948년 10월 본토에서 이동해오기로 한 남한군 제14연대 병사들이 부분적으로 시위진압과 제주도에서의 격리작전에 참여하는 것을 거부하면서부터였다. '여순반란'[여수 14연대 반란사건, 여순봉기 등으로도 불렸으나 1995년부터는 '여수·순천 사건'이 공식 명칭으로 자리 잡았다. 10월 19일에 일어나 27일에 완전히 진압되었다: 옮긴이]으로 알려진 이 사건은 결국 좌익 병사들이 여수시를 점령하고 이승만 정부의 관계자와 '우익'을 마구잡이로 때려잡는 결과를 낳았다. 이 때문에 제주도에 대한 작전도 극단적으로 전개되었다. 제주도에서 주민들이 좌익 빨치산에 협력했다는 의심만으로 약 100개 마을이 초토화되었다. 84개 부락은 오늘날까지 재건되지 못했다. 희생자 수 또한 오늘날까지도 정확히 알려져 있지 않다.[55] 의심만 받았든지 또는 실제로 빨치산이었든지 간에 480명은 즉시 살해당했다. 이 섬에서의 작전으로 총 1만 4,000명에서 6만 명까지가 희생되었다. 최대치의 경우 전체 섬 주민의 5분의 1에 해당하는 규모였다. 추산에 따르면 제주도에는 500명의 진짜 게릴라가 거주하고 있었을 뿐이었다.

여순반란에 가담한 병사들에게는 제주도 '소탕'작전에 참여하기를 거부하고 여수를 접수한 것이 치명적인 결과를 낳았다.[56] 반란이 일어나서 도시 전체에 붉은 기가 펄럭였다. 병사들이 행진할 때도 마찬가지였다. 경찰관과 공무원 외에도 토지와 집을 소유한 일반적인 '자본주의자들'이나 반공기독청년단체 회원들이 살해당했다. 반란이 진압된 후 1949년 1월 10일 관련자 재판에서 반란에 가담한 혐의가 있는 2,817명 중 410명이 사형, 568명이 무기징역을 선고받았다.

한국전쟁이 시작되기 전에도 남한군은 부분적으로 경찰이나 반공 청년단체와 같은 준군사조직의 지원을 받아 북한에서 끊임없이 스며드는 좌익 빨치산 집단의 척결에 나섰다. 이러한 '소탕'작전들 역시 대규모의 죽음을 불러왔다는 점에서 별다른 차이가 없었다.[57] 이러한 종류의 피비린내 나는 '소탕'작전은 1949년 중반부터 영천, 경주, 용인, 봉화, 구례, 순창, 문경 등 남한의 거의 모든 지역에서 이루어졌다. 여기에서도 마을 전체가 초토화되고 주민들은 총에 맞아 죽었다. 경상북도의 문경에서만 1949년 12월 24일 80명 이상의 민간인이 공산주의자를 지원했다는 혐의를 받고 남한군에게 살해당했다. 흔히 그렇듯이 희생자 중에는 아이들도 포함되어 있었다. 문경에서 학살로 희생된 아이들의 수는 32명에 이르렀다.

민간인에 대한 또 다른 학살은 1950년 6월 25일 전쟁이 시작된 후 남한에서 벌어졌다. 전쟁 초기 몇 주 사이에 수천 명이 '사라졌다'. 사형 집행이 일상사가 되었다. 점령당했다가 다시 탈환한 지역에서 특히 그 정도가 심했다. 처음에는 거의 남한 전체에 해당되었지만 점령당했다가 탈환하기를 두 번이나 반복한 수도 서울에서는 더욱 격렬한 양상을 보였다.

전쟁이 났을 때 서울에서는 침략군이 들어오기 전에 즉시 도망치지 못하고 그들이 후퇴할 때 북한으로 끌려가지도 않고 북한의 점령기간 동안 살아남은 주민들은 남한 당국에 의해 적어도 잠재적인 부역자로 간주되었다. 이승만 정권 입장에서 볼 때 가상의 혹은 실제적인 내부의 적은 한국전쟁이 시작되기 오래전부터 블랙리스트에 올라 있었다. 그 수는 구금된 약 3만 명을 포함해 최대 30만 명에 달했다. 이승만 정부에서 이들을 통제하기 위한 중요한 수단의 하나가 '보도연맹'이었다. 이전에 좌익계 집단이나 정당에 소속되었던 사람들은 '전향'을 위해 이 단체에 가입해야 했다. 보도연맹에 가입한 약 30만 명의 이름은 실제로는 죽음의 목록이었으며 전쟁이 시작된 후 가차 없이 '정리되었다'.[58]

이 목록에 의거한 학살사건은 북한이 남침을 시작한 지 며칠 지나지 않아 서울이 북한에 점령당하는 와중인 1950년 6월 27일부터 시작되었다. 정치범이나 적과의 동조를 의심받을 만한 사람들은 바로 사형을 집행하지 않고 감금해두었다가 6월 28일부터 총살했다[2007년 진실화해위를 통해 보도연맹원에 대한 첫 학살이 6월 28일 강원도 횡성에서 이뤄졌으며 집단학살에 헌병대가 깊이 개입했다는 사실이 최초로 확인되었다: 옮긴이]. 증언에 따르면 이승만이 보도연맹원 학살을 직접 지시했다고 한다. 대전 형무소에 구금되어 있던 정치범들도 똑같은 운명이었다. 희생자 수는 오늘날까지도 완전히 불분명하다. 추산에 따르면 최대 수십만 명이 희생되었다.[59] 이미 구금되어 있던 정치적 반대자에 대한 남한군의 총살은 남쪽으로 후퇴하면서도 집행되었다. 대구에서만 3만 명이 처형되었다.[60] 심지어 부산 교두보에서도 이와 비슷한 일이 벌어

표적 살해 1950년 10월 19일 북한의 함흥에서 북한 보안군에게 살해당한 정치범들의 신원을 확인하고 있는 가족들의 모습. 이곳에서만 유엔군과 남한군에 의한 해방을 막으려는 목적에서 약 1만 5,000명이 살해당했다.

졌다. 여기에서도 미군이 목격자가 되었다.

남한군이 후퇴한 후 서울에 남은 주민들에게는 김일성 군대의 서울 입성이 끔찍한 공포가 되었다. 북한군도 진격해오면서 사전에 준비한 이른바 동조자와 적이 표시된 목록을 들고 나타났다. 그들은 이 목록에 근거해 무엇보다도 이승만 정부 인사들을 수배했다. 이와 동시에 점령군은 지원을 얻어내기 위한 선전운동을 했다. 라디오를 통한 북한의 공식적인 성명을 감청한 미국 담당자들은 효과가 없지 않았던 노련한 선동전략 하나를 발견했다.[61] '사회보장', '자본주의적 약탈로부터의 해방', '토지개혁', '국가적인 요구' 등과 같은 주제들은 정보원들을 통해 서울을 점령한 북한의 동태를 관찰할 수 있었던 미국 관계당국에 따르면 매우 긍정적으로 작용했다. 특히 서울의 미군 라디오 방송은 효과적인 수단으로 평가되었다.

도시를 순찰하는 특별기동대의 테러는 북한이 수도를 통제하기 위한 가장 효율적인 수단이 되었다. 이들은 1950년 6월 28일 국립대학병원에서 최소한 700명의 의사, 간호사, 환자를 살해했다. 그중에는 부상을 당해 후퇴 때 철수하지 못한 남한군 병사들도 포함되어 있었다.[62] 북한군이 남쪽으로 진격하는 동안에도 특별기동대는 이승만 정부의 협력자라는 의심만 들어도 사람들을 체계적으로 총살했다. 대전, 청주, 무안에서도 그러한 일이 벌어졌다.

북한군이 남쪽으로 계속 진격하다가 9월부터 부산 교두보를 돌파한 남한군과 유엔군에 밀려남과 동시에 맥아더가 인천 방향에서 퇴로를 막은 몇 주 동안 양측에서 각자가 통제하던 지역을 '청소했다'. 이것은 10월 1일부터 지상전이 벌어진 북한에서도 계속되었다. 먼저 북한 사람들이 미친 듯이 날뛰던 서울에서도 남한군과 유엔군이 새로 부역자를 색출하는 일이 벌어졌다. 남한의 경찰은 서울에서 10월 9일부터 그달 말까지 약 150명을 살해했다. 그 시체들은 나중에 고양시에서 발견되었다.[63] 1950년 9월 28일 김일성의 직접 명령에 따라 북한군은 다시 후퇴할 때 데려가기 어려운 포로들을 현장에서 체계적으로 살해하기 시작했다. 이것은 물론 그 이전에도 수시로 반복된 일이었다. 북한이 압록강까지 후퇴하던 과정에서는 북한에 구금되어 있던 정치범들도 희생되었다. 대규모 학살은 평양과 함흥에서 자행되었다. 함흥에서만 약 1만 5,000명이 특별기동대에 희생되었다.[64]

가장 많이 알려졌지만 오늘날까지 그 배경이 밝혀지지 않은 북한 민간인 학살은 1950년 10월 17일 38선에서 북서쪽으로 멀리 떨어져 있지 않은 신천군에서 시작되어 몇 주 동안 계속되었다. 이 사건이 세계적으로 알려지게 된 것은 1951년에 피카소가 그린 〈한국에서의 학살〉 덕분이었다. 이 학살로 예상컨대 3만 5,000명이 희생되었다. 이 사건이 어떻게 발생했는지, 북한과 함께 소련과 중국이 선전했듯이 미군이 이 범죄에 연루되었는지는 불명확하다. 그럼에도 1950년대 말에 건립된 '신천박물관'〔북한의 정식 명칭은 '미제 신천양민학살 기념 박물관'이다: 옮긴이〕은 오늘날까지 희생의 책임을 미국에만 돌리고 있음을 보여준다. 어쨌든 피카소는 미국인뿐만 아니라 그 어떤 다른 국가

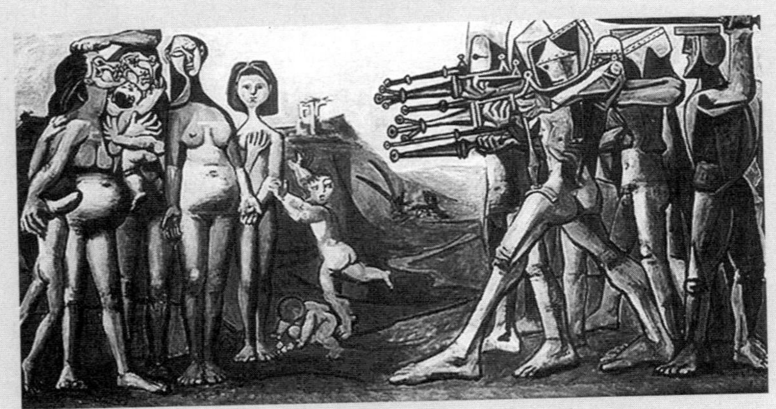

공개적인 탄핵 피카소는 1951년 〈한국에서의 학살〉이라는 제목을 붙인 그림에서 1950년 10월 17일부터 자행된 신천 학살을 표현했다〔보통 이렇게 널리 알려져 있으나 실제로는 전쟁의 보편적 아픔을 담은 것이다: 옮긴이〕. 이 범죄로 약 3만 5,000명이 희생되었다. 북한은 오늘날까지 학살의 책임을 미국에 돌리고 있다. 이미 1951년에 워싱턴은 1944년부터 프랑스공산당 당원이었을 뿐만 아니라 동구권의 시각을 옹호하는 것처럼 보였던 이 예술가의 그림에 대해 격분했다. 하지만 피카소는 당파적인 입장을 취하려 한 것이 아니라 소수민족의 애꿎은 희생자를 표현하려고 했을 뿐이었다.

도 그림에 표현하지 않았다. 그가 그림에서 분명하게 주제로 삼은 것은 소수민족의 애꿎은 희생자가 여기에서도 특히 아이들과 (임신한) 여성들이라는 점이었다.

후퇴하는 북한군과는 별도로 남한에서는 격렬한 빨치산 전쟁이 전개되었다. 북한의 패잔병과 일부러 남겨둔 특수부대가 빨치산에 합류해 남한군과 유엔군에 맞서 싸웠다. 이러한 전투 역시 이승만 정부에 대응테러에 대한 중요한 빌미를 제공했다. 그러나 북한 빨치산에 대한 대부분의 살해는 김일성 군대가 1950년 말과 1951년 초에 자신의 영토 끝까지 밀려나고 북쪽에서 중국군의 지원을 받아 격렬한 전투를 벌일 때 일어났다. 1951년 2월 산청, 거창, 함양에서 벌어진 끔찍한 학살에서 1,500명의 사망자 중 최대 4분의 3에 달했던 여성, 아이, 노인들을 총으로 살해한 것은 빨치산 소탕이라기보다는 적을 편드는 것을 막을 목적으로 민간인들을 위협하기 위한 직접적인 국가테러에 가까웠다.[65]

거창에서 자행된 학살은 1990년대에 한국에서 군사독재가 종식된 후 그 과정과 희생자에 대해 체계적인 연구가 이루어진 첫 번째 사례이기 때문에 특히 잘 알려졌다. 거창 민간인 학살사건은 경남 거창군 신원면에서 1951년 2월 6일에서 9일 사이(또 다른 자료에 의하면 9일에서 11일 사이 혹은 10일에서 11일 사이)에 민간인 500여 명이 살해된 사건이다. 그중에서 절반 이상이 아이들이었다.[66] 이것은 나중에 공동묘지를 파본 결과로 입증된 것이었다. 가해자는 특별히 빨치산을 소탕하기 위해 배치된 남한군 11사단 병사들이었다. 조사 결과에 따르면 이 작전은 일종의 복수전으로 기획된 것으로 밝혀졌다. 1951년 2월 현장에 출동한 남한군 병사들은 곧바로 가족 중에 경찰관이나 공무원이 없는 모든 사람을 공산주의자로 규정하고 닥치는 대로 총을 쏘아 죽였다. 남한에서는 이처럼 군사적인 필요성을 내세운 체계적인 총살이 1952년까지 지속되었다.

믿을 수 없을 정도로 잔인하게 진행되었을 뿐만 아니라 이에 참여한 군대는 희생자들에게 가능한 한 최대의 굴욕감을 느끼게 한 국가테러였다. 그 외에도 개인적인 보복이 한국 내에서 벌어진 내전의 또 다른 중요한 특징이었다.[67] 부를 축적하기 위해서나 개인적인 굴욕에 대한 보복으로, 아니면 일본 식민지 시절과 관련된 개인적인 복수나 정치적 혹은 거래상의 경쟁자를 없애버리기 위한 것과 같은 매우 개인적인 동기에서 살인이 자행되었다.[68] 이 모든 것은 한국이 1950년 6월 25일보다 훨씬 이전에 이미 준전시상태에 놓여 있었다는 것을 암시한다. 이에 버금가는 상황은 분단된 베트남에서 1954년부터 특징적으로 나타났다.

1953년: 휴전

한국전쟁의 마지막 대규모 지상공격은 휴전에 관해 3개월 동안의 회담이 이루어졌을 때 이미 시작되었다. 적대적인 양측이 1951년 7월부터 처음에는 개성, 그다음에는 판문점에서 만나는 동안 9월 13일부터 10월 13일 사이의 치열했던 '단장의 능선'〔강원도 양구와 인제의 중간에서 남북으로 뻗어 있는 연봉들: 옮긴이〕 전투는 유엔군이 북한과 그 동맹국들에 진정한 협상에 나서도록 강요하기 위한 목적을 지니고 있었다. '피의 능선'이라고도 하는 '단장의 능선'에서 오랫동안 벌어진 전투는 극도의 손실을 초래한 이 전쟁에서도 가장 많은 희생을 낸 진지전 중 하나였다. 심지어 제1차 세계대전의 참호전을 떠올리는 사람들도 있었다. 오늘날의 군사분계선을 중심으로 한 양쪽의 산악지대에서도 중요했던 것은 위세를 떨치기 위한 승리였다. 가령 군사적으로 비교적 중요하지 않은 산비탈을 점령하는 식이었다. 근접전투를 치르며 고지를 향해 진격한 부대는 일반적으로 엄청난 손실을 입었을 뿐만 아니라 산을 정복했다 하더라도 상대방에게 금방 다시 빼앗겼다. 추산에 따르면 미군과 프랑스군 병사 약 3,700명과 북한군과 중국군 병사 2만 5,000명 이상이 전사했다.[69]

이와 비슷하게 군사적인 중요성의 근거를 찾기 어려운 쓸모없는 지역을 둘러싼 전투들이 1953년 여름에 휴전협상이 마무리될 때까지 계속되었다. 격렬한 전투는 1953년 3월 23일부터 7월 11일 사이에 철원 지역에서 벌어졌다. 그곳은 소위 철의 삼각지대에서 이후의 남북경계선 한가운데에 위치해 있다(161쪽 지도 참조). 234고지를 둘러싼 혈투는 '폭 찹 힐Pork Chop Hill'〔1959년 그레고리 펙 주연의 할리우드 영화로도 만들어졌다: 옮긴이]로 알려졌으며 양쪽의 입장에서 볼 때 협상에 임하는 상대방에게 가능한 한 커다란 압력을 가하려는 의미밖에 없었다. 양쪽의 부대는 몇 달 동안 엄청난 손실을 감수하며 기껏해야 관측초소로 활용 가능한 고지를 점령하기 위해 서로를 향해 달려들었다. 1953년 7월 27일 판문점에서 협상이 마무리되기 약 2주 전인 7월 11일에 이 고지는 유엔군의 차지가 되었다. 그리고 얼마 후 이 지역은 비무장지대DMZ에 편입되었다. 이와 마찬가지로 1953년 5월 북한의 댐에 대한 미국의 공격이 보여주듯이 항공전쟁도 휴전협상이 끝날 때까지 지속되었다.

휴전협상이 시작된 시기인 1951년 7월부터 11월까지 벌어진 전투들은 단장의 능선 혈투를 포함해 특히 수많은 전사자를 냈다. 미국만 보더라도 이 단기간에 약 2만 2,000명의 병사를 잃었다. 남한군과 유엔군은 총 6만 명이 희생되었다. 전쟁 초기부터 발생한 희생자 약 2만 8,000명과 비교하면 이 짧은 기간에 얼마나 많은 피를 흘렸는지 뚜렷하게 드러난다.[70] 북한군과 중국군의 희생자 수는 물론 몇 배나 더 많았다. 1951년 7월부터 11월 사이에만 그들은 약 25만 명을 잃었다.

전투에서 얼마나 많은 병사가 부상을 당했는지 혹은 실종(작전 중 실종MIA)으로 간주되었거나 포로(전쟁포로POW)로 잡혔는지는 오늘날까지도 명확하지 않다. 모든 당사국이 관여해서 만든 믿을 만한 자료나 통계는 존재하지 않는다. 미 국방부는 미군의 부상자가 10만 3,284명, 유엔군 전체의 부상자는 50만 명 이상이 될 것으로 추산했다.[71] 포로와 관련해서는 1953년 포로 교환('리틀 스위치'와 '빅 스위치' 작전) 때의 규모를 기초로 당시에 구금되어 있던 전쟁포로의 수를 가늠해볼 수 있다. 유엔군은 7만 5,823명의 북한군과 6,670명의 중국군을 북측에 넘겨주었으며 북한이나 중국으로 돌아가기를 원치 않았던 2만 1,839명을 중립국에 풀어주었다.[72] 북한군과 중국군으로부터는 당시에 1만 3,444명이 풀려났다. 대부분은 남한군(8,321명)과 미군(3,746명) 병사들이었다. 여기에는 군인들뿐만 아니라 남북한과 외국 민간인, 가령 다양한 국가 출신의 교사와 성직자들도 포함되어 있었다.[73] 포로 교환의 문제 때문에 휴전협상이 끝을 맺지 못하고 계속 지체되기도 했다.

커다란 범주에서 보면 미국에서는 이미 1951년 3월에 북측과 휴전을 맺으려는 계획이 논의되었다. 그 시기에 유엔군은 북한군을 두 번째로 서울에서 몰아냈지만 전쟁은 끝날 기미를 보이지 않았다. 휴전협상은 유엔군의 입장에서도 논란의 여지가 없었다. 다만 미 합참을 통해 맥아더에게 전달된 정보는 최고사령관이 트루먼과 매우 격렬한 논쟁을 벌이도록 만들기에 충분했다. 결국 1951년 4월 맥아더의 퇴진으로 막을 내렸다. 하지만 특히 이승만 대통령을 비롯해 남한군의 입장에서 볼 때 전쟁의 끝을 눈앞에 둔 상태에서 이루어진 휴전은 결코 수용할 수 없는 것처럼 보였다. 김일성과 마오쩌둥 그리고 스탈린도 죽을 때까지 마찬가지 입장이었다.

거의 3개월 후인 1951년 7월 10일 양쪽의 대표단이 당시만 해도

출구를 찾기 위한 긴 여정 1951년 여름 휴전협상을 위해 판문점에 설치된 임시천막들.

남한이 관할하던 개성에서 만나 첫 번째 공식회담을 시작했다. 그 이전인 6월 23일 소련은 휴전선을 예전의 38선으로 다시 되돌리자는 제안을 유엔 주재 소련대사 말리크를 통해 전달했다. 이 구상은 결국 받아들여져 유엔군은 남쪽으로 80킬로미터 물러나고 협상장소는 38선 바로 남쪽의 파괴된 마을인 판문점으로 옮기게 되었다.

처음에는 여기에 몇 개의 작은 천막을 쳐놓았을 뿐이었다. 나중에 경계선을 사이에 두고 유엔의 파란색 막사들이 설치되었다. 협상장소로 활용된 막사에는 양쪽의 전면에 각각의 입구가 있었다. 막사뿐만 아니라 협상용 탁자도 가로질러 분명하게 표시해놓은 '경계선'에서도 보듯이 이 가건물들은 한편으로 중립적인 성격을, 다른 한편으로 그 구역의 위험성을 적나라하게 드러냈다. 실제로 1953년 7월 27일 정전협정에 조인할 때까지 765회의 회담이 진행되는 동안 이 지역을 둘러싸고 처절한 전투가 벌어졌다. 그 이전의 협상장소인 개성은 이미 1951년 8월 19일 북한군에 점령당했다. 개성은 물론 장기적으로 특별한 위상을 지니고 있었다. 2003년 이곳에 남한과 북한이 공동으로 운영하는 공업단지가 설치되었던 것이다.

1951년 10월 22일 판문점에 적용되는 특별안전보장협정이 체결되었다. 이에 따라 협상장소를 중심으로 약 900미터(1,000야드) 거리의 안전지대에는 무장한 사람들의 출입이 허용되지 않았다. 다만 대표단의 안전을 지켜줄 각각의 인원 15명은 예외였다. 더 나아가 원래의 협상캠프를 중심으로 약 5킬로미터(3마일)에 해당하는 제2의 안전지대가 설치되었다. 북한 대표단은 추가협정을 통해 매일 호위차량 두 대의 자유로운 통행을 보장받았다. 대략 2년 동안 이 공동경비구역JSA에서 북한과 중국의 대표단과 유엔군사령부 대표단이 날마다, 때로는 완전히 침묵한 채 마주앉았다.

회담은 1951년 10월 25일에 시작되었으며 5개 조항의 협상안이 간단히 실현될 수 없다는 것을 분명하게 보여주었다. 그 협상안은 회담에 성실하게 임할 것, 경계선의 진로와 협상장소를 확정할 것, 휴전을 감시할 조직을 구성할 것, 전쟁포로 문제를 해결할 것 등의 내용을 담고 있었다.[74] 양쪽에 특히 어려운 문제는 아군의 병사들이 경우에 따라서는 귀환을 원치 않는다는 데 있었다. 미국의 입장에서는 이것이 북한과 중국의 입장에서보다 더 실망스러운 듯이 보였다.

미국의 정보기관은 전쟁 초기에 유엔군 병사들, 특히 미국의 GI가 선동, 약물, 고문 등의 압력으로 좌절한 상태에서 자백을 강요받을지 모른다고 우려했다. 미국에서는 자국의 병사들이 적국의 주말뉴스와 영화에 등장하는 것을 특히 불편하게 느꼈다. 그 이후로 그러한 민망한 모습의 등장을 미래에는 어떻게 방지할 수 있을지 집중적으로 고민하게 되었다. 그 결과는 극비로 진행된 MK울트라 프로젝트〔미국 CIA가 인간의 정신을 마음대로 조종하기 위해 비밀리에 진행한 불법 인체실험으로, 이 생체실험에는 마약류 사용, 전기충격, 최면, 심신상실, 성고문, 언어폭력, 고문 등이 동원되었으며 1995년 미국 대통령 빌 클린턴이 1950년대 행정부를 대신해 공식 사과했다: 옮긴이〕와 같은 심리적 예방 프로그램의 선도적 도입이었다.[75] 이에 대해서는 나중에 다시 한번 되돌아보려고 한다.

계속되는 군사적 갈등을 끝내는 데 두 번째 커다란 장애물은 스탈린이었다. 마오쩌둥은 비록 수십만 명의 '지원군'을 전쟁터에 내보내면서 중요한 역할을 하기는 했지만 여전히 모스크바에 있는 '맏형'의 그늘 안에 있었다. 물론 전쟁이 곤란한 상황에 놓이자 1951년 6월 3일 베이징으로 달려간 김일성에게 중국이 초토화된다 할지라도 전쟁을 끝내는 것을 엄격히 금지한 사람도 마오쩌둥이었다.[76] 그다음 해에도 마오쩌둥은 휴전에 반대했다. 이 모든 것은 스탈린과의 합의 아래 이루어진 일이었다. 스탈린은 1952년 7월 17일 마오쩌둥에게 "휴전협상을 거부하는 입장은 완전히 합당한 것"이라고 분명하게 확인해주었다.

그런 측면에서 1953년 3월 5일 스탈린의 사망은 한국전의 휴전에 길을 열어주었다. 모스크바의 독재자가 실제로 죽음 직전에 전쟁의 종식에 대해 진지하게 생각했는지는 1952년 독일을 재통일하기 위한 그의 공세가 진심이었느냐는 것에 대한 질문과 마찬가지로 불명확하다. 하지만 이것과는 상관없이 그의 죽음과 함께 한국에서 전쟁의 종식을 위한 마지막 걸림돌이 제거되었다. 스탈린이 죽은 후 흐루쇼프가 실권을 장악한 집단지도체제는 어떠한 경우에라도 전쟁을 끝내고 싶어했다. 마오쩌둥조차도 이에 반대할 엄두를 내지 못했다. 또한 이것은 마오쩌둥과 흐루쇼프의 관계를 서먹하게 만드는 데 일조했다.

이 밖에도 휴전협상에 참여하는 것을 거의 끝까지 거부하고 심지어 홀로 계속 싸우려는 의도를 지녔던 이승만도 더는 결정적인 요소가 아니었다. 1952년 11월의 대통령 선거에서 승리한 아이젠하워는 1953년 1월 임기를 시작한 이래로 아무런 결실도 맺지 못하게 된 동아시아 전쟁에서 미국을 빼내려고 심혈을 기울였다. 공식적인 포로 교환 직전에 북한으로 돌아가기를 원치 않던 2만 6,000명의 북한군 병사를 민간인으로 간주하고 미리 석방한 이승만의 결단[1953년 6월 18일에 모든 포로를 중립국에 넘긴 후 자유롭게 남북한 중 하나를 선택하게 한다는 협정에 반발해 이승만이 반공포로를 석방한 사건: 옮긴이]은 과소평가하기 어려운 장애물이었다. 이것은 분명하게 협정을 깨뜨리는 행위였다. 그러나 이승만도 결국 워싱턴의 지시에 따르지 않을 수 없었다.

전쟁포로에 관한 중국의 조치도 이와 비슷한 방식으로 진행되었다. 스탈린이 죽은 지 약 3주일 후에 중국 총리 저우언라이는 김일성에게 유엔군과 남한군 중에서 우선 아프거나 부상당한 병사들을 인도하라고 지시했다. 1953년 4월 20일부터 5월 3일까지 첫 번째 포로 교환이 이루어졌다(유엔군 사이에서는 이것이 '리틀 스위치' 작전으로 알려졌다). 북한은 총 684명의 병사들을 인도했다. 그중에서 471명은 남한인이었고, 149명은 미국 시민이었다.[77] 이에 대해 유엔군은 북한군 병사 5,194명, 중국군 병사 1,030명, 민간인 446명을 북측에 인계했다.

3주일 후인 5월 25일 미국 정부는 나머지 포로들도 교환하자는 또 다른 제안을 하면서 이것을 거부할 경우 전투행위를 확대하겠다고 위협했다.[78] 이러한 '빅 스위치'는 정전협정에 서명한 다음에야 이루어

리틀 스위치와 빅 스위치를 통한 포로 교환: 귀환자[79]

국적	리틀 스위치	빅 스위치	총계
북한과 그 동맹국			
북한	5,640	70,183	75,823
중국	1,030	5,640	6,670
총계	6,670	75,823	82,493
남한과 유엔군			
남한	471	7,862	8,321
미국	149	3,597	3,746
영국	32	945	977
터키	15	229	243
필리핀	1	40	41
캐나다	2	30	32
콜롬비아	6	22	28
오스트레일리아	5	21	26
프랑스	0	12	12
남아프리카공화국	1	8	9
그리스	1	2	3
네덜란드	1	2	3
벨기에	0	1	1
뉴질랜드	0	1	1
일본	0	1	1
총계	684	12,773	13,444

졌다. 8월 5일부터 12월 23일 사이에 우선 고국으로 돌아가기를 원하는 사람들이 남북을 오갔다. 북한과 중국 측에서는 1만 2,773명의 병사들을 인계했다. 그중에서 남한인은 7,862명, 미국인은 3,597명, 영국인이 239명, 터키인이 229명이었다.[80] 유엔군 측은 7만 5,823명의 포로를 인계했다. 그중 북한인은 7만 183명, 중국인이 5,640명이었다.

포로를 교환했지만 또 다른 근본적인 문제는 여전히 해결되지 않고 있었다. 즉 고국으로 돌아가기를 거부한 사람들을 어떻게 처리해야 하는가에 대한 문제였다. 공산주의 진영에서 여기에 해당하는 사람은 2만 명이 넘었다. 그들은 대부분 중국 내전에 휘말린 국민당 전사들로서 타이완이나 남동아시아로 탈출하지 못했다가 인민해방군〔중국 공산당 휘하의 인민군대: 옮긴이〕에 복무할 것을 강요받은 처지였다.[81] 유엔군과 남한군 중에는 이보다 훨씬 작은 규모이기는 했지만 어쨌든

귀환 거부자[82]

북한을 선택한 남한군과 유엔군			
남한인	미국인	영국인	총계
325	21	1	347

서방세계를 선택한 북한군과 중국군			
북한인	중국인	–	총계
7,604	14,234	–	21,839

359명이 북한이나 중국에 남기로 결심했다. 그들의 대부분은 남한인(325명)이었지만 미국인(21명)과 영국인(1명)도 있었다.

리틀 스위치와 빅 스위치가 군사적 갈등의 배경에서뿐만 아니라 냉전의 배경에서도 감정적으로 얼마나 민감한 문제였는지는 인도가 이끄는 독립적인 '중립국송환위원회'가 설치된 것에서도 알 수 있다. 거기에서 양쪽의 대표단이 다른 포로들과 차단된 공간에 자리 잡고 각각의 포로에게 귀환을 원하지 않는 이유를 물었다. 본인의 결정을 다시 한번 고려해보도록 하는 마지막 면담은 1954년 1월 23일로 확정되었다. 이때 두 명의 미국 시민이 원래의 입장을 번복해 결국에는 21명의 미국인과 1명의 영국인이 북측에 남게 되었다.

북쪽과 남쪽, 독재와 민주주의 중 하나를 결정하기 위한 장소로 독특하고 상징적인 지점이 선택되었다. 판문점 인근의 군사분계선에 위치하고 있으며 포로들의 교환이 이루어졌던 현장인 작은 다리는 양자택일을 의미하는 기억의 장소가 되었다. 일명 '돌아오지 않는 다리'는 냉전시대에 양쪽의 합의 불가능성뿐만 아니라 한국의 재통일을 가까운 장래에 달성할 수 없다는 절망감을 상징했다.

이것은 정전협정에 서명하는 장면에서도 나타났다. 1953년 7월 27일 유엔군 대표단장 윌리엄 해리슨 중장과 북한 대표 남일 장군이 단 12분 동안 만나면서 서명을 교환했다. 그동안 양쪽의 대표단이 때로는 몇 시간 동안 침묵한 채 마주보고 앉아 있기도 하면서 수백 번이나 회담을 했는데도 결말을 맺는 데 걸린 극히 짧은 시간은 여전히

'돌아오지 않는 다리' 한국의 '돌아오지 않는 다리'는 독일의 서베를린과 포츠담 사이에 놓인 글리에니커 다리와 비슷한 상징적인 장소가 되었다. 1950년대에 전쟁포로 교환이 이루어진 이후 1968년 12월 23일(사진) 미국의 첩보함 '푸에블로 호' 승무원들이 10개월 이상 북한에 구금되었던 상태에서 벗어나 이 다리를 건너 남한으로 풀려났다.

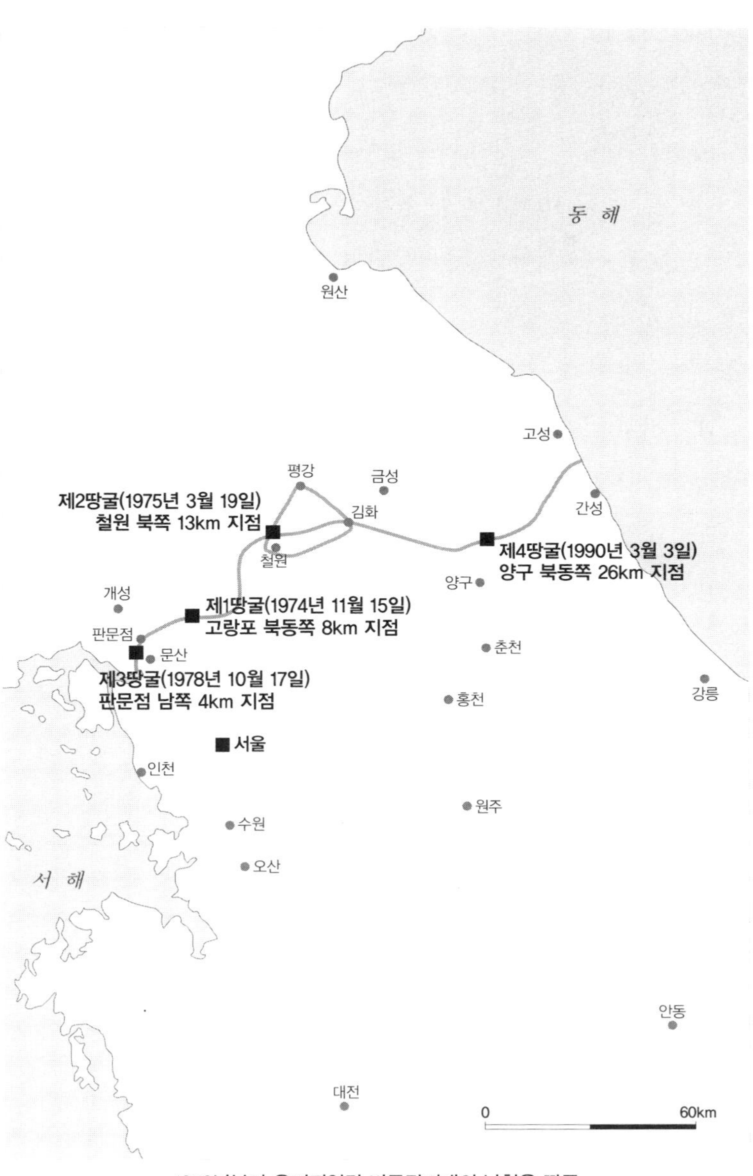

1953년부터 유지되었던 비무장지대의 남침용 땅굴

냉랭한 양쪽의 화해 불가능성을 과시하듯이 보여주었다. 서명과정도 아무 말 없이 진행되었다. 양쪽의 대표단은 심지어 마주 앉지도 않고 서로 멀리 떨어진 두 개의 탁자 앞에 나란히 앉아 있었다.

현지시간으로 10시 12분에 형식적인 절차가 완료되었다. 오후에는 1951년 5월 리지웨이 장군의 후임 최고사령관으로 임명된 마크 클라크 장군이 서명을 통해 협상의 종결을 확인해주었다. 300명 이상의 목격자들이 이 이상한 의식을 지켜보았다. 그중 75명은 유엔에서 파견한 기자들이었다. 24시간 후인 1953년 7월 28일 모든 무기가 침묵했다.[83]

휴전과 함께 남북한을 사이에 두고 폭 4킬로미터, 길이 248킬로미터의 비무장지대가 생겨났다. 오늘날까지 그 한가운데를 군사분계선이 가로지르고 있다. 이 군사분계선은 1953년 7월 28일 유엔군사령부 산하에 설치된 군사정전위원회MAC와 북한과 중국 인력의 감시를 받게 되어 있었다. 소수의 예외를 제외하면 비무장지대는 남북한 모두에게 출입금지구역이 되었다. 남쪽에서는 오늘날까지 유엔군사령부 산하 미군이 창설한 '경비대대'가 경비를 맡고 있다. 물론 처음부터 분명했던 것은 이 부대의 전력이 한때 3만 7,000명의 병력을 보유하기도 했지만[84] 새로운 공격을 막아내기에는 턱없이 부족하다는 점이다. 1998년 워싱턴 포스트 특파원은 심지어 그것이 병영이라기보다는 보이스카우트 같다는 느낌을 갖기도 했다.[85] 그러나 여기에서도 서베를린과 마찬가지로 미국 경비부대에 대한 공격은 미국에 대한 공

국경 경비 군사분계선을 표시한 시멘트 구조물을 사이에 두고 1953년부터 오늘날까지 파란색 유엔군 막사 사이의 비무장지대에서 남북한의 경비병들이 서로 위력을 과시하며 맞서 있다. 1991년 냉전이 끝났음에도 무덤덤한 채.

격, 더 나아가 서방 동맹국 전체에 대한 공격으로 간주되었다.

군사분계선 북쪽에는 북한 인민군 부대가 주둔해 있다. 1958년까지만 해도 약 80만 명의 중국군이 이들을 보완했다[현재의 연구 성과에 따르면 1953년 휴전 당시 120만 명에 달했던 중국군의 규모는 1958년에 25만 명으로 축소되었다고 한다: 옮긴이].[86] 1991년 냉전이 끝날 때까지는 여기에서도 우방국들의 병사를 찾아볼 수 있었다. 한때 폴란드와 체코슬로바키아 부대도 있었다. 오늘날까지도 양쪽의 경비병은 유엔군 막사 사이에서 몇 미터의 거리를 두고 위압적인 자세로 마주 서 있다.

5장

한국전쟁이 전 세계에 미친 결과

미국

미국의 입장에서 한국전쟁의 발발은 중국을 포함한 동구 공산권 국가의 특성과 공산주의의 침략성에 대해 미국이 가지고 있었던 생각을 실제로 증명해주는 일이었다. 1947년 트루먼 독트린에서 선언했던 대로 한국전쟁에 공격적으로 대처할 필요가 있었다. 한국전쟁 개입은 당시 냉전의 선례였던 1948~1949년의 베를린 공수작전[소련이 서독을 점령하자 연합군 측에서 고립된 서독에 물자를 조달하기 위해 비행기를 동원한 작전으로, 결국 소련은 1949년 5월에 베를린 봉쇄조치를 철회했으며 공수물자 조달은 그해 5월에 끝났다: 옮긴이]과 같은 맥락에서 이루어졌다.[1]

그러나 한국에서 불거진 군사적 분쟁은 냉전의 양상과는 달리 나타났다. 군사적 공격은 분명 기습적으로 이루어졌다. 신문보도는 한동안 '진주만 공습 신드롬'이 되살아난 분위기를 만들었다. 특히 CIA의 작전 차질을 비난하는 몇몇 언론사를 신뢰하는 담론이 지배적이었다. 1952년에 적의 정보조직을 도청하는 데 특화된 미 국가안전보장국NSA이 독립된 정보기관으로 설립되었다. 이 기관의 설립 배경에는

한국전쟁 초기에 첩보활동의 패배가 일부분 작용했다.[2]

미국은 제2차 세계대전 전후 국제질서를 군사적으로 변화시키려는 소련의 시도에 경악했다. 중부 유럽에서 전쟁의 맛을 본 소련이 세계적인 핵전쟁을 일으킬 수 있다는 점에 불안해했다. 게다가 미국은 동아시아에서 일어난 전쟁을 동구 공산권, 특히 소련과 실제로 군사적으로 충돌할 가능성이 있는 것으로 내다보았다. 그래서 무모하지만 제2차 세계대전 막바지에는 독일 포로한테서 스탈린과의 전쟁에 대한 더 많은 정보를 빼내고자 했다.[3]

무엇보다도 한국에서 발발한 전쟁은 1946년부터 이어져온 공산주의 국가에 대한 '봉쇄' 또는 '해방' 논쟁을 완전히 다른 방향으로 이끌어가는 플랫폼이 되었다. 지금까지 '해방정책'은 동·중부 유럽과 소련이 냉전의 위험천만한 중심부라고 보고, 어떻게 하면 외부에서 공산주의 국가의 국민들에게 라디오 방송과 선전전단지 배포를 통해 독재자로부터 스스로 자유롭게 되도록 영향을 끼칠 수 있을지에 대한 논의였다. 그러나 한국에서 공산주의자들이 38선을 넘어 진군한 이후부터는 공산주의에 대한 능동적 '억제'보다는 군사적 해방 가능성에 관한 논의가 주를 이루게 되었다.

이 점은 미국 국가안전보장회의의 중요한 전략문서, 즉 국무부의 정책기획위원회PPS에서 폴 니츠Paul Nitze가 작성한 국가안전보장회의 보고문 제68호(NSC 68)에 잘 나타나 있다. 보고문은 첫 안이 발표되기 1년 전에 이미 작성되어 있었다.[4] 제2차 세계대전 전후의 간접적인 시기로 돌아가려는 일련의 사전문서를 기초자료로 참고했다. 트루먼 대통령이 서명한 그날은 남한군과 연합군이 1950년 9월에 북한 측 연맹을 성공적으로 격퇴하고 북한으로 진격하려던 때였다.

NSC 68에 처음으로 군사분쟁 전략과 냉전 전략 사이에는 그 어떠한 차이도 없음을 공식적으로 확고히 했다. 이러한 관점에서 보면 냉전시대에 미국과 서방세계가 민주주의를 지키는 것이 제2차 세계대전 이전만큼 어렵다는 것이다. 민주주의 수호에 대한 불안감은 미국이 20세기 내내 짊어지고 있었던 짐이었다. 냉전이 시작되자 미국의 불안감은 더욱더 커지게 되었다. 미국이 한국전쟁으로 자신들의 안보에 얼마만큼의 위협을 느꼈는지는 1950년 12월 16일 트루먼 대통령이 국가비상사태를 선포한 것만 보아도 확실히 알 수 있다. 이날은 미군이 중국의 공격으로 압록강에서 다시 38선 이남으로 밀리는 미국 군사역사상 최장의 후퇴를 한 이후였다.

따라서 한국전쟁은 냉전이 시작된 이래 무리한 군비경쟁의 장으로 몰리게 되었다. 이미 분기점이 되는 1947년부터 군비경쟁은 새로운 쟁점이 되었다. 특히 지상군의 전략상 핵무기 장비, 핵폭탄, 대공캐리어 미사일 구축이 이에 해당되었다. 군비 프로그램의 경쟁은 유례가 없던 일이 되었다. 미국 의회는 1951년 군사비용을 70퍼센트 가까이 거리낌 없이 막대하게 증액했다.[5] 군사비용은 무기와 군인뿐만 아니라 아직은 초기 단계였던 컴퓨터 기술 개발에까지 흘러들어갔다. 1950년 1세대 군사용 컴퓨터를 공급했던 IBM은 군사비용으로 1953년에 방어 계산기를 개발했다.[6] 또한 한국전쟁은 군사장비를 대량생산하게 되는 출발점이 되었다. 만약 군사장비를 대량생산하지 않았더라면 한국전쟁은 군사를 대규모로 증원하게 되었을 것이다. 이 작은 전쟁이 정점에 달했을 때 약 150만 명의 미군이 투입되었다.[7] 제2차 세계대전이 극에 달했을 때와 비교하면 당시에 약 800만 명의 미군이 징병되었다. 1953년 한국전쟁의 휴전과 더불어 실제 군 병력은 다시 100만 명으로 감축되었다. 그러나 해외 주둔 기지는 급증했다.

공산주의에 대한 방어 또는 억제와 관련한 열띤 논쟁의 배경 이전에 1950년 미국 의회 선거와 1952년 대통령 선거에서 나타난 면들을 주시한다면 한국전쟁과 관련된 공격적 대응은 이해할 수 있다. 맥아더는 공식성명을 발표하고 인천상륙작전에 성공했다. 그리고 맥아더가 어쩌면 워싱턴의 정계와 언론에 외교력으로 대처해 공화당의 대통령 후보로 지명되는 기회를 잡을 수도 있었던 것에는 의문의 여지가 없다. 물론 대통령 후보인 아이젠하워는 지체하지 않고 1952년 선거운동에서 공산주의에 대한 타협 없는 공세를 제안했다. 아이젠하워는 관찰자로 추정되는 것을 떨쳐버리고자 했으며 미국의 여론에서 여전히 선호하는 맥아더에게 진심으로 경의를 표한다고 밝혔다.[8]

한국에서 어떤 일도 잘 풀리지 않았던 1952년, 공화당은 자신들의 정책이 주는 방어적인 이미지를 바꿀 수 있는 것이라면 모두 시도했다. 공화당 대통령 후보이기도 했던 해리먼도 당시 인기 있던 토크쇼 진행자 월터 크롱카이트Walter Cronkite와의 CBS 텔레비전 인터뷰에서 봉쇄정책을 강조했다. 봉쇄정책은 1946년 그리스 내전 시작부터 당시에 공산주의자를 어느 곳에서든 철수하도록 압박하는 '능동적 정책'이다. 그러므로 봉쇄정책은 롤백정책과 필적할 만하다고 했다.[9]

더 나아가 미국 정치와 미국 국민들이 한국전쟁과 관련해 특별히 관심을 가지고 다방면으로 후속처리를 한 것은 바로 전쟁포로의 문제였다. 전쟁포로 문제는 결코 공개적으로 논의가 이루어지지는 않았다. 북한의 침략이 시작되자마자 곧바로 미군의 고위 장성들이 포로가 되었다. 포로 중 계급이 가장 높은 장성은 딘 소장으로 1950년 7월 북한 지역에서 실종되었다.

미국 언론은 딘 소장의 실종을 즉각 보도했다. 그중에서도 『라이프』나 『타임』과 같은 큰 대중지에서 딘 소장의 실종을 여러 번 기사로 실으면서 그가 포로가 되었다는 사실을 상기시키고자 했다. 또한 딘 소장이 석방된 후 『라이프』지는 1953년 초와 가을에 다시 한번 상세한 기사를 실었다.[10] 딘 소장은 떠올리고 싶지 않았던 당시의 기억을 1973년에야 비로소 책으로 출간했다. 미국의 입장에서 보면 제3세계에서 탐탁지 않게 끝나버린 베트남전쟁이 출간의 계기가 되었다. 이 책에서 그는 북한 억류로 겪은 자신의 혹독한 운명만을 기술한 것이 아니라 미군 포로의 고난과 특히 남한 민간인에 대해서도 묘사했다. 선교사 래리 젤러스 같은 다른 전쟁포로들은 냉전이 종결되어서야 비로소 자신들의 체험을 회고했다.

딘 소장은 포로에서 석방되어 귀환한 후에 최고 무공훈장을 받았다. 문제는 딘 소장처럼 수용소에서 항구적으로 버틴 군인들이 아니라 전쟁포로가 되어 적군에게 정보를 주었거나 스스로 선전활동을 한 군인들이었다. 이러한 군인들 중 상당수가 전쟁 후에 북한이나 중국에 남기로 결정한 것에 대해 거의 모든 미국 국민은 이해하지 못했을 뿐만 아니라 나라의 치욕으로 생각했다.

1953년 말 포로 송환 협상이 종료되었을 때 공식적으로 미군 21명과 영국군 1명이 서방으로의 송환을 거부했다.[11] 미국은 325명의 남한군이 북한으로의 송환을 결정한 것에 대해서만은 이해했다. 유엔연합군에 참여했던 다른 국가들, 예를 들자면 한 치의 흔들림도 없었던 터키군과 비교하면 21명의 미군 포로의 결정은 당치도 않으며 미국의 위신에 먹칠하는 것이었다. 이로 말미암아 한국전쟁 이후 수년간 포로와 전향자에 대한 연구논문이 넘쳐났다.

특히 세간의 주목을 받은 것은 『뉴요커』지의 기자인 유진 킨캐드 Eugene Kinkead가 1959년에 '모든 전쟁 그러나 하나In Every War But One'라는 선정적인 제목으로 발표한 취재기사였다. 이 취재기사에서 킨캐드는 북한과 중국의 전쟁포로가 된 미군들이 도의적인 저항을 하지 않았을 뿐만 아니라 적에 협력한 것에 대해 비난했다.[12] 자국 군인의 이런 행동은 미국 전쟁사에 처음 있는 일이라고 했다. 두터운 독자층을 가진 『뉴요커』지에 킨캐드가 소개한 전쟁포로 인터뷰는 맹렬한 반격을 받았으며 미군을 중상모략하려는 의도라는 질책까지 받게 되었다.[13]

미국 정부도 한국전쟁 도중에 이미 킨캐드와 유사한 생각을 하고 있었다. 이러한 사건 때문에 미군이 새로이 수립한 전쟁포로 행동강령인 '전쟁포로 군인복무규율Military Code of Conduct for Prisoners of War'에 아이젠하워 대통령은 1955년 서명했다. 행동강령에는 포로가 되었을 때 명예롭게 행동하고 조국에 치욕을 주어서는 안 된다는 규율이 포함되어 있다.[14] 서방의 전쟁포로들이 북한의 수용소에서 엄청난 억압을 받았을 것이라는 사실은 전쟁 동안에 이미 알고 있었다. 북한은 제네바협약을 원칙적으로 인정하려 했으나 중국은 지원병에 의한 개입이므로 중립국과 비전투원으로 간주하고자 했다. 그러나 중국은 차후엔 제네바협약을 점차 수용했다.[15]

포로들은 북한과 중국 수용소로 이동하는 행군 때부터 이미 혹독하게 다루어졌으며 행군하면서 절반이 넘게 사망하는 경우도 종종 있었다. 1953년 11월 26일 유엔 총회의 보고에서 미국은 근거를 댈 수 있는 사례로만 1,940건을 열거했다.[16] 그리고 약 일주일 후에 발표된 미 상원 조사위원회의 조사보고서에서도 유사하게 보고되었다.[17] 포로수용소의 식료품 공급은 형편없었다. 자연히 상당수의 포로가 영양결핍으로 생기는 괴혈병, 각기병, 홍반병과 같은 질병에 걸렸다. 전쟁 중 첫 겨울에 의약품은 자국의 군인에게 우선적으로 주어야 했기에 포로에게는 전혀 제공되지 않았다. 계획적인 살인도 드문 일이 아니었다. 유엔의 미국 보고에서 의도적 살인의 경우가 1,036건에 달한다고 밝혔다.[18] 이뿐만 아니라 수용소에서 학대와 고문은 흔한 일이었다. 미군 포로의 사망률은 미국의 공식적 진술에 따르면 약 38퍼센트에 달한다. 즉 북한 또는 중국의 포로수용소에서 최소한 3명 중 1명도 채 살아남지 못했다는 소리다.[19]

포로들이 평범한 일상에서는 하지 않았을 행동을 열악한 환경에서는 할 수 있다는 것은 어쩌면 당연할 수도 있다. 1948년 동구권에서 진행된 공개재판에서 현실에서는 일어나기 어려운 일에 대한 피고인들의 끔찍한 증언이 나올 때부터 미국에서 포로들의 비정상적 행동이 공론화되었다.[20] CIA와 친밀한 관계를 맺고 있던 미국 기자인 에드워드 헌터Edward Hunter가 1950년 9월부터 일간지 『마이애미 데일리 뉴스』에 '조국전선'이라는 제목의 기사를 시작으로 포로들의 비정상적 행동에 대한 공론화에 불을 붙였으며 차후에 그의 책 『적색 중국의 세뇌*Brain-washing in Red China*』에서 상세히 설명했다.[21] 헌터는 볼셰비키 혁명, 동구권 독재자, 중국식 세뇌교육 등에 관한 설명도 함께 하고 있다. 사상전환을 위한 중국식 세뇌교육은 학대, 처벌, 보수가 정교하게 혼재되어 있고 중국과 북한에서 반공산주의자를 공산주의자로 전향시키는 데 이미 활용되었다고 했다.

헌터는 책에서 1918년 러시아 생리학자 파블로프의 실험에서 증명된 것처럼 지속적인 반복과 동시에 외상성 경험을 하게 한다면 원하는 결과의 상태로 만드는 것이 가능하다고 밝혔다. 파블로프의 개는 특정 신호에 보수를 받는다는 것만을 학습하지 않았다. 파블로프는 습득했던 행동양식 전체가 죽음의 공포 앞에서 모두 사라진다는 것도 보여주었다. 헌터에 따르면 파블로프는 정치적 성향 때문에 레닌에게 아첨하는 학자가 된 것은 아니었다는 것이다.

적군의 선전으로 알려진 미군 전쟁포로들의 태도에 관한 정보는 적법한 증거가 필요했다. 모스크바 라디오는 미국 조종사의 경악할 만한 진술을 보도했는데 이 진술은 날조된 것이었다. 북한 상공에서 격추된 조종사 이노크, 존 퀸, 쉬베이블은 생화학무기가 비행공습으로 살포되었다고 상세하게 진술했다.[22] 정말 놀라운 사실은 35명의 포로 중 3명이 이 진술을 보증했다는 것이다. 분명 날조된 것만 있었던 것은 아니었다. 당시 소련에 의해 알려졌던 북한과 중국의 포로가 된 미군 조종사 262명의 진술에는 미군 전투기의 새로운 기밀장비에 대한 것도 포함되어 있었다.[23]

미 첩보기관들은 이미 1950년부터 전력을 다해 대항 프로그램을 진행하고 있었다. 이때부터 심리학과 정신병학의 전형적인 방법을 동원해 최면술, 전기충격, 정신외과, 환각제 LSD와 같은 '진실추적마약', 고문 등을 실험했다. 수다, 아티초크, 파랑새라는 작전명으로 수행되었던 이 프로그램은 1953년부터는 MK울트라로 통칭되었다. 인간행동심리의 특정방식을 실험한 수많은 MK울트라 프로젝트의 결과에 기초해 1963년 심문 교범을 만들었다. '쿠바르크 방첩 심문Kubark Counterintelligence Interrogation'이라는 제목의 이 교범은 심리전쟁의 역사에 한 획을 그었고 MK델타, 겨울잠쥐, MK나오미, MK치크위트라는 명칭으로 현재까지 후속 프로젝트가 이어지고 있다.[24]

미국 전쟁포로위원회의 1955년 최종 보고서에서도 확인되듯이 포로가 귀환하고 이들의 진술을 조사하기 시작할 때 이미 미 당국은 포로수용소에서 세뇌교육만 행해진 것은 아니라는 사실을 정확히 알고 있었다.[25] 상당수의 미군 포로들은 첨예한 정치교화 프로그램에 빠져들었다.[26] 베이징 라디오는 필수적인 학습과정을 각 나라의 언어로 지속적으로 방송했고 자발적 스터디 그룹을 생겨나도록 했다. 이 그룹은 서방에 평화를 요청하기도 했다. 포로들이 귀환했을 때 밝혀진 것처럼 실제로 몇몇은 전향을 했고 첩보원으로 교육을 받기도 했다.[27]

서방지역의 군인들이 스스로 북한에 잔류하기로 결정한 것은 정신적·신체적 압박에 의한 이유만이 아니었다. 이는 1953년 전쟁이 끝난 후에 21명의 미군이 미국으로 귀환을 거부한 놀라운 사건으로 알 수 있다.[28] 이들 중 몇몇은 결국 미국으로 돌아와서 자신의 확실한 정치적 이유를 미국 언론에 설명했다.

미군 부대의 흑인 하사관인 클래런스 애덤스Clarence Adams 상병은 그의 사후에 발간된 회상록에서 미국 사회의 인종차별 때문에 다른 쪽을 선택했다고 밝혔다.[29] 1953년 휴전이 되었을 때 갓 스무 살이 된 상류사회 출신의 새뮤얼 데이비드 호킨스Samuel David Hawkins 일병도 정치적 이유로 잔류를 결정했으나 1957년 미국으로 돌아왔다. 이후 그의 어머니 말에 따르면 그가 한국에서 무엇을 위해 싸워야 하는지 전혀 이해하지 못했다고 한다.[30] 그는 베이징 소재 중국인민대학에서 공부도 할 수 있었다고 했다. 또한 라오 웬이라는 중국 이름으로

바꾼 제임스 베너리스James Veneris 일병도 명백한 정치적 동기를 가지고 있었다. 미국을 두 번째 짧게 방문했을 때 베너리스는 미국으로 돌아와서 사는 것을 재차 거부한 것으로 유명하다. 그는 2004년 중국에서 사망했다. 베너리스는 베트남전쟁 때 중국 측에 서서 미군 포로에게 라디오 방송을 만들었던 애덤스 등과 같이 중국을 선전하는 데 참여했다. 이 덕에 그는 1960년대의 피비린내 나는 마오쩌둥의 문화혁명기 동안 정통파들에게 배신자로 몰리는 희생양은 되지 않았다.[31]

1960년대부터 1980년대에 북한으로 탈영한 6명의 탈영병이 북한이나 중국의 독재자들을 서방세계의 많은 사람에게 매력적으로 보일 수 있도록 하는 데 한몫했다. 38선 경계를 담당한 미군 부대 소속 일반병사였던 래리 알렌 앱셔(1962년), 제임스 조지프 드레스녹(1962년), 제리 웨인 패리시 병장(1963년), 찰스 로버트 젠킨스 하사(1965년)는 자신들의 전향을 정치적인 이유에서라고 언급했다. 젠킨스는 2008년 발간한 자서전에서 스스로를 마지못한 공산주의자라고 칭했다.[32] 그렇지만 그는 나머지 3명의 탈영병 앱셔, 드레스녹, 패리시처럼 1979년에서 1981년까지 거창한 북한 선전선동영화 〈칭송받지 못한 영웅〉에 주연 중 한 명의 역할을 했으며 이 영화의 홍보에도 기여했다. 2002년 일본을 방문했을 때 젠킨스는 자발적으로 북한으로 간 것은 사실이며 충동적 행위였다고 시인했다.[33]

전쟁 이후 북한으로 넘어간 6명의 미군 중 마지막으로 월북한 군인은 1982년 조지프 화이트 일병이다. 그를 알고 있는 청취자들은 그가 라디오 방송에서 낭독한 정치적인 이유를 자발적으로 말했을 것이라고는 믿지 않았다. 일병 계급으로 탈영한 화이트는 장황한 매도연설에서 자신의 월북 이유를 미국의 부패, 범죄, 타락한 도덕성 때문이라고 했다.[34] 그는 1985년 사망할 때까지 북한에 머물렀다. 이와 비슷하게 미스터리한 인물로는 1979년 동유럽을 통해 월북한 유일한 미군 병사 로이 정(한국 이름 정려섭)이 있다. 그는 한국계 미군이었으며 그 역시 사망할 때까지 돌아오지 못했다.[35]

냉전기 동안 공산주의 지역으로 망명하는 사건이 있을 때마다 서방세계는 이들이 정말 자발적으로 결정을 내렸는지에 대해 의구심을 품었다. 서방세계의 소수의 사람들만이 이러한 결정을 마음먹었거나 희망했을 것이다. 1950년부터 1989년 베를린 장벽이 개방될 때까지 서독에서 동독으로 넘어간 사람은 약 50만 명에 달한다.[36] 독일의 경우와 한국에서 미군이 월북한 경우를 비교해보았을 때 그 동기와 행동방식이 유사하지는 않다. 세계인권기구의 추정에 따르면 2011년까지 북한 정부가 약 18만 명을 납치했다고 한다.[37] 따라서 월북 결정이 자유의지였는지에 대한 의구심은 끊임없이 등장했다. 그러나 동기와 행동방식을 정확하게 관찰해보면 자유의지와 강요로만 명백하게 구분할 수는 없다. 정치적으로 회유된 자유 진영 출신 사람들과 더불어 개인적인 문제에서 벗어나기 위해, 가족과 함께하기 위해 또는 다른 유사한 이유 때문에 자유의지로 넘어간 사람들도 있었다. 그러나 이들은 강압적으로 머물게 되었다. 동독으로 넘어간 저명한 서독 망명자

는 영화에서뿐만 아니라 종종 정치적 선전용으로도 이용되었다.[38]

동독으로 이주한 사람들의 경우 대다수가 자유의지였다는 것에는 이론의 여지가 없다. 반대로 납치를 당한 경우 납치된 사람들은 납치되자마자 바로 감금되어 사라졌다. 자발적 망명자 중 다수가 차후에 자신의 결정을 후회하고 되돌아오려고 한 것은 드문 일이 아니었다. 서독으로 되돌아왔을 때 이들은 처벌을 면하기 위해 소위 납치를 당해 노선을 변경하게 되었다고 했다.[39] 이러한 일은 한국에서도 비슷하게 일어났다.

공산주의와의 대결을 어떻게 더 잘 준비할 수 있을지에 대한 논의는 한국전쟁을 시작으로 미국에서 확산되었다. 특히 라디오 방송이나 전단지를 활용한 심리전은 각 지역에 맞게 광범위하면서도 특화시켜 수행되어야 한다는 것이다. 이는 이미 제1차 세계대전을 통해 잘 알려진 사실이다. 제2차 세계대전부터 심리전은 주요한 사안이 되었다. 펜타곤은 심리전을 수행할 기회를 제2차 세계대전 당시 충분히 활용하지 못했다고 생각하고 있었다.

한국전쟁 시점부터 미 해외정보국USIA의 감호 아래에 있는 라디오 방송, 즉 서베를린에서 송출하는 리아스RIAS, 미국의 소리VOA, 자유유럽라디오REF와 같은 방송을 통한 심리전은 수년간 일부의 성공을 거두었다. 이 방송들은 마케팅 전문가와 심리학자들의 도움을 받아 자유 진영과 소련 점령지역 또는 공산주의자들의 위협에 처한 지역에 영향을 미칠 수 있는 프로그램을 제작했다.[40] 한국전쟁에서도 이러한 방식이 적용되었다. 수백만 장의 전단지가 1950년 10월부터 북한 전역에 비행으로 배포되었다. 전쟁의 목적, 정치체제의 차이, 미국과 소련의 민주주의에 대한 입장 차이 등을 설명하는 전단지였다. 유엔의 조사에 따르면 전단지 배포는 성공적이었다.[41] 그러나 주둔지역에서 점령정책을 제대로 시행하지 못하는 일이 종종 있었다. 미국은 남한 사람에 대한 대책에 최선을 다하는 것이 우선이었다.

북한이 남한을 점령했을 때, 특히 1950년 7월 서울을 점령했을 때 미국은 북한의 선전선동이 효력을 발휘했고 성공적이었다는 사실을 부러워하면서 시인해야만 했다. 미국 측의 전단지 선전도 일부 성공을 거두었다. 비교적 높은 포상금인 10만 달러와 수백만 장에 달하는 전단지의 배포에 의한 것이 아니긴 하지만 북한 미그기 조종사 노금석이 전쟁이 끝나고 한 달 후에 귀순했다.

1957년 제2차 세계대전과 더불어 한국전쟁을 주요 연구대상으로 해서 『미군 심리전 사례집*Psychological Warfare Casebook*』을 미군 작전연구소ORO가 볼티모어에 있는 존스홉킨스 대학 연구진과 공조해 발간했다. 말 그대로 미 해외정보국이 한국을 실험대상지역으로 이용한 것이다.[42] 예를 들자면 1950년 여름에 철수를 하는 동안 그리고 가을에 중국군이 개입한 직후 라디오 방송을 통해 국민들이 공황에 빠지지 않도록 하는 데 한몫했으며 서울과 같은 수복지역에서 일상생활을 정상화하는 데도 기여했다.

제3세계에서 일어난 첫 번째 뜨거운 소규모 전쟁이었던 한국전쟁은 미국 정계에 냉전의 변두리 지역에서 미국의 역할에 대한 고민을 하게 만든 계기가 되었다. 특히 1947년 즈다노프가 공표한 소련의 두 진영 이론에서 개발도상국을 소련에 영입할 대상으로 보고 서구와 동구 사이의 전반적 투쟁의 장소로 선언했기 때문이기도 했다. 한국의 상황만 위험한 것이 아니었다. 1950년 세계지도상에는 제2차 세계대전 후 식민지역을 되찾으려는 유럽 열강의 시도가 각 지역에 불안하게 작용했을 뿐만 아니라 서방의 이미지를 지속적으로 해치고 있는 것으로 나타났다.

워싱턴은 1950년부터 제1차 인도차이나 반도 전쟁이 끝난 1954년까지 4년 동안 약 27억 6,000만 달러를 쏟아부었다. 특히 베트남과 국경을 접하고 있는 캄보디아와 라오스가 모스크바에 의해 선동되고 있는 식민 해방단체에 들어가는 것을 막기 위해서였다.[43] 1만 대의 차량과 무기, 100대의 비행기와 최고 수준의 항공모함 2대를 프랑스에 제공했다. 그러나 프랑스는 계속 수세에 몰리게 되었고 1954년 제네바에서 인도차이나 반환을 승인했다. 종국에는 미국이 전쟁비용 중 거의 80퍼센트를 떠안게 되었다.

프랑스의 뒤를 이어 미국이 동남아시아에 불가피하게 개입하게 되었다. 그레이엄 그린이 1955년에 쓴 소설 『조용한 미국인*The Quiet American*』에서 묘사한 것처럼 1950년대 후반기 미국 첩보기관이 동남아시아에서 활동을 했다. 미국의 첩보활동은 말레이시아와 인도네시아에서도 이루어졌다. 존 F. 케네디 대통령이 취임하면서부터 인도

차이나 반도에 미국의 개입은 더 확대되었고 차기 대통령인 린든 B. 존슨에 의해 50만 명이 넘는 미군이 군사 개입을 하게 되었다. 한국전쟁은 베트남전쟁 바로 앞의 전쟁이었다. 베트남전쟁은 미국에 훨씬 더 비참한 결말로 끝이 났다.

더 나아가서 한국전쟁은 동맹체결을 가속화시켰다. 이미 한국전쟁 이전인 1949년 4월 4일 나토NATO가 설립되어 있었다. 그러나 한국전쟁이 일어났고 조약기구와 또 다른 유사조약기구의 성장이 예상보다 더 빨리 가속화되는 것에 대한 염려도 있었다. 또한 서유럽 국가와 서독은 나토조약으로 이익을 얻고자 했다. 서독 정부는 군사적 가담으로 주권뿐만 아니라 서방 간의 정치경제적 체결에도 개입하고자 했다.

미국이 주도적인 나토조약기구와 유사한 아시아 관련 조약기구는 한국전쟁 중이던 1951년에서 1955년 사이에 부분적으로 생겨났다. 유사 조약기구로는 태평양안전보장조약ANZUS(오스트레일리아, 뉴질랜드, 미국이 1951년 체결), 동남아시아조약기구SEATO(오스트레일리아, 프랑스, 영국, 뉴질랜드, 파키스탄, 필리핀, 태국, 미국, 남베트남, 캄보디아, 라오스가 1954년 설립), 중앙조약기구CENTO(영국, 터키, 파키스탄, 이란, 이라크; 미국은 정식 가맹국은 아님, 1955년 체결) 등이 있다. 중앙조약기구는 예상대로 운영되지 않아 중동조약기구METO로 재출범했다. 이렇게 다수 국가가 참가한 동맹을 통한 서방의 소련 봉쇄정책은 임시변통적인 이중조약을 체결한 것이어서 늘 맹점을 안고 있었다.

유럽에서 독일이 그랬던 것처럼 동아시아에서도 과거의 전쟁 적국이 이익을 보게 되었다. 일본은 1951년에 이미 샌프란시스코에서 평화조약[제2차 세계대전의 종결을 위해 일본과 연합국 48개국이 1951년 9월 8일에 조인한 조약으로 1952년 4월 28일에 발효되었다: 옮긴이]과 안전보장조약을 체결하고 중국 방어체계를 도입했다. 한국전쟁 휴전 이후 남한은 1953년 10월 1일 나토조약기구의 규정에 의거해 한미상호방위조약 Mutual Defense Treaty을 체결했다.[44] 이 조약의 체결로 남한을 공격하는 행위는 미국을 공격하는 것과 동일한 것으로 간주되었다. 부시 대통령 재임 시에 정치적·전략적 중요성을 강조해 남한은 미국의 비나토 주요 동맹국가MNNA(Major Non-NATO Ally)의 지위를 획득하게 되었다. 한미 간의 상호방위조약처럼 워싱턴은 1954년 12월 2일 중국으로부터 위협을 받던 타이완의 장제스와 미중상호방위조약을 체결했다. 미중상호방위조약은 1980년 1월 1일에 해제되었다.[45]

미국은 전 서유럽 국가, 아시아, 오스트레일리아 등을 각각의 지역에 포함하는 동맹조약뿐만 아니라 1947~1948년부터는 남미와 중미 공동의 상호지원협정을 체결했다. 1947년 8월에 아메리카 대륙 21개국은 리우데자네이루에서 먼로주의로 회귀하는 미주 간 공동방어조약에 서명했다. 한국전쟁이 시작되던 해인 1950년에 아르헨티나가 마지막 국가로 동맹에 조인했다. 미주 간 공동방어조약에서도 나토조약처럼 회원국에 대한 공격은 전체 회원국에 대한 도발로 간주되었다.

북한의 기습공격과 특히 분할된 유럽과 분단된 독일을 고려해보면 한정된 작은 지역에서 공격을 방어해야 할 뿐만 아니라 반격을 할 수 있어야 한다는 필연성이 군사전략에 대한 사고를 전환하도록 했다. 보유하고 있는 핵무기를 동원해 소련을 위협한다면 우월한 재래식 군대를 가진 소련이 한국전쟁을 모범으로 삼아 중부 유럽을 공격하는 것을 예상할 수 있었다. 이러한 예상은 한국전쟁의 경험으로 나토위원회에서 가결되었던 소위 미래전략Forward Strategy(MC14/1)과 전쟁이 끝난 후인 1954~1957년에 체결되었던 대량보복전략Massive Retaliation Strategy(MC14/2)을 수용하게 만들었다.

한국전쟁은 미국 내의 정치도 소용돌이치게 했을 뿐 아니라 많은 변화를 몰고 왔다. 국가의 적인 공산주의자를 추적하는 것이 우선적으로 시작되었다. 국가공무원들의 충성심 검증은 1947년에 벌써 도입되었고 이는 그전에 시작된 프로그램을 기반으로 삼았다. 1950년 2월 미국 정부 부서 내에 공산주의자들이 잠입해 있다고 공적인 자리에서 주장했던 공화당 상원의원 조지프 매카시는 북한의 도발 이후 몇 년간 반공산주의 열풍의 주인공이 되었다. 매카시는 1954년 미국인이 안보정책에 있어서 가장 신뢰하는 기관인 미국 군부를 좌익으로 몰아세우면서 한계에 봉착했다. 어찌되었든 매카시는 몇 년 동안의 반공 히스테리 물결 속에서 3,000명에 달하는 국가공무원을 미국 내 공산당과 동조 또는 외국 첩자라는 혐의를 씌워 일자리를 잃게 만들었다. 그뿐만 아니라 오펜하이머와 같은 저명한 학자나 찰리 채플린 같은 인기 있는 영화배우도 지속적으로 혐의를 받도록 만들었다.[46]

매카시는 당시 미국의 반공 분위기를 대변하는 중심인물이었다. 반공의 물결이 미국 사회를 어느 정도로 지배했는지는 1951년 '데니스 대 미합중국'의 상고심〔미국 공산당 서기장 유진 데니스와 관련된 소송 건으로 미 연방대법원은 정부를 전복하기 위한 공모 결성에 관여한 경우라면 미국 수정헌법 제1조에서 보장하는 언론, 출판 및 결사의 자유 권리를 행사할 수 없다고 판결했다: 옮긴이〕에서 미 연방대법원이 내린 판결을 예로 들 수 있다. 판결에서 미 연방대법관들은 국가가 파국으로 치닫는 것을 관망할 수 없기 때문에 공산주의자의 축출은 헌법에 위배되지 않는다고 했다. 반공주의와 소련에 대한 공포가 역동적으로 휘몰아치게 되어 대통령인 아이젠하워조차도 매카시에게 대항하지 못했을 정도다.

뒤돌아보자면 매카시가 성공할 수 있었던 것은 중산층에게 풍요와 자유를 잃는 두려움을 심어주었기 때문이다. 특히 반공주의 대변자는 자유주의를 국가안보의 위협으로 이해하기 때문에 자유 수호의 노력은 자유를 일부 제한할 수 있다는 점을 종종 내세웠다. 미국 입장에서 한국전쟁의 발발은 정치경제적으로 비할 바 없는 번영의 서막이었다. 거의 모든 서방세계가 정치경제적 번영에 편승했다. 자랑스러운 10년인 1950년대에는 미국이 자체 수요를 충당할 수 없을 정도로 엄청난 경제성장을 했다. 그뿐만 아니라 한반도에서의 힘겨운 전쟁이나 전 세계적인 냉전이 축소되지 않을 것이라는 자의식이 생겨났다. 정치외교적으로는 소련이 미국의 적수로서 일정 기간 무적으로 등장했지만 미국은 의심의 여지가 없는 세계 최대 강국이었다. 삶의 질과 특히 생필품 공급에서 어느 나라도 미국을 꺾을 수 없었다.[47]

소련

스탈린이 한국전쟁에 동의한 의도는 미국이 냉전기 동안 세계에서 새로운 위상을 수립하는 것에 압박을 가하는 동시에 소련의 영향이 미치는 지역을 확장하고 위상을 확고히 하고자 함이었다. 분쟁의 분위기는 1945년부터 먼저 서유럽과 남유럽, 즉 그리스의 민족해방전쟁, 이탈리아와 프랑스에서의 선거전 그리고 독일에서 시작되고 있었다. 1948년과 1949년 사이에 있었던 첫 번째 베를린 분쟁에서 미국은 핵무기를 동원하는 전면전에 대해 고민했다.

마오쩌둥처럼 스탈린도 미국이 냉전으로 많은 사람이 생명을 잃게 되는 것을 실제로 원하지 않을 것이라고 믿었다. 또한 미 제국주의를 상대로 한 승리는 제3세계에서 사회주의 체제에 득이 될 것이라고도 생각했다. 1947년부터 제3세계는 미국과 함께 상호 비방을 하는 주요 대상지가 되었다. 38선을 침범하고 나서 스탈린은 마오쩌둥에게 다수의 부대를 지원하겠다는 약속을 바로 실행할 것과 5~6개의 지원군 사단을 전쟁에 동원할 것을 강요했다.[48] 이와 상관없이 마오쩌둥은 이미 오래전부터 모스크바에 알리지 않고 군사적 준비를 하고 있었다. 마오쩌둥의 계산은 소련으로부터 공군을 지원받고자 하는 것이었다. 그러나 모스크바가 중국의 공군지원 요청을 거절하자 마오쩌둥은 자신의 계산이 명백히 빗나갔음을 알게 되었다.

스탈린은 어떠한 경우에도 더는 분쟁에 휘말리고 싶지 않았다. 그러나 마지못해서였지만 소련 공군이 가담하는 일들이 부분적으로 일어났다. 새로운 제트전투기를 보유하고 있었던 소련 공군은 중국 기지에서 유엔 공군을 위협했고 중국 인민지원군들이 필요로 했던 공중 지원을 일부 수행했다. 서방 진영은 이 문제에 대해 격렬히 항의했다. 그러나 1950년 10월 8일 미군이 실수로 블라디보스토크 인근 비행장을 공격한 사건이 일어났을 때 소련의 반응은 비교적 미미했다.

크렘린이 소극적인 자세를 보인 배경에는 스탈린이 1949년 8월 29일 첫 번째 핵무기 실험을 성공적으로 마쳤음에도 여전히 미국과 동일한 힘을 가지고 있지 않다고 생각하고 있었기 때문이다. 소련은 10월 혁명 이후 40년 넘게 미국과 같은 수준을 갖추고자 많은 시도를 했다. 히틀러를 상대로 함께 싸우게 되었을 때 소련은 미국과 상반되는 이념들을 보류하기도 했다.

동구권에는 불행하게 전개된 한국전쟁 이전부터 스탈린은 강력한 군비확장과 군사적으로 미국과 동등한 수준을 갖추는 것이 반드시 필요하다고 강력하게 주장했다. 그는 한국에서 첫 패배를 맛본 이후 1951년 1월 군비확장 프로그램을 시작했다. 이 프로그램은 무엇보다도 동구권을 지속적으로 불안하게 만들었다. 체코슬로바키아와 동독에서는 스탈린의 거대한 군비확장 프로그램 때문에 어쩔 수 없이 생필품의 생산을 늘리는 계획을 세우게 되었고 종국에는 모스크바에 대한 봉기로 이어졌다. 한국전쟁이 휴전되기 직전인 1953년 6월에 체코슬로바키아와 동독의 국민은 민중봉기를 일으켰다. 민중봉기의 초기에는 줄어든 수입과 은폐된 은행자산 횡령에 대한 항의가 주를 이루었다. 1953년 6월 17일에 있었던 동독의 민중봉기는 소련의 권력 내에 있는 동유럽에서 일어난 첫 번째 유혈봉기가 되었다.

스탈린에게는 대외적으로 미국과 동등하게 보이는 것이 매우 중요했다. 한국전쟁 초기에 아직 소련은 전략폭격기를 보유하지도 못하고 있었다. 소련은 1951년이 되어서야 비로소 제트엔진폭격기를 대량생산하기 시작했다. 첫 번째 생산모델은 일류신 Il-28이다. 이 제트폭격기는 한국전쟁에 투입되지 않았다. B47, B50, B52 같은 미국의 가공할 만한 전략폭격기와 맞먹는 전략폭격기 미야시세프 Mya-4(나토 코드명 Bison-A)는 1951년부터 스탈린의 직접적인 명령으로 비교적 단기간에 개발되었다.

Mya-4기가 전 세계의 군비경쟁에서 소련의 명성에 얼마나 중요한 역할을 했는지는 스탈린의 후계자인 후루쇼프가 1955년 7월 13일 서방 대사관부 무관에게 보여주는 것을 허락하지 않은 사실에서도 엿볼 수 있다. Mya-4기는 이듬해인 1956년이 되어서야 군대에 투입되었다. 이 신형 폭격기는 서방에서 한국전쟁의 마지막 해에 폭격기에 결함이 있다는 담론이 생기면서 널리 알려졌다. 물론 말썽이 된 폭격기 결함은 미사일 결함 정도였다. Mya-4기와 1956년 수정 개발한 후속 폭격기인 Mya-6(나토 코드명 Bison-B)는 소련이 1950년대와 1960년대에 전력투구한 가장 거대한 전략폭격기였다. 그러나 Mya-6 시리즈 생산기종은 생산비용이 높았으며 불완전했다. 이미 1956년과

1957년부터 점차적으로 투폴레프 Tu-2기(차후에 Tu-95, 나토 코드명 '베어Bear')로 교체되었다. 베어는 가장 유명한 소련 폭격기에 속한다. 베어가 잘 알려지게 된 계기는 나토 국가 주변에서 규칙적으로 핵전쟁을 위한 군사훈련에 투입되었고 미국과 바로 직면해 있는 쿠바에 주둔했기 때문이다.

소련은 또한 1955년 5월 14일 바르샤바조약을 체결하면서 동맹체계를 확대하기 시작했다. 바르샤바조약으로 소련의 지배 아래 있는 동유럽 국가들은 무력 공격이 있을 경우 우호, 동조, 상호 원조할 의무를 지게 되었다. 이러한 반격에도 불구하고 미국은 다국적 조약기구를 전 세계에서 성공적으로 체결했지만 소련은 그렇지 못했다. 동유럽에만 집중된 바르샤바조약을 제외하면 소련은 단지 두 국가 간 협약을 체결한 동맹체계를 맺게 된다. 1946년 몽골과 원조협정을 체결한 후에 소련이 맺은 두 국가 간 동맹은 1961년에 북한과 맺은 것에 불과하다.

한국전쟁에 공동으로 대처하는 것은 중국과 소련의 관계에 중요한 토대가 되었다. 물론 1960년에 극심한 의견 차이로 이들의 관계는 종지부를 찍게 되었지만 말이다. 스탈린이나 후루쇼프도 한국전쟁에서 벌인 중국의 활동에 만족하지 못했다. 마오쩌둥 또한 소련의 원조에 대해 불만이 많았다. 이러한 불만이 중국과 소련의 결속에 금이 가게 만든 동기 중 하나다.

중국

중국의 성공적 혁명의 관점에서 보면 한국전쟁은 결과야 어찌되었든 하나의 승리였다. 스탈린은 중국에 군대를 맡겼다. 냉전에서 세계 권력균형에 예기치 못한 정치적 결과를 초래할지도 모르는 군사적 패배에 모험을 걸고 싶지 않았기 때문이었다.[49] 마오쩌둥은 100만이 넘는 인민지원군 중 4분의 3가량의 군인들에게 열악한 물자공급과 최소한의 장비만 주고 진격하라는 명령을 내렸다. 물론 마오쩌둥은 한국전쟁 개입을 세계혁명의 진보, 미국과 냉전으로 맺어진 연합국들의 약점, 오래된 형제국인 소련으로부터 받을 인정 그리고 중국의 성장으로 보았다. 마오쩌둥은 인민지원군으로 하여금 당시 정치적으로 신용할 수 없는 중국국민당 편 지원군 병사를 처리하도록 지시했다. 이 일로 마오쩌둥은 인민지원군에 대해 긍정적인 의견을 가지고 있었다. 마오쩌둥은 스탈린이 중국 국가재건, 인민해방군의 군비재정에 광범위한 원조를 해줄 것이라고 기대했다. 그리고 그의 기대는 핵무기로까지 이어졌다.

북한에 중국 인민지원군을 성공적으로 투입시킨 직후 마오쩌둥은 1950년 10월에 소련으로 첫 번째 사절을 보내 스탈린에게 조금씩 늘어난 긴 희망사항을 제시했다. 베이징은 군비조달뿐만 아니라 무기제작 설계도를 요구했다. 이는 독자적으로 무기를 생산하려는 의도를 담고 있었다. 게다가 핵무기도 함께 요구했다. 중국 군대의 심각한 손실에 대해 소련으로부터 대대적인 지원을 받겠다는 논리였다. 핵무기를 투입하겠다는 미국의 반복적인 위협은 마오쩌둥으로 하여금 핵폭탄 복제에 대한 희망을 버리게 하는 데 유용했다. 스탈린은 끝까지 대형무기체계의 설계도와 특히 핵폭탄 설계도를 중국에 인도하는 것을 은밀하게 방해했다.

스탈린의 사망과 한국전쟁의 휴전 이후에 마오쩌둥은 소련과 연대 노선을 유지하려고 했다. 다만 후루쇼프와 함께 점차적으로 변혁에 착수할 수 있을 것이라는 조건 아래서 말이다. 그러나 양국의 역사를 알고 있는 사람들은 1935년 중국공산당이 스탈린을 추종한 당파를 척결해버려 양국 관계에 거의 회복할 수 없는 타격을 주었음을 알고 있다.[50]

물론 정치 이데올로기와 경제에서도 차이가 나 있었다. 이 차이는 위상의 문제이기도 했고 영토분쟁에서 초래된 것이기도 했다. 스탈린은 동유럽의 몇몇 위성국가처럼 중국도 재건을 위해 당장 필요한 원조를 받으려고 미국과 손잡을 경우를 걱정했다. 체코슬로바키아 같은 동유럽 국가들이 미국의 마셜 플랜에 가담하고자 하는 것도 불허했다. 1949년까지 중국공산당에서도 이와 유사한 논의가 있었다. 이 논의를 이끈 주요 인물은 저우언라이였으며 마오쩌둥이 국가를 수립할 때 도움을 주었던 인물이다. 1955년 비동맹회가 결성된 인도네시아 반둥회의에서 저우언라이는 미국에 경제관계를 맺자는 제의를 다시 했다. 이를 계기로 베이징과 워싱턴은 공식적 만남을 한 번 가졌으나 1970년대까지 별다른 진척 없이 흘러갔다.

전통적 제국주의인 북쪽 이웃나라와 오랜 기간 식민지 침략을 당했던 중국 사이에 새겨진 생각의 골은 더 첨예화되어갔다. 1955년 6월 얄타회담에서 소련은 미국의 동의를 받아 중국으로부터 다롄 항의 해군보급기지를 돌려받았다. 얼마 후 모스크바는 당연하다는 듯이 중국 영역에 잠수함 기지와 주둔권리를 주장했으나 중국은 이 모든 것을 막아냈다. 이 일과 제정러시아와의 경험[1900년 산둥 성에서 일어난 의화단 사건의 여파가 만주까지 파급되자 제정러시아는 만주에 자국의 권익을 보호한다는 명목 아래 군대를 파견했고 사건이 해결된 뒤에도 군대를 철수하지 않았다: 옮긴이] 때문에 소련에 대한 마오쩌둥의 불신은 점점 더 커져갔다.

후루쇼프가 집권하던 시기의 소련 또한 중국에 대한 불쾌함을 점점 더 품게 되었다. 이 당시 중국은 초기에 그대로 받아들였던 소련식 공산주의 모델과 점차 거리를 두기 시작했다. 1954년에서 1956년까지 중국은 소련의 모델에 기초한 공동화를 농민의 반항과 당 내부의 반대파를 꺾고 관철시켰다. 공동화는 농업에서 4.5퍼센트의 성장률과 산업에서 18퍼센트까지의 성장률을 보였다.[51] 그러나 제1차 5개년 계획의 말인 1956년과 1957년까지 기대했던 만큼의 성과를 올리지는 못했다. 마오쩌둥은 그 해결책으로 중국공산당 내 레닌파와 덩샤오핑의 반대를 무릅쓰고 소련 내에서조차도 강력한 비판을 받았던 전투적 공산주의 방식을 도입했다. 대약진정책은 산업시대 이전의 방식을 토대로 경제발전을 이루고자 한 것이었고 철강 생산에서도 마찬가지였다. 그러나 대약진정책도 기대했던 성과를 거두지는 못했다.

중국과 소련의 갈등은 스탈린과의 관계를 청산하기 시작한 1956년 2월에 열린 소련공산당 제20차 대회 이후 점점 더 깊어졌다. 스탈린주의에 입각한 마오쩌둥의 입장에서 보면 탈스탈린주의는 체면손상일 뿐만 아니라 의도된 정치적 모욕으로 작용했다.

중국과 소련의 관계에 금이 가는 마지막 계기는 소련이 핵폭탄 관련 설계도를 중국에 넘긴다는 약속을 지키지 않은 일이다. 1959년 소련은 2년 전에 체결했던 계약을 파기했다. 마오쩌둥은 이 모든 것으로 더는 맏형에게 의지할 수 없다고 확신하게 되었다. 1960년 4월 중국 신문이 소련의 수정주의를 직접적이지는 않지만 노골적으로 비판하면서 소용돌이가 일었다. 그러고 나서 3개월 후에 소련은 모든 후원을 갑작스레 중단했다.

양국의 갈등은 눈에 띄게 악화되었고 1969년 중국과 소련의 경계를 이루며 흐르는 아무르 강(소련명)/우쑤리 강(중국명)에서 유혈 무력충돌로 최고점에 달했다. 이 분쟁은 냉전이 끝난 한참 후인 1994년에야 비로소 해소되었다. 이 모든 어려움을 이겨내고 중국은 1964년에 핵무기 보유국이 되었으며 프랑스보다 1년 앞선 1967년에는 수소탄 투하 실험에 성공했다. 세계 3대 강국인 중국은 이러한 일련의 실험으로만 전 세계에 히스테리적인 반응을 일으킨 것은 아니다. 1960년대에 이미 6억이 넘는 인구를 가진 거대한 국가가 되어 있었다.

한국전쟁의 휴전부터 시작된 소련과의 갈등은 중국 정부가 1970년 초 미국 정부와 손잡도록 하는 계기가 되기도 했다. 당시 베트남전쟁의 종전을 목전에 두고 있던 미국은 동아시아의 질서를 잡을 믿을 만한 나라를 찾고 있었다. 미국 입장에서 중국과의 친교는 냉전시대에 최대 적대국인 소련을 고립시킬 하나의 기회였다. 1972년에 리처드 닉슨 대통령은 중국을 방문해 상하이 공동성명을 발표했다. 이후 중국은 타이완이 가지고 있던 유엔 의석을 마침내 자국으로 가지고 왔다. 유엔 의석은 중국이 1950년대부터 소련과 함께 가지기 위해 무던히도 노력했던 것이었다. 이와 더불어 1987년 미국이 중국에 최혜국 약관을 부여하자 무역차액의 크기는 배로 늘어났다. 그리고 중국이 소련과 다른 공산국가들에는 배제되어 있었던 서방 컴퓨터 기술에 접근할 수 있는 통로를 공식적으로 획득하게 된 것은 소련으로서는 특히 쓰라린 것이었다.

그러나 한국전쟁의 종결은 마오쩌둥에게 외교정책에 대한 희망의 끝을 의미했다. 마오쩌둥은 오늘날까지 변절자들의 지방으로 여겨지는 타이완 섬의 중화민국을 다시 모국으로 끌어들고자 했다. 1954년 12월 2일 중화민국(타이완)과 미국은 차후 10년간 안전을 위한 군사원조를 보장하는 상호방위조약을 체결했다. 이 조약으로 미국은 중국과 타이완 사이의 대만해협을 1971년까지 미 제7함대를 내세워 정찰했다. 이렇듯 미국과 전쟁의 위험을 무릅쓰지 않고서는 타이완을 중국으로 합병하려는 계획에는 희망이 보이지 않았다.

1980년 1월 1일자로 미국과 타이완 간의 상호방위조약이 끝나자 닉슨이 서명했던 상하이 공동성명으로 미국과 중화인민공화국(중국)과의 관계에는 근본적인 변화가 일어났다. 상하이 공동성명은 닉슨 대통령이 외무부장관인 헨리 키신저의 보좌를 받아 오랫동안 준비한 결정적 묘수였다. 미국의 명백한 패배로 베트남전쟁이 끝났지만 전쟁 이후 미국이 전략적인 성공을 거둘 수 있도록 하는 신의 한 수였다. 미국은 베트남과의 대립, 무엇보다도 소련과의 경쟁을 위해 동아시아의 패권싸움에 중국을 끌어들였다.

미국과 중국 간의 합의에는 당연히 한계가 있었다. 상하이 공동성명에서 명확하게 밝히고 있는 타이완 불가침성은 미국과 중국 양국이 친밀한 관계가 되어도 침해되지 않고 그대로 유지되었다. 미국에 숙적과의 친교에 대한 불만을 지속적으로 표출했던 마오쩌둥이 사망하고 한참이 지난 1979년 1월 2일이 되어서야 비로소 중국과 미국 사이의 외교관계가 공식적으로 수립되었다. 외교수립 후 얼마 지나지 않아 덩샤오핑 주석이 미국을 방문하면서 미국은 타이완과의 외교관계를 단절했다. 그러나 로널드 레이건 대통령이 등장하면서 미국은 지나치게 강해지는 중국을 견제하기 위한 노선을 다시 채택했다. 타이완과 안전보장 담보를 강화한 것도 그 일환이었다.

실제로 중국은 상하이 공동성명으로 동아시아에 대한 소련의 권력야욕을 제어하는 동시에 동아시아 지역에서 패권을 획득하게 되었다. 이로써 3체제 세계론(1974년 2월에 덩샤오핑이 유엔회의에서 마오쩌둥이 언급했던 3체제 세계론을 설명하면서 알려진 개념이다. 3체제 세계론은 패권을 추구하는 초강대국인 미국과 소련은 제1세계, 중간적인 입장의 선진국가인 일본, 유럽, 호주, 캐나다 등은 제2세계, 패권에 반대하는 발전도상국은 제3세계로 규정한 것이다: 옮긴이]이 등장하게 되었다. 이러한 정치적 이념 아래 1979년 2월 중국은 '배은망덕한' 베트남을 상대로 교훈전쟁을 펼쳤다. 교훈전쟁의 원인은 수년간 이어진 베트남과 캄보디아 내륙 국경지역의 국지적 충돌을 기점으로 베트남이 폴 포트의 살인적인 캄보디아인민공화국을 전면적으로 침공해 정권을 퇴출시킨 데 있다. 중국과 동맹을 맺고 있던 폴 포트는 마오쩌둥의 대약진정책을 모방했고, 특히 북한과 김일성을 지원한 소수의 인물 중 하나다.

미국은 중국이 전면적 반소련동맹을 위한 상하이 공동성명을 자국의 이익에 부응하는 친선정책으로 확장하는 것에 대해 거리낌을 보였다. 그러자 중국은 노선을 변경하기 시작했다. 1979년과 1980년부터 중국은 소련과의 관계를 조심스럽게 완화시켜나갔다. 이를 위해 덩샤오핑을 중심으로 한 현실주의자이면서 현대화 추진자들은 1980년부터 마오쩌둥 충성파를 몰아냈다. 이들은 덩샤오핑 진영에 속하는 자오즈양을 새로운 총리로 추대했고 실용주의 경제정책으로 유명한 후야오방을 내세워 힘을 모았다. 30년 전에 체결한 중소동맹이 만료되는 1980년에 조약을 해제하고 양국 관계의 정상화를 시작했다. 그러고 얼마 되지 않은 1983년에는 무역량이 현저하게 늘어났다.

미국의 입장에서 미중 간의 친화만으로는 소련에 결코 위화감을 줄 수 없었으며 가능하다면 단기조처를 활성화해야 했다. 미국 외무부장관 키신저가 추구한 것과 같은 3개국 협력체제의 세계정치는 미국의 정의에 따르면 냉전시대에 다른 편과 종지부를 찍는 것이었다. 그러나 실제 상황은 단계적으로도 확대되지 않았다.[52] 따라서 미국은 중국과의 관계를 유지하는 동시에 소련과의 관계를 개선하려는 노력을 기울였다. 군비축소 회의, 미소관계의 기본원칙 성명, 1972년 10월 소련의 필요에 따라 특정 서방 물자를 유입하는 통상조약 체결 등이 일련의 노력에 속한다. 1973년 닉슨 대통령과 소련 서기장 레오니트 브레즈네프는 직접 만나 핵전쟁 방지협정에 서명했다. 핵전쟁과 관련한 이 협정에서만큼은 미국과 소련이 같은 입장이었다. 그러나 협정에 조인한 동일한 시점에 두 열강은 제3세계, 즉 아프리카와 중남미에 군사대치를 하며 대리전쟁을 치르고 있었다.

유럽

한국전쟁에서 유리한 위치에 있었던 유럽이 어쩌면 가장 많은 이익을 챙겼을 것이다. 그렇다고 해도 유럽 또한 한국전쟁에 엄청난 공포감을 가지고 있었다. 특히 분단된 독일이 많은 걱정을 했다.

소련 지배에 있는 동유럽에서는 한국전쟁 발발 직후 즉각 북한을 지원해야 한다는 캠페인이 시작되었다. 김일성을 찬양하고 미국과 서방을 비방하는 정치구호가 집회에서 울려 퍼졌다.[53] 모스크바 라디오가 미군 포로의 (거짓)진술을 토대로 방송했던 이른바 미국의 생화학 무기 작전 때문에 미국은 지탄을 받았다. 동유럽에서만이 아니라 공산당에 의해 조종되는 여론과 더불어 서유럽에서도 전쟁의 공포는 점점 더 확대되었다. 하지만 미국이 동유럽에 강력하게 개입할 것이라는 희망도 함께했다.[54] 스탈린의 권력과 밀접하게 관계를 맺고 있던 동독도 동유럽과 유사한 반응을 보였다. 동독의 독일사회주의통일당 SED은 연대를 공표하고 기부금을 모으는 동시에 반미구호를 만들었다. 그러나 서독의 정부와 정당은 미국에 희망을 걸고 있었다.

서독을 포함한 서유럽의 상황은 각기 달랐다. 다른 서유럽, 남유럽, 북유럽 국가와 함께 유엔군으로 참전했던 프랑스에서는 극동지역의 전쟁 때문에 제2차 세계대전 이후 많은 노력을 기울여 만들어낸 내부 단일화에 금이 갔다.[55] 반공산주의자는 공산주의자와 화해할 수 없다고 대립했다. 그리고 샤를 드골조차도 얼마간은 이러한 상황을 해결할 수 없는 것 같았다. 게다가 프랑스의 반공산주의 입장에서는 라인강 동쪽에 있는 적수인 독일과의 협력을 불가피한 것으로 보았다. 프랑스공산당PCF은 국제정세를 긴박하게 만든 책임이 미국뿐만 아니라 서독에도 있다고 언론에 발표했다. 1954년 프랑스 국민회의에서 유럽방위공동체에 대한 독일과 프랑스 간의 협정이 결렬된 것이 비난을 받게 된 이유가 되었다.

한국전쟁은 국가를 수립한 지 얼마 되지 않은 서독에 많은 영향을 미쳤다. 전쟁이 발발하자 서독은 엄청난 전쟁의 두려움을 가지게 되었다. 먼저 분단된 독일의 경우처럼 한국에서도 같은 일이 일어날 것이라고 생각했기 때문이었다. 전쟁의 공포가 확산된 데에는 1950년 10월 당시 약 4만 8,600명에 달했던 동독 인민경찰부대가 공격적이고 전투력을 갖추고 있으며 우수하다고 언론매체에서만이 아니라 서독 정치계에서도 지속적으로 말한 것이 한몫했다.[56] 아데나워 수상도 1950년 8월 29일 내외적으로 서독 지역 안전보장에 관한 외교각서에서 동독 인민경찰부대의 우수성을 근거로 들어 서방연합에 서독 방위를 위한 분담금을 제안했다. 참여하는 것만으로도 서독 통치권에 부분적으로 관여할 수 있다는 내용도 포함되어 있었다.

각서에는 "동쪽 지역에 집결된 소련의 세력과 빠르게 정비된 인민경찰을 보면 상황은 매우 심각하다. 정보에 따르면 소련 정부와 동구권 정부로부터 이 부대에 주어진 목적은 다음과 같다. 가까운 미래에 해결해야 할 과제는 서독을 연합군의 독재에서 해방시키는 것, 적에 협력하는 서독 정부를 척결하는 것, 서독을 동유럽 지역과 함께 위성국가로 편입하는 것이다"라고 기록되어 있다.[57] 각서로 힘을 얻은 서독 군대의 재건은 국가 통치권의 전제가 되었고 세계공동체에 등장하는 입장권이 되었다.[58]

수상이 내각에 이 제안을 알리지 않았기 때문에 이 각서가 서독 국내 정치에 미친 여파는 일파만파였다. 이 일로 내무부장관인 하이네만이 격분하여 사퇴했다. 그뿐만 아니라 1955년 독일연방군의 창설을 묵인하지 않고 공식적인 반대운동이 전개되었다.

한국전쟁이 가지고 온 경제적 변화는 여론에서 긍정적으로 받아들여졌다. 경제는 전설적으로 도약했다. 전쟁 직전에는 공산품 생산이 무너지고 실업자가 약 200만 명으로 늘어났다.[59] 이제 속담처럼 된 한국 붐은 서독에서 제한 없이 생산력을 가동하도록 했다. 미국이나 다른 서방국가들이 군수품에 대한 엄청난 수요를 더는 충당할 수 없게 되자 서독이 생산력을 가동해 필요한 군수품을 생산해냈다. 몇 년간 서독은 이러한 틈새를 군수품을 선두주자로 하여 잘 메워나갔고 서독 경제는 회전기계처럼 잘 돌아갔다. 그리하여 1952년에는 해외무역이 두 배로 증가했다. 해외무역은 서독이 경제도약을 할 수 있도록 한 촉매제 중 하나였다.

서독에 경제기적을 일으킨 두 번째 주자는 생필품 산업이었다. 산업 생산에 많은 노동력이 필요하게 되어 실업률이 현저하게 줄어들었고 동시에 내수수요가 크게 움직이기 시작했다. 더는 미국의 경제적 원조를 받지 않아도 될 정도로 서독은 매우 힘차게 도약했다. 워싱턴은 공산주의를 빈곤화의 결과로 간주하는 트루먼 독트린에 입각해 140억 달러에 달하는 액수를 서유럽 국가에 지원했다.[60]

그러나 서독의 급속한 성장세는 주춤했고 생산량을 늘리는 것은 곧 한계에 달했다. 에너지 생산량이 수요와 걸음을 맞출 수 없었기 때문이다. 결과적으로 석탄과 전기를 배급하게 되었다. 기억을 더듬어보면 한국전쟁으로 불붙은 경제기적에서 다시 보통 수준으로 돌아와야 한다는 생각은 전쟁의 두려움보다 훨씬 더 컸다.

6장

1953년부터
두 나라로 갈라진 한반도

남북한은 한국전쟁으로 지리적으로뿐만 아니라 정치경제적으로도 골이 깊은 분단국가가 되었다. 정확하지는 않지만 수백만의 사람들이 전쟁 기간에 피난민이 되었다.[1] 당시의 인구 분포가 완전히 뒤바뀌었고 엄청난 생필품 공급 문제가 발생했다.

한국전쟁의 특이한 결과는 사망자가 수백만에 달하는 양측 모두 사실상 승리를 거두지 못했다는 점이다. 통일은 거의 이루어지기 힘들 정도로 요원해졌다. 이제는 전쟁이 일어나기 전에 설치되었던 소박한 국경요새 대신에 사방 4킬로미터 폭의 비무장지대가 한반도 한가운데를 가로지르고 있다. 비무장지대는 248킬로미터 길이로 이곳의 민간인들은 다른 지역으로 이주했다. 이곳은 거의 군인들과 선전선동만이 자리를 잡고 있다.[2] 이것은 아마도 1952년 확정된 독일 두 나라 사이의 국경지대와 비교 가능할 것이다. 그러나 다른 점은 남북한 간에는 도주할 수 있는 틈이 없다는 것이다. 서베를린은 1961년 8월 13일까지 사회주의에 지친 동독 시민들에게 도망 올 틈을 열어두었다. 독일의 경우에는 양측의 부대가 국경지대를 감시했고 보호국과의 조약으로 안전장치를 해두었다. 반면 한반도는 '조선민주주의인민공화국'

과 '대한민국'이라는 두 개로 나뉘어 각 나라를 설립했고 아직까지 분단국가로 남아 있다.

북한: 스탈린주의 독재의 완성

북한과 김일성은 한국전쟁이 끝난 후 소련과 중국의 이념을 받아들였다. 소련과 중국은 한국전쟁의 종결이 냉전기의 자신들의 위상에 대재앙이 되지 않도록 하기 위해 할 수 있는 한 모든 것을 지원했다. 차단된 북한은 대담한 방법으로 물불을 가리지 않고 인민민주주의로의 개조를 완수해나갔다. 전쟁 전과 전쟁 중에 북한 주민들의 남한으로의 탈출과 1953년의 포로 교환은 조롱조로 들릴지 모르겠지만 평양 입장에서는 내부 정적政敵의 일부를 처분하는 이점으로 작용했다.

하지만 김일성은 인민에 맞서기도 하고 부분적으로는 인민의 동의를 얻어 북한의 개조를 가속화할 수 있었다. 반식민주의와 단일 독립 국가를 바라는 공동의 염원과 사회 정의에 대한 기대가 한반도 전체의 중요한 담론이 되었다.[3] 북한은 1945년부터 부분적으로는 좌파, 이른바 '적색농민조합'에 가담한 다수의 소작농 계층과 일본인들이 북한 북쪽 지역에 건설했던 공업지대에서 근무한 정치 참여적인 산업 노동자들로 이루어졌다. 민주주의 노선의 남쪽에도 부분적으로는 투쟁적인 강력한 좌익 당파들이 등장했다. 이들은 1950년 이전에 이미 남한에서 궐기하여 모습을 드러낸 바 있는데, 당시 이승만 정부가 이 당파들을 비타협적으로 타도해버렸다.

사회혁명의 경향은 종교단체에서도 나타났다. 그중에서도 1860년경에 생겨난 천도교는 올바른 나라 개혁에 찬성하며 부패에 반대하는 입장을 취했다. 청우당(조선천도교 청우당)도 1950년대에 조선노동당의 노선에 적극적으로 가담했다. 그리고 오늘날까지 북한에서 천도교 청우당이 유지되고 있다.

김씨 일가의 국가는 20세기 다른 독재국가들과 마찬가지로 처음부터 '획일화 국가'로 구상되었다. 획일화 국가에서는 단일 목적과 일치된 정치관을 가지게 된다. 그렇기 때문에 국민들은 포괄적인 교육과 감시 및 처벌을 받게 된다.[4] 실제로 유년기부터 국가가 조종하는 사회화와 폭넓은 통제를 받게 될 뿐만 아니라 구금, 고문, 강제노동수용소나 죽음, 사소한 위반에 의한 추방도 행해진다. 종종 기독교를 포함해서 서구 종교를 믿는 신봉자들이 감시와 처벌을 받게 되는 주요 대상이 되기도 한다.

종래 가족 왕가로 발전하게 되는 북한의 인민민주주의 초기에는 당시 '동방의 예루살렘'으로 잘 알려진 수도 평양의 수많은 기독교인이 집중적으로 박해를 당했다. 비록 북한의 체제가 수십 년간 자유로운 신앙생활을 유명무실하게 보장하긴 했지만 말이다.[5] 서구에서도 활발한 통일교(세계기독교통일신령협회)를 남한에 세운 설립자 문선명은 처음에는 1946년부터 평양에서 기독교 선교사로 활동했다. 2년 뒤 그곳에서 북한 주민들에 의해 사회질서 붕괴와 평화교란 단체라는 죄목으로 체포되어 5년간의 강제노동수용소 형을 받았다. 북한을 통과하던 유엔 부대가 강제노동수용소에서 그를 1950년 10월 14일에 비로소 풀어주었다.[6] 남한에서 문선명은 1954년 공산주의에 첨예하게 대립하는 반공산주의 교파를 설립하고 군부독재의 중요한 지지자가 된다.

유사한 숙청의 물결이 한국전쟁 이후에 조선노동당에 동조하지 않는 당파와 1950년 이전에 미리 청산하지 못한 당파를 휩쓸었다. 1955년 12월 15일에는 심지어 북한의 외상 박헌영이 미국의 첩자라는 죄목으로 사형당했다.

오늘날까지 당 내부에 존재하는 국가의 적을 처분하는 일이 세상에 보도되고 있다. 예나 지금이나 직무수행에 있어서 평범한 실수에 혐의를 씌워 국가 고위 간부와 당 고위 간부를 처형하고 있다. 이때 이들에게 현재 최악의 경제상태에 대한 죄를 뒤집어씌우는 것이다. 소식통에 따르면 김정일이 자신의 아들 김정은에게 권력을 승계하기 직전인 2009년과 2010년에 두 명의 장관이 명령직권 남용으로 사형당했다. 재정상 문일봉은 화폐개혁 실패로 불행을 초래했고 철도상 김용삼은 김정일에 대한 음해로 추정되었던 용천역 기차 폭발사고에 대한 책임으로 처형당했다.[7]

북한의 수용소와 감금체제는 인구수 약 2,200만(2012년)에 맞추어져 있으며 전 세계적으로 가장 크고 가장 잔인한 수용소 중 하나로 간주된다.[8] 북한의 수용소는 오늘날까지도 정치범을 위한 수용소(정치범 관리소)와 범죄자를 위한 수용소(교화소)로 나뉜다. 사회주의 국가나 스탈린주의에서처럼 범죄행위 때문에 형을 선고받은 수감자는 조금은 덜 잔인한 처우를 기대할 수 있고 수용소의 위계질서에 있어서 이점을 차지할 수 있다.[9] 정치적 행위로 체포된 사람들은 북한의 국가공안당국에 의해 일반적으로 장기간 감금되고 그들의 가족들까지 감금된다. 정치행위나 범죄행위로 체포된 남한 사람도 동일한 선고를 받게 된다. 이러한 사실은 탈북민들에 의해 알려졌다.

2012년 중반에 30세가 된 신동혁의 충격적인 인생사가 세상에 알려졌다[2015년 그의 증언 중 많은 부분이 거짓으로 밝혀졌다: 옮긴이]. 그는 정치범 관리소인 개천 관리소 14호에서 태어났다. 그의 진술에 따르면 북한에서는 어린이들의 강제노동이 통상적인 일이다.[10] 생산량을 달성하지 못했거나 도둑질을 했을 경우에 내려지는 사지절단이나 죽음과 같은 잔인한 형벌도 예외는 아니다. 정치적인 범죄행위와 형법상의 범죄행위 사이의 경계는 김씨 일가의 독재에서는 유동적이다. 예를 들면 횡령과 같은 공공재산의 피해는 단순절도로 평가될 수도 있고 정치적 범행으로 평가될 수도 있다.

수감자의 수는 수용소의 수와 마찬가지로 상이하게 보고되고 있다. 2011년에 언급된 수용소에 수감된 수는 약 20만 명이다. 이것은 명백히 낮게 어림잡은 수치일 것이다. 이 수치는 북한 사람 100명 중 1명이 수용소의 수감자라는 의미다.[11]

알다시피 1995년 9월 27일 이후부터 김정일의 명령으로 9－27 수용소라는 이름이 붙은 수용소의 수는 6개로 제한되었다. 9－27 수용소에는 그때마다 3만 명에서 4만 명에 이르는 사람들이 수용되어 있다. 지금까지 해마다 100만에 달하는 사람들이 단기 '재교육'을 위해 할당되었다고 한다.[12] 현실적으로 이것은 확실하다고 판단되는 신뢰할 만한 사람들, 즉 당원들을 제외한 복수의 사람들이 수차례 수용소로 호송되었음을 의미한다.

1987년 수용소 12호에서 있었던 봉기〔함경북도 온성(창평지구)에서 1987년 5월에 정치범들이 일으킨 최초의 대규모 폭동사건으로 정치범 5,000여 명이 무참히 몰살당한 최악의 사건이다. 이 사건 이후 수용소는 폐쇄되고 국경지대에 가까운 온성과 종성 수용소는 회령으로 통합되었다: 옮긴이〕 이후[13] 몇몇 수용소는 1995년 이전에 경제적인 상황을 참작해서 폐쇄되거나 통합되었다. 예전 소련의 굴라크 시스템GULag-System처럼 수용소들은 멀리 떨어진 외지에 위치한다. 일반적으로는 북동쪽에 있으나 몇몇 수용소는 수도 평양 근교에 위치하고 있다. 이러한 수용소도 목격자를 통해서 입증되었다.[14] 그 밖에 목격자의 보고를 통해 알려진 개천(14호), 요덕(15호), 화성(16호), 북창(18호), 회령(22호), 청진(25호), 전거리(12호), 단천(77호) 그리고 강동(4호) 수용소가 있다.[15]

북한은 정치적 분파의 영향력을 배제함으로써 1955년까지 사실상 김일성에 의해 규정된 그리고 모두에게, 특히 군대에도 통용되는 획일적인 이데올로기를 달성했다. 공식적으로는 '주체'로 표현되는 이 이념은 이념사적으로 반식민주의와 국수주의에서 생긴 관념으로 간주된다. 이러한 관념은 국가의 독립을 더 중요하게 전면에 내세운다.[16] 같은 해에 인도네시아의 반둥에서 개최된 회의에서 비동맹국가들이 비슷한 입장을 주장했다는 것은 우연이 아니다. 그러나 북한은 1975년에야 비로소 이러한 움직임에 관여한다.

북한 주체사상의 핵심은 정치적이고 군사적인 통치권과 더불어 특히 경제적인 자치에 있다. 심지어 나라를 거의 완전히 차단하기까지 하는 간과할 수 없는 국수주의는 경향상 주체사상 안에 내재되어 있다. 다수의 관찰자들에게 실로 설명하기 어려운 인공위성 운반용 로켓을 포함해서 핵무기를 보유하려는 국가운영 의지도 이러한 입장에서 이해된다. 그러나 1970년대 중반 이후에야 비로소 주체사상은 공식적인 독트린이 되었고 그 이후 마르크스-레닌주의의 진전이자 대안으로 간주되었다. 스탈린주의에서도 경제적인 자치를 추구하는 특성을 가진다. 그러나 주체사상은 특히 국제협력을 포괄적으로 거부하고 중요한 지점에서는 마르크스-레닌주의와 모순된다.

1982년 김일성의 70번째 생일에 완성된 평양의 '주체사상탑'이 천명하는 바와 같이 당시 주체사상에 대한 믿음은 동시에 김일성에 대한 과도하고 지나친 숭배에 대한 (신앙적인) 고백이 되었다. 이 탑의 2만 5,550개의 화강석은 김일성이 70년 동안 살아온 날수를 상징하는 것이라고 한다. 더욱이 2003년부터는 김일성이 태어난 해인 1912년으로 시작하는 주체연호를 북한의 공식적인 연호로 삼았다. 지도자에 대한 숭배는 너무나 지나치다. 1994년 사망한 김일성을 '영원한 주석'으로 여기고 김일성의 초상화나 기념비를 당의 성과에 해당하는 슬로건과 함께 공공장소 도처에 화려하게 장식할 정도다. 현재 그의 손자가 최고위직에 있다는 사실이 무색하게 말이다.

'위대한 지도자' 김일성의 후계자인 아들 김정일은 '친애하는 지도자'라는 특정 호칭으로 불린다. 김정일은 2009년 헌법상에 군사주권을 강조하면서 주체사상을 일부 수정했다. 그러나 주체사상의 기본 근간은 오늘날까지 그대로 유지되고 있다. 이것은 지배자의 사상, 테러와 선동에 의한 지배체제, 특히 찬동하는 '추종자'일 뿐인 획일 정부의 인민인 '대중'의 신분과 관계된다.

평등한 사회라는 북한이 얼마나 철저한 계급사회인지는 1950년대부터 전체 주민을 그들의 충성맹세에 따라 세 그룹으로 나눈다는 사실에서 여실히 드러난다.[17] 신뢰할 만한 가치가 있는 사람들인 핵심계층은 당원들이다. 남한, 서구 그리고 특히 미국에 대해 자칭 또는 실제 호의를 갖는 사람들은 확신할 수 없는 사람들인 동요계층(기본계층)과 적인 적대계층에 속하게 된다. 1960년대에는 심지어 51개 분류계층 제도가 도입되었다. 첫 번째 그룹은 12계층, 두 번째 그룹은 9계층 그리고 세 번째 그룹은 30계층으로 분류되었다.

오늘날까지 이러한 분류가 북한 인민의 삶 전체에 영향을 미친다. 신뢰할 수 없는 계층으로 분류된 가족 출신의 북한 사람에게는 오늘날까지 모든 진급 기회가 근본적으로 막혀 있다. 더욱이 수용소는 명예회복 수단이 되지 못한다. 예전에 한 번 수감되었던 수감자는 영원히 낙인찍히기 때문이다. 군대만이 명예를 회복할 수 있는 수단이다. 국제사면위원회는 2,200만 북한 사람 전체의 약 4분의 1에 해당하는 500만가량의 사람들이 적대계층에 속한다고 제시한다[다른 연구결과에 따르면 핵심계층은 약 28퍼센트, 동요계층은 약 45퍼센트, 적대계층은 약 27퍼센트 정도라고 한다: 옮긴이]. 물론 북한은 공식적인 표명상 당기黨旗에 망치, 낫, 붓으로 상징되는 노동자, 농민, 지식인들에게 평등한 나라다.

북한은 스탈린주의를 모범으로만 해서 설립되지 않았다. 소련과 중국 자체도 마침내는 노선을 변경했다. 자석이론[자석이 쇠붙이를 끌어당기는 원리처럼 우세한 위치나 강력한 힘을 가진 쪽으로 끌려가는 인간관계 또는 외교현상을 말한다: 옮긴이]이라는 북한식 버전이 실패한 것으로 간주될 수 있는데도 북한은 오늘날까지 북한식 노선을 버리지 않고 있다. 자유의지로 통일을 추진하려는 압도적 다수의 남한 사람들 입장에서 조선민주주의인민공화국은 전혀 도움이 되지 않는다. 흐루쇼프(1956년) 집권 아래 개진된 스탈린 격하운동도, 베이징의 점진적인 시장경제 개방에 따라 이행되는 상하이 공동성명(1972년)을 통한 미국과 서방세계에 대한 중국의 개방도, 1991년 구소련과 사회주의 세계시스템의 몰락도 김일성이나 그의 추종자들을 다른 길로 들어서도록 종용하지는 못했다.

전 세계 어느 곳에서도 오늘날까지 평양처럼 마르크스-레닌주의의 역사적 합법성에 그렇게 설득되어 남아 있는 곳은 없다. 사실상 이것은 매우 현실적인 문제다. 실제 나라를 개방한다는 것은 그 종말을 의미하게 될 것이다. 그러니 철저한 감시 아래 제한적인 관광이 허가되더라도 무제한의 인터넷 접속과 자유로운 전화통화는 허가되지 않을 것이다. 다른 망을 통해 북한의 망으로 수신할 수 있는 모뎀과 휴대전화 사용은 사형선고로 위협하며 금지하고 있다. 관광객들에게 휴대전화 사용금지를 미리 알리지 않았더라도 도착과 동시에 여행 안내원이 압수해버린다. 규칙의 예외는 있다. 국제 구조조직 및 세계식량안전보장계획 사무소에서는 인터넷 접속이 가능하다.[18]

북한 정부가 전력을 다해 저지하고 있는 탈북은 오늘날까지 지속적으로 증가하고 있다. 냉전시대의 종결과 서방세계로 연결된 중국의 계속되는 국경 개방은 도주물결을 불어나게 했다. 중국은 국경지역의 거주민들이 밀매로 이익을 얻기 때문에 압록강변의 북쪽 경계를 조금은 느슨하게 하고 있다. 중국이 국경 경계를 느슨하게 한 이후로 30만 명의 사람들이 중국으로 도주했다. 이들은 일반적으로 라오스나 베트남같이 친교국인 제3세계 국가를 경유해 서구에서 자유를 얻는다고 한다.

이에 반해 북한으로 이민하는 사람은 아주 적다. 그러나 북한의 상황을 고려하면 놀라울 정도로 많다. 북한으로 이주하는 대다수는 일본에 살고 있는 재일조선인들이다. 재일조선인 대다수는 제2차 세계대전 동안에 강제노동을 위해 일본으로 끌려간 사람들이다. 그들 중

9만 명가량이 1980년대 중반까지 북한으로 되돌아갔다.[19] 그 외에 북한 사람과 결혼한 1,800명가량의 일본 여성들도 북한으로 이주했다.

남한: 반공산주의의 선봉장

남한 정부와 이승만 대통령은 서방, 특히 미국의 견해대로 한국전쟁을 극복했다. 남한의 독재자가 휴전회담을 결렬시켜서 미국 정부를 일시적으로 자극하는 일도 있었지만 말이다. 제3세계의 다른 나라에서와 마찬가지로 미국은 냉전기에 동아시아에서도 반민주주의 정권을 기꺼이 수용했다. 왜냐하면 미국은 이들과 함께 적어도 공산주의에 전복당하는 위험 가능성을 없애야 한다고 믿었기 때문이다.

이승만 대통령이 민주주의자가 아니라는 사실은 1950년 이전에 이미 명백하게 드러났다. 1948년 11월 17일 제주도에 선포한 계엄령과 1948년 12월 1일 제정한 악명 높은 국가보안법은 1953년 휴전이 된 이후 이승만 정부의 기반이 되었다. 이승만 정부는 좌익으로 간주되는 모든 것에 언제나 엄격하게 맞섰다. 사실 이승만 정부는 북한의 김일성 권력체제와는 비교가 안 되지만 많은 기관이 매우 유사하다.

공식적인 정치노선에 대한 충성은 이승만 정부에서도 하나의 척도였다. 1987년에서 1988년에 군부독재가 끝난 이후 오랫동안 국가와 국가의 요구에 대한 충성의 의미가 공론화되었다. 그래서 1994년에는 동작동 국립묘지의 이름을 '현충원'으로 개명하자는 논의도 이루어졌다[1996년부터 '국립현충원', 2005년부터는 '국립서울현충원'으로 개명되었다: 옮긴이]. 그곳에는 현충탑도 세워졌다.[20] 국가에 대한 충성은 1948년부터 거의 12년을 존속했던 이승만의 제1공화국에서 당연한 것이었다. 기독교 청년단체와 같은 친정부 기구의 회원이라는 것은 정부에 대한 특별한 충성의 증명서로서 한국전쟁 전부터 평가되었다. 1954년 문선명이 서울에 설립한 통일교가 여기에 속한다. 한국전쟁이 한창이던 1951년 설립된 이승만의 자유당에 소속되거나 자유당에 동조하는 조직에 속한다는 것은 당연히 충성에 대한 증거였다.

이승만도 강력한 강제조치를 취했다. 이승만은 국회를 특별법으로 통제하고 선거를 조작했다. 그리고 의심이 나는 경우에는 개의치 않고 정치 경쟁자를 처벌하도록 했다. 이승만과 겨루었던 두 개의 반대 그룹 중 하나였던 진보당의 당수 조봉암은 1958년 국회의원 선거 직전에 체포되었다. 세계적인 비난이 있었지만 재판 결과 반역과 국가보안법 위반으로 조봉암은 이듬해에 교수형을 당했다.[21] 조선공산당 창당을 주도했으나 1946년에 탈당한 조봉암은 북한과의 민주적 평화통일이라는 정강을 내걸고 1956년 대통령 선거에서 200만이 넘는 지지표를 받기도 했다.[22] 특히 이승만의 정적들은 조봉암이 처음에는 국가보안법 위반으로 기소된 것에 대해 무죄판결을 받았다가 나중에 5년형을 선고받았다는 사실에 격노했다. 명백하게 이승만 정부로부터 지시를 받은 대법원은 정권 전복계획이라는 명목으로 사형을 선고했다.

반체제 인사들을 박해하는 동시에 경찰과 군대, 비밀정보기관은 정치적인 배신자들에게 극단적으로 잔인하게 가혹행위를 일삼았다. 1950년대에 이미 입증된 가혹행위는 1960년 봄에 민중시위가 일어날 때까지 강화되었다. 4월 혁명(4·19혁명)이 정점에 달한 4월 26일에 이승만은 하야해야만 했다. 이 일주일간 서울 거리에서 치안부대가 발사한 총에 수백 명이 넘는 학생들이 총상을 당했고 1,000명에 달하는 학생들이 부상당했다. 학생들은 정부의 야비함에 맞서, 특히 살해 은폐와 사람들이 흔적 없이 사라지는 것에 맞서 시위를 벌였다.[23]

민중의 반발을 자극했던 것은 1960년 3월 15일에 있었던 한 차례의 시위 이후 항구도시 마산에서 실종되었던 열일곱 살 고등학생 김주열 군이 죽은 채 발견되었다는 소식이었다. 4월 11일 마산 앞바다에서 발견된 그의 시신은 왼쪽 눈에 최루탄이 박힌 처참한 모습이었다. 치안부대는 그의 죽음의 정황이 공개되지 않게 은폐했고 그의 시신을 바다 속으로 던져버렸다.

1960년 4월 이승만이 하야하고 7월에 새로운 선거가 거행된 후 제2공화국이 들어섰다. 제2공화국은 이승만 재위기간의 경험을 거울삼아 국회의 지위를 더욱더 강화하고 대통령의 권위를 약화시켰다. 그러나 제2공화국은 물론 불과 몇 달밖에 유지되지 못했다. 1961년 5월 16일 군대가 박정희 장군의 지휘 아래 처음으로 일련의 쿠데타를 일으켰다. 이때부터 오랜 기간 군부독재가 이어지게 된다. 쿠데타로 군사정권이 들어서자 윤보선 대통령과 장면 국무총리는 실각했다. 이후

근 4반세기를 군 장성들이 남한을 지배했다. 특히 좌파 전향에 대한 불안이 이승만 정부와 마찬가지로 군부독재자들에게 휘몰아쳤다. 새로운 비밀정보기관인 중앙정보부의 협력 아래 좌파와 언론에 대해 강력한 조치가 취해졌다.

대통령으로 선출되기 위해 박정희는 공식적으로 군복무에서 퇴직했다. 물론 군대와의 관계는 그대로 유지했다. 박정희의 군사독재정부는 1963년 공식적으로 제3공화국(1963~1972년)이 되었다. 상당히 위장된 군부독재는 박정희의 죽음 이후에도 계속되었다. 박정희는 1979년 중앙정보부 부장 김재규의 총탄을 맞고 주연 중에 사망했다. 정확한 이유는 아직 밝혀지지 않고 있으며 아마도 야당에 반대하는 행동에 대한 언쟁 때문이라는 추측도 있다[10·26사건이라고 부르는 박정희 암살사건이다. 김재규는 재판에서 민주화에 대한 열망으로 대통령을 살해했다고 주장했다. 그러나 차지철과의 권력암투 또는 정치경제적인 문제로 벌어지고 있던 민중의 대규모 소요사태에 강경하게 대응하지 못한 데 대한 질타 때문에 충동적으로 일으킨 범행이라는 설도 있다: 옮긴이]. 그러고 나서도 군부독재는 제4공화국(1972~1981년)을 거쳐 제5공화국인 1988년 2월까지 지속되었다.

제5공화국 말기에 유력한 차기 대통령 후보였던 노태우 민정당 대표가 1987년 6월 29일에 갑자기 대통령을 다시 국민들이 직접 선출하게 하자고 제안하면서 군부독재는 점차 끝을 맞이하기 시작했다. 그리고 이듬해에 1961년 이래 처음으로 국민투표로 선출된 대통령이 직무를 수행하게 되었다. 이것은 박정희와 그 뒤를 이은 최규하와 전두환이 민주주의적인 세력을 제거하기 위해 계엄령이나 국가보안법과 같은 특별 전권, 특히 합법적으로 국회를 완전히 통제할 권한을 대통령에게 인정해주었던 1972년의 유신헌법을 내세워 자행한 그 모든 것보다도 더 놀라운 일이었다.

박정희 군부독재에서 전두환으로 넘어가는 과정은 겉으로 보기에는 진보한 것 같았다. 그러나 1960년 피의 4월 혁명 이후 거의 20년 만에 있었던 1980년 4월에서 6월까지 광주민주화운동을 극단적인 폭력행사로 진압한 것만 봐도 진보된 정권이양이 아니라는 사실이 명백해졌다. 북한이 국경지대에 자칭 병력을 집결한 일과 관련해 전두환의 명령에 따라 경찰과 군대는 시위자들에게 평양의 '제5소작농'이라는 혐의를 씌워 강력한 조처를 취했다. 체포된 사람들 가운데에는 나중에 대통령이 된 야당의 저명인사인 김대중도 있었다. 이미 박정희는 김대중을 경쟁자로서 강력하게 압박했다. 당시 광주에서는 2,800명의 사상자 외에 166명의 사망자가 발생했다. 47명은 행방불명되었다〔자료에 따라 각 숫자는 상이하며 현재까지도 사망자 수에 대한 논란은 계속되고 있다: 옮긴이〕.[24]

군사독재정권이 오랫동안 지속된 데에는 평화민주당(평민당)의 김대중과 통일민주당(민주당)의 김영삼이 각각 속해 있던 야당의 분열에 그 원인이 있었다〔김영삼과 김대중은 1987년 4월 21일에 통일민주당을 창당했으나 대선 후보 선출문제로 갈등을 겪다가 김대중의 동교동계 의원들이 집단

탈당해 평민당을 창당함으로써 분열되었다. 그 결과 12월에 치러진 제13대 대선에서 민주정의당(민정당)의 노태우 후보가 당선되었다. 1990년 민주당의 김영삼은 민정당, 신민주공화당(총재 김종필)과 3당 합당을 단행했으며, 이후 민주자유당(민자당)의 대통령 후보가 되었다: 옮긴이]. 마침내 김영삼은 1992년 선거를 통해 대통령에 당선되었다. 그는 곧장 북한에 대해 개방정책을 펼쳤다. 개방정책은 1998년에 그의 뒤를 이은 김대중 대통령 정권에서도 그리고 2003년에 시작된 노무현 대통령 정권에서도 계속되었다. 2008년 보수우익 한나라당(2012년부터는 새누리당) 소속의 이명박 정부가 들어서면서 거의 20년 만에 북한에 대한 엄격한 행보가 다시 시작되었다.

오늘날 남한은 20년간 전 세계적으로 가장 중요한 경제국가 그룹에 속하고 산업의 기술혁신에 있어서 미국과 유럽에 도전하는 경제적으로 매우 성공한 '호랑이 경제국tiger economy'으로 알려져 있지만 남한이 1969년에야 겨우 북한을 경제적으로 능가할 수 있었다는 사실은 놀라운 일이다. 지속적인 미국의 든든한 지원과 더불어 숙적 일본과의 관계 정상화를 위해 1965년 체결된 한일협정이 경제적 도약을 위한 근본이 되었다. 일제강점기 때 일본의 앞잡이로 일본 군대에서 군인으로 복무했던 박정희의 과거가 한일협정 체결 시 영향을 미쳤다. 북한은 중국과 소련, 특히 함흥 재건에 중요한 지원을 해주었던 동독과 동구권 국가의 원조로 남한보다 경제적으로 앞설 수 있었다. 미국과 일본이 지원하는 막대한 재정자본이 유입되고서야 남한은 발

전할 수 있었다.[25]

특히 통섭형 생산 분야를 가진 수출 중심의 가족경영체제의 재벌인 삼성, 대우, 현대, LG, 한진, 쌍용과 같은 대기업의 진흥과 구축은 미래지향적인 것이었다. 1975년에 전체 국민총생산의 3분의 1(36.7퍼센트) 이상이 46개 대기업들에 의해 달성되었다.[26] 경제가 낙후된 지방에서 도시로 몰려든 엄청난 노동력을 활용할 수 없었다면 남한의 기업들은 그런 눈부신 성공을 거두기 어려웠을 것이다.

놀랍도록 짧은 기간에 이룩한 농업국가에서 산업국가로의 변화는 사회적인 불만뿐만 아니라 오랜 기간 북한의 위협을 들어 통제했던 정치적인 불만을 계속 키워왔다는 부정적인 측면도 있다.

냉전의 그늘에 있는 나라들

한국전쟁은 남한과 북한이라는 두 국가를 세계적인 냉전체제에 동승시켰다. 냉전은 이제 정치적인 면에서뿐만 아니라 경제적인 면에서도 전개되었다. 동서독 대 남북한의 관계는 냉전에 대한 특정적인 예다. 당시 이념적으로 유사한 나라들은 동맹국으로서 언제나 서로를 모범으로 바라보았다.

독일연방공화국(서독)은 전쟁으로 파괴된 남한에 적십자 활동을 통해 1954년부터 지원을 시작했다. 인천과 부산에 있는 교육시설에 재정을 지원해 의학도를 양성했다. 1년 뒤 서독은 남한에 총영사관을 세웠다. 남한은 자국에서도 독일의 경제기적이 일어날 수 있게 할 특별한 교시를 기대했다. 이러한 토대 위에 1960년부터 이루어진 남한 경제의 도약과 함께 서독은 계속 남한과의 협력관계를 활기차게 전개했다. 서독은 당시 미국에 이어 두 번째로 큰 경제 투자국이었다.[27] 서독 파견노동자 모집이 끝난 1973년까지 약 2만 명의 노동자가 서독으로 파견되었다. 그 이후에는 많은 학생이 서독으로 유학을 갔다. 이보다 앞선 3년 전인 1970년에 문화협정이 체결되었다. 당시에 외교상 불미스러운 사건이 발생했다. 독일 정부는 반정부 인사로 지목한 남한인들을 독일에서 납치해 강제로 송환한 야만적 공권력 행사에 대해 남한에 책임을 추궁했다〔1967년 동백림 사건: 옮긴이〕.

동독은 1949년 국가 수립 후부터 인민공화국인 북한을 우방국으로 받아들였다. 1954년에서 1956년 동안 현재 가치로 1,700만 달러에 해당하는 5억 5,000만 루블을 지원한 동독은 중국과 소련에 이어 세 번째로 큰 지원국이 되었다.[28] 동독은 1955년부터 1964년까지 함흥시 복구건설 프로젝트에만 1억 1,800만 동독 마르크를 투자했다.[29] 그리고 나아가 북한의 고아와 학생들을 동독으로 받아들였다. 1960년 소련과 중국의 관계에 금이 가면서 동독과 북한 간의 우호적인 관계에 문제가 생겼다. 통일에 대한 견해가 서로 달랐다. 양측의 관계는 1970년대부터 정상화되었으나 상거래는 거의 답보상태였고 1990년 동독의 종말로 와해되었다.

한반도에서 가장 이목을 끄는 장소인 비무장지대는 돌발사건이 끊임없이 발생하는 우발지역이었다. 그러나 비무장지대는 정치체제의 진열창이기도 했다. 특히 판문점은 양측에 똑같이 존립한다. 이곳에는 1950년대에 과시용으로 소위 두 개의 평화마을이 생겨났다. 북한의 기정동과는 대조적으로 남쪽에 위치한 대성동에는 실제 사람들이 거주하며 농사를 짓고 있다. 현재 200여 명의 사람들이 전 세계에서 가장 경계·감시가 잘되는 이곳에서 살고 있다. 거주민은 한국전쟁 전부터 이곳에서 농사를 짓고 살던 농부들의 후손이다. 이들은 1년 중 대부분을 이곳에서 생활하도록 계약을 맺었다. 그 보상으로 기반시설이 확대되었고 초등학교도 설립되었다. 본국과 떨어져 타국에 둘러싸인 영토인 예전의 서베를린에서와 마찬가지로 거주민은 어떤 의미에서는 감옥에 머물고 있는 셈이다. 어둠이 내린 뒤에 집 밖을 나서는 것은 금지사항이다. 그러나 특전도 있다. 어느 누구도 군대에 가지 않고 세금도 내지 않는다.

대성동에서 재배한 '평화의 쌀'은 대부분 비무장지대에서 외국인 관광객에게 특별히 제공된다. 대부분의 남한인은 이 지역을 자유롭게 출입할 수 없기 때문이다. 대성동과 기정동은 1980년대부터 거대한 깃대에 각 나라의 커다란 기를 달아 꾹대기를 장식했다. 북한은 기정동에 있는 적어도 160미터 높이에서 펄럭이는 무게 270킬로그램의 군기로 대성동에 있는 98미터 높이에서 나부끼는 겨우 130킬로그램의 남한 기를 뛰어넘었다[30](222쪽 사진). 그러나 이 기는 딱 들어맞는

보이지 않는 상징 적대국에 업적을 과시하는 것도 냉전에 속했다. 그러나 한반도 내의 국경지대에서는 무의미하다. 이곳에서는 상대가 과시하는 상징을 볼 수 없기 때문이다. 대부분의 남한 사람들은 높이 160미터의 깃대가 꽂혀 있는 북한의 '평화의 마을'인 기정동을 볼 수 없다. 그리고 대부분의 북한 사람들에게도 맞은편에 있는 남한의 '위대한 성공마을'인 대성동은 보이지 않는다.

특별한 강도의 바람에서만 나부낄 수 있다. 바람의 강도가 약하면 기는 나부끼지 않고 강도가 너무 세면 깃대가 부러지기 때문이다.

예전 동독-서독 국경이나 중국과 타이완 사이의 경계에서처럼 북한과 남한 양측은 거대한 확성기로 수십 년간 선동방송에 몰두했다. 확성기 방송은 2004년에야 중단되었다(2016년 1월 8일 대북 확성기 방송이 재개되었다. 이는 1월 7일 북한의 제4차 핵실험에 대한 대응조치의 일환이었다: 옮긴이). 양측은 오늘날까지 판문점 지역을 계속 확장하고 있다. 새로운 회의건물인 북한의 판문각과 남한의 자유의 집이 세워졌다. 이곳에서도 남한과 북한은 서로 경쟁을 하고 있다. 먼저 건설된 판문각이 나중에 더 높게 지어진 남한의 자유의 집을 능가하도록 북한은 1994년에 다시 1층을 더 증축했다.

오늘날 실제 국경방어시설은 서독과 동독의 국경을 연상시키는 견고한 콘크리트 장벽에 1미터 높이의 가시철조망 울타리가 둘러쳐져 있다. 또 다른 국경방어시설은 지뢰밭이다. 지뢰밭은 북한 측에서 비무장지대를 불법 침입하거나 남한에서 북한으로 난입하는 것을 막고 있다. 방어시설은 군사분계지역의 남쪽과 북쪽에 세워져 있다. 분단된 독일에서와 마찬가지로 공격 시 적어도 상대가 도로를 통과하지 못하도록 대전차 장애물을 설치해놓았다.

외국인 관광객은 북한뿐만 아니라 남한에서도 국경지역을 방문할 수 있다. 아이러니하게도 몇몇 예외를 제외하고는 사전허가 없이 일반인이 비무장지대에 발을 들여놓는 것은 양 진영 모두 금지되어 있

냉전의 마지막 경계선 가시철조망, 감시탑, 초소길 그리고 휑하니 비워진 정경.

다. 반면 북쪽과 남쪽 양측으로 송출되는 라디오 방송은 오늘날까지도 계속되고 있다. 예나 지금이나 양측 모두 상대의 방송 청취를 금지하고 있는데도 말이다. 국경지역이 주는 긍정적인 효과는 분단된 독일에서처럼 전체 지역을 멸종위기 동물을 보호할 자연보호지역으로 만들 수 있다는 점이다. 아시아 흑곰(반달가슴곰), 두루미 등의 희귀 동물과 많은 희귀종 식물이 이곳에서 서식하고 있다.

물론 이것은 분단된 당사자들에게는 단지 아주 작은 위로가 될 뿐이다. 지난 60년의 세월 동안 비무장지대에서는 돌발사건이 다반사로 발생했다. 1953년에서 2013년 사이 국경지역 전체에서 발생한 충돌로 거의 600명의 남한 사람과 대다수가 미군인 50여 명의 유엔군이 생명을 잃었다.[31] 얼마나 많은 북한 사람이 또는 북한과의 동맹관계를 맺고 있는 사람이 국경에서 죽었는지는 지금까지 알려지지 않았다.

판문점의 공동경비구역에서 1976년 8월 18일에 있었던 소위 도끼만행사건은 국경에서 벌어진 가장 떠들썩했던 사건 중 하나다. 이 사건은 유혈이 낭자하게 벌어진 덧없는 싸움이었다. 사건의 발단은 유엔이 당연하게 생각한 나뭇가지치기였다[당시 무성하게 자란 미루나무가 유엔군 초소의 시야를 가리고 있었다: 옮긴이]. 유엔군 측이 가지치기 작업을 할 때 20여 명의 북한군이 나타나서는 그 나무는 김일성이 개인적으로 심은 것이니 자르는 것을 금한다고 알린 후 유엔군을 도끼로 기습했다. 결국 미군 장교 두 명이 사망했고 여덟 명의 미군과 남한 군인이 부상을 입었다. 비공식 보도에 따르면 북한 측에서는 다섯 명의

군인이 부상했다고 한다.[32]

북한은 국경에서의 직접적인 공격 외에도 포괄적인 공격을 위한 준비를 확실히 하고 있었다. 네 개의 커다란 땅굴이 여기에 해당한다. 북한의 지도부가 1970년대에 국경방어시설 아래를 통과해 남쪽 방향으로 땅굴을 파도록 한 것이다. 대남 땅굴사건은 바로 1960년대 중반부터 1970년대 말까지 강대국이 긴장완화정책을 위해 진지하게 노력하던 냉전 국면에서 발생했다. 냉전기에 긴장의 강화와 완화는 언제나 평행하게 진행되었다는 사실이 대남 땅굴사건으로 또다시 입증되었다.[33] 남쪽에 주둔한 군인들이 1974년에서 1978년 사이에 일부분에 부비트랩을 설치한 세 개의 땅굴을 발견했다. 발견과정에서 한 명의 군인이 희생되었다. 그 이전인 1967년과 1968년에 24개의 소규모 땅굴을 발견해서 폐쇄했다.

남한 정부의 보도에 따르면 고랑포 북동쪽 8킬로미터 지점의 제1땅굴, 철원 북쪽 13킬로미터 지점의 제2땅굴, 판문점 남쪽 4킬로미터 지점의 제3땅굴과 같은 거대한 남침용 땅굴은 한 시간에 북한군 3만 명을 남쪽으로 이동시킬 수 있다고 한다.[34] 제4땅굴은 1990년 3월 양구에서 북동쪽으로 26킬로미터 떨어진 곳에서 발견되었다(161쪽 지도 참조). 물론 추측건대 적어도 12개의 땅굴은 더 설치되었을 것이다. 1991년 냉전이 끝나고 나서도 지금까지 돌발사건이 지속된다는 것은 국제적 분쟁에서 벗어난 한반도 내부의 분쟁임을 의미한다.

판문점 주위 공동경비구역 이외의 지역에서 일어난 돌발상황도 냉전시대의 긴장완화 시기에 집중적으로 발생했다. 1966~1969년에만 남한과 북한 간에 45차례의 진짜 교전이 발발했다. 총 43명의 미국인, 299명의 남한 사람과 397명의 북한 사람이 목숨을 잃었다.[35] 정점을 이룬 것은 1968년 1월 21일 당시 한국의 박정희 대통령을 청와대에

1966~1969년 남북한 간 충돌[36]

돌발사건				
	1966년	1967년	1968년	1969년
총격전	22	143	236	39
북한의 포격	3	5	19	4
땅굴	–	16	8	–
미국/남한 부대를 향한 북한의 공격으로 추정되는 포격	12	280	223	24
희생자				
북한군 사망자	13	126	233	25
추정되는 북한군	정확한 수를 알 수 없음			
북한군 포로	1	4	4	3
달아난 북한군	17	10	5	1
체포된 북한 간첩	205	787	1,245	226
남한/미국 사망자	29/6	115/16	145/17	10/36
남한/미국 부상자	28/1	243/51	240/54	39/5
남한/미국 포로	–/–	–/–	–/82[37]	–/3[38]

서 암살하려는 북한의 시도였다. 북한의 암살지령은 실패했고, 당시 29명의 북한군이 사살되었다〔북한의 특수부대인 124군부대 소속의 무장 게릴라 31명이 청와대를 습격하고 정부요인을 암살하기 위해 세검정고개까지 침투한 사건으로 1·21사태라고 불린다. 불심검문을 받고 정체가 드러난 이들은 수류탄을 던지고 기관단총을 무차별 난사해 많은 시민에게 인명피해를 입혔다. 1명은 북한으로 도주했고 29명은 사살되었으며 1명은 생포되었다. 유일하게 생포된 김신조는 남한으로 귀순했다: 옮긴이〕.[39] 1975년에 있었던 박정희 대통령에 대한 두 번째 암살시도에서는 영부인 육영수가 목숨을 잃었다.

한국전쟁 이후 발생한 충돌에 대해 평양 정부에만 책임을 묻는 왜곡된 이미지가 생겼을 수도 있다. 동독과 서독의 관계개선이 주요 골자였던 유럽안보협력회의KSZE의 의정서에 서명한 지 1년밖에 지나지 않은 1976년에 미 국방부는 북한에서 치른 남한의 군사작전을 200회 정도로 어림잡았다.[40] 독자적 특수작전은 단 하나도 셈에 포함되지 않았다. 독자적 특수작전에는 정찰작전이나 방해공작이 전형이다. 일부 작전은 박정희 대통령 암살시도 후에 있었던 공작과 마찬가지로 순전히 보복행위였다.

냉전시대 이후 실시된 조사를 통해 지난 60년간 1만 3,000명가량의 남한 사람과 전향한 북한 사람이 작전수행을 위해 첩보원 교육을 받았다는 사실이 드러났다. 반 이상이나 되는 8,000명가량이 이 작전에서 사망했다. 첩보원 중 일부는 심지어 자살단으로 투입되었다. 이러한 행태는 북측도 마찬가지였다.

북한에 대한 미국의 공작은 실패해서 진저리나게 오래 끄는 외교문제로 이어질 때면 공개적으로 드러났다. 일례로 1968년 1월 23일 미국의 정보수집함 푸에블로 호의 나포는 아주 유명한 사건이다. 푸에블로 호 피랍사건은 박정희 대통령의 처소를 습격하려는 북한의 공격(1·21사태)이 실패한 지 불과 이틀 뒤에 발생했다. 푸에블로 호는 1966~1967년에 미 국가안전보장국의 정찰공작을 위해 공식적으로는 환경변화 탐사선으로 개조되었다. 1968년 푸에블로 호는 북한, 중국, 소련의 움직임을 정찰하기 위해 동해로 파견되었다. 미국의 진술에 따르면 이 배는 북한의 영해 밖에서 1월 23일 북한의 부대에 의해 나포되었고 북한으로 견인되었다.[41]

그것은 단지 불미스러운 일만이 아니었다. 푸에블로 호는 19세기 초 이후 나포된 첫 번째 미국 배였으며 동구권에 대외선전용 빌미를 제공했기 때문이다. 미국 당국의 입장에서는 푸에블로 호가 미 국가안전보장국이 사용하는 가장 최신의 정찰장비를 탑재하고 있어 더 긴장을 했다. 오늘날 이 배는 서방세계와 미국의 공격에 대한 가장 중요한 증거로 평양에 여전히 남아 있다. 미국 대통령 존슨은 우선적으로 강구할 수 있는 이 배와 승무원의 강제구출을 개인적으로 금지했다. 군사적으로 확전되어 베트남전쟁과 병행될 위험이 너무 크다고 여겼기 때문이다.[42] 푸에블로 호의 승무원은 1968년 12월 23일 오랜 기간의 심문 끝에 마침내 풀려났고 비무장지대의 유명한 돌아오지 않는 다리(160쪽 사진 참조)를 통해 인도되었다.

2011년까지 약 18만 명에 달하는 납치사건은 남한 사람들에게 전쟁의 고통스러운 부분이 되었다. 도망 다니는 반정부 인사와 한국이나 심지어는 일본의 능력 있는 전문가들 모두 납치의 희생자들이다. 1978년 부인과 함께 납치된 영화감독 신상옥의 경우는 자발적이라고 그럴싸하게 꾸민 유명한 예다. 신상옥 감독은 영화애호가로 유명한 김정일을 위해 북한에서 극영화를 연출해야만 했다. 신 감독은 1986년에야 비로소 북한에서 탈출하는 데 성공했다.

7장

냉전 이후 한반도의 갈등

지속적인 위기

이러한 소용돌이 속에서도 군부독재가 끝나고 민주주의 야당이 뿌리를 내리면서 남한의 국내 정치 상황은 점차 안정적인 상태가 되었다. 그러나 1991년의 세계적인 냉전시대의 종결이라는 외부 상황은 한반도의 정치적 긴장완화에 그렇게 큰 영향을 끼치지 못했다.

1953년 정전협정을 맺은 이후 1955년부터 북한과 남한 사이의 갈등은 확실히 더 심화되었다. 냉전시대의 강대국들이 1960년대 중반부터 부분적인 군비축소와 긴장완화 노력을 표명하는 세계적인 긴장완화 국면은 한반도의 상황에 그다지 영향을 주지 못했다. 국경에서의 유혈 결투, 암살, 피랍 등은 1950년대와 1960년대에 계속되었을 뿐 아니라 더 자주 일어났다.[1] 미군 부대의 기록에 따르면 비무장지대 근교에서 1953년부터 1990년대 초까지 약 10만 건에 달하는 정전협정 위반사건이 일어났다.[2]

특히 1966년에서 1969년까지 비무장지대에 주둔했던 미군 부대의 관점에서는 끊임없는 악몽의 연속이었다.[3] 당시 미국 대변인의 진술에 따르면 판문점에서의 1968년은 1953년 이후 가장 잔인했던 해가 되었다.[4] 그러나 국제 냉전시대의 긴장완화 국면이 최고조에 달할 때까지 상황은 호전되지 않았다. 심지어는 유럽안보협력회의가 열렸던 1975년에도 상황은 계속 첨예화되었다. 당시 비무장지대 근교의 사망사건은 흔한 일이었다. 자료화된 사건 중 대다수의 경우는 북한 군인들이나 간첩들이 남한 지역 내부까지 침투한 사건들이었다.[5]

1980년대도 마찬가지로 상황은 여전히 어려웠다. 1983년 대구 미문화원 방화사건처럼 미문화원이 반미투쟁의 표적이 되는 일은 다반사였다. 북한 정부의 지시로 1983년 10월 9일에 미얀마의 수도 양곤의 묘역에서 남한의 순방사절단을 노린 폭탄 테러 유혈사태가 자행되었다. 전두환 대통령을 겨냥한 이 사건으로 남북의 긴장상태는 다시금 정점에 달했다.[6] 이 암살 테러로 20명이 넘는 사람들이 죽었고 그들 중 대다수가 남한 사람이었다. 이범석 외무부장관, 김동휘 상공부장관, 서상철 동자부장관, 서석준 부총리, 이계철 주 미얀마대사가 당시 사망했다. 대통령이 탑승한 차량이 늦게 도착한 덕분에 전두환 대통령은 살아남았다.

암살자 중 세 명이 체포되었다. 그들 중 강민철은 북한대사의 도움으로 폭발물을 미얀마로 밀반입했다고 진술했다. 그는 북한 공작원임을 자백했고 암살자 중 유일하게 사형집행을 당하지 않았다.[7] 북한이 남한을 대상으로 행한 여러 공작을 입증할 수 없었던 것과 마찬가지로 미얀마 테러사건을 지시한 평양 정부의 암살계획도 입증하지 못했다.

이후 5년간 암살시도는 계속되었다. 아마도 암살시도가 실패로 돌아가면서 겪게 된 체면손상에 대한 앙갚음이 한몫했을 것이다. 비행기 피랍 또는 여객기 폭격계획은 1950년대 후반부터 북한의 레퍼토리였다.[8] 1987년 11월 29일 만석의 대한항공 비행기가 잔인한 테러의 희생양이 되었다. 바그다드에서 서울로 출발한 대한항공기 858편이 인도양 남쪽에서 폭파되었고 승객 115명이 사망했다.[9] 이 사건은 1983년 9월 1일 소련 전투기의 공격으로 269명이 사망한 대한항공 007편의 사고 때와는 다르다. 이번 폭파사건은 1988년 서울올림픽 선수단을 저지하려는 전형적인 정보기관의 공작으로 알려졌다. 그러나 북한 정부는 이번에도 폭파사건의 가담을 인정하지 않았다.[10] 북한은 올림픽 경기 일부를 북한에서 개최할 수 있기를 희망했기 때문에 암살계획은 더욱더 이해하기 어려웠다. 이미 체육시설, 호텔 등이 설비되어 있었고 심지어 도로까지 정비되어 있었다[두 사건은 여전히 진실이 완전히 밝혀지지 않은 채 미스터리로 남아 있다: 옮긴이].

갈등의 문제는 1988년 이후부터 부분적으로 해결되는 것 같았다. 1989년 11월 9일 분단된 베를린에서 놀랍게도 장벽이 개방되었을 때 남한에서는 통일에 대한 희망의 물결이 일었다. 당시 서독과 동독을 남한과 북한의 형제국가로 간주했을 뿐만 아니라 분단된 독일은 한국전쟁이 끝난 후부터 전반적인 면에서 비교대상이 되었다. 통일이 진행되는 과정에서 동독은 1990년에 소멸되어 서독에 흡수되었다. 독일 통일은 남한에도 통일의 신호탄이었을 것이다. 예기치 않은 독일의 통일은 분단된 한반도도 머지않아 통일될 수 있으리라는 한 가닥 희망으로 여겨졌다. 그 이후로 많은 회의가 이어졌고 독일과 남한의 회동도 이루어졌다. 오늘날까지도 남한의 핵심 질문은 '독일 통일에서 무엇을 배울 수 있는가?'이다.[11]

이와는 반대로 북한의 경우 고르바초프가 1985년에 제기한 페레스트로이카(개혁)와 글라스노스트(개방) 정책을 북한에 요구한 것은 하나의 정치적인 대참사였다. 그리고 5년 뒤에 일어난 동독이라는 형제국의 몰락은 북한으로서는 더 큰 참사였다. 예나 지금이나 북한은 남한에서 대대적인 혁명개혁을 일으키는 것을 통일국가를 위한 출발점으로 삼고 있는 것으로 보아 통일이라는 선택지를 상상할 수 없는 것으로 여기지는 않는다. 북한은 동독의 실수를 범하지 않기 위해 할 수 있는 모든 것을 하고 있다.[12]

독일 통일의 모든 것이 단순하게 진행된 것이 아니라는 인식이 남한에서 서서히 팽배해졌다.[13] 그 결과는 좌파를 대표하는 지식인들에 대한 이미지가 더 부정적으로 바뀌었고 국민들에게 폭넓게 확산되었다. 특히 통일비용에 대한 문제는 위협적이었다. 통일된 독일에서는 이미 2004년과 2005년에 12조 유로와 16조 유로의 비용이 생활환경 동일화에 투입되었다.[14] 구동독의 기반시설의 현대화뿐만 아니라 예를 들어 연금보험과 실업보험의 균등지불에 비용이 들었다. 독일 통일의 경우에 서독의 경제력 중 극히 일부분만을 조달해서 통일비용을 해결했다고 생각된다. 그러나 남한은 통일국가에 대한 염원은 강하지만 재정상 막대한 비용을 해결할 수 없을 것으로 보고 있다. 대략 5,000만 남한 사람들이 2,500만 북한 사람들을 수년간 부양해야만 할 것이라는 끔찍한 시나리오가 널리 확산되었다.

독일 양국의 통일 진행과정은 결국 남한에서는 비판과 우려를 키우는 양상을 초래했다. 붕괴된 동구권보다는 미국과 서구를 향해 더 많은 분노를 가지고 식민주의, 제국주의, 제2차 세계대전 이후 한반도의 분할에 대한 강대국의 책임을 묻는 논쟁은 남한 내부에서 수십 년간 격렬하게 이어졌다. 이러한 논쟁 속에서 서독이 동독을 '흡수해서' 식민지화했다는 인상이 생겨났다. 흡수통일은 일반적으로 거론되는 상투어들 중 하나가 되었다. 유럽에서는 독일 지배(제4제국)에 대한 공포까지 호소하는 물결이 번졌다. 이러한 상황에서 대다수의 남한 사람은 1999년 중국에 반환된 후 점차적인 통합과 체제 전환을 합의한 홍콩의 경우를 더 좋은 통일의 모델로 여기고 있다. 그러나 홍콩과는 반대로 동독의 경제는 거의 완전히 와해되었기 때문에 이 모델을 예로 삼는 것은 적합하지 않다.

통일비용에 대한 우려에 집중하느라 또 다른 중요한 비교 관점들이 뒷전으로 밀려나 있다. 어떤 이유와 원인에서 베를린 장벽의 개방과 동독의 독일사회주의통일당 독재의 붕괴를 가능하게 했는가? 그리고 이것들을 한반도의 상황과 어느 정도까지 비교할 수 있는가? 두 가지 중요한 차이점을 볼 수 있다. 분단된 독일은 동독과 서독의 조우를 위해 적어도 1961년까지는 상시적인 만남의 장소가 있었다. 그러나 북한과 남한 사람들의 자유로운 만남의 장소는 한반도에는 한 번도 없었다. 마찬가지로 긴장완화정책과 일상적인 협력에 있어서도 견줄 수가 없다. 독일 같은 경우에는 동독과 서독이 1972년과 1973년에 기본조약을 체결했고 1975년에는 유럽안보협력회의 의정서를 체결했다. 한반도에서도 다시금 남북관계를 개선하기 위한 노력이 절실히 요구되고 있다.

개성: 작은 통일

한반도 내에서 긴장완화를 위한 노력을 기울일 때 1950년대부터 동서독 간의 상황 전개 양상이 언급되었다. 동독이 자부심을 느끼는 1970년대는 특히 더 동서독의 관계발전이 인용되었다.[15] 1960년 8월 14일 김일성의 제의에 입각한 북한의 노선은 오늘날까지 이어진다. 이날 연설에서 김일성은 남북연방제를 제의했다. 이 제안은 남북한의 통일을 위해 제일 먼저 한 구체적인 제안이었다.

참담한 양국 간의 관계선상에서 어떻게 연방제 제안이 진심에서 우러나올 수 있는지를 따지는 것은 별개다. 김일성의 제안은 동독의 서기장 발터 울브리히트가 1956년 12월 31일에 처음으로 제안하고 1966년까지 항상 되풀이했던 연방제의 영향을 받은 것이 분명하다.[16] 그렇기 때문에 오늘날까지 북한의 학자들은 계속 이 구상에 몰두해서 현실적 실현 가능성을 묻고 있다.[17] 김일성은 제일 먼저 공동경제연합회 내에서 경제적 협력을 도모하고자 했다. 이 경제연합회는 모두가 알다시피 낙후된 북한을 우선적으로 도와야 한다는 것이다. 김일성에 따르면 오늘날의 정치체제는 잠정적으로 유지되어야 하며 그 어떤 공동의 정부를 위해 노력해서는 안 된다는 것이다.[18] 자유선거는 전혀 기대할 수 없었다.

동독과 서독 간의 분쟁에서처럼 서로 다른 구상이 끊임없이 경쟁적으로 공개되었다. 1973년 6월 박정희 대통령은 동독과 서독 간의 화친을 모범으로 삼아 북한의 지도부를 동맹국가로 보고 국제연합기구에 공동으로 가입할 것을 제안하는 평화통일 특별선언을 세계 언론에 발표했다. 남한의 발표가 있은 지 몇 시간 내에 북한이 자체적인 특별선언으로 역공했던 것은 놀라운 일도 아니었다. 북한은 특별선언에서 놀랍게도 국가 전통을 표명하는 '고려연방제'의 개념으로 통일을 선언했다.[19] 이러한 통일을 실현하기 위해 남한 정치질서의 대대적인 변화를 요구했다. 그러나 남한은 북한의 통일방식에 전혀 동의하지 않았다.

북한의 핵심 구상은 중립적인 비동맹 한반도 통합국가였다. 이 제안은 소련이 1952년부터 분단된 독일에 반복해서 제의한 생각과 일치한다. 당시 미국과 서구의 정부는 스탈린 외교각서를 격렬하게 거부했다. 그런 이유로 북한의 제안도 남한에서 거의 지지를 얻지 못했다. 1970년까지도 남한은 1954년 인도차이나 문제 해결을 위해 공표한 제네바 합의의 통일형식을 절대적으로 고수했다. 이 통일형식은 국제연합기구의 선거관리 아래서 국민 인구비례에 따라 자유선거를 치르는 것이다. 북한은 이러한 통일방식을 절대 받아들이려 하지 않았다. 그 이후 남한의 입장이 바뀌었다.

1970년 '8·15특별선언'에서 박정희는 북쪽에 서로 다른 지역에서의 대화와 협력을 제안했다. 이것은 명백하게 존 F. 케네디의 이념인 '평화전략'과 에곤 바르의 '접근을 통한 변화'를 기반으로 한 것이다. '평화전략'과 '접근을 통한 변화'는 1960년대 초 위험한 (군사적) 확전에 직면해서 유럽, 즉 베를린에서 등장했다. 좀더 나은 정치체제를 위한, 공격적이기는 하나 평화적인 경쟁에 중점을 둔 이념들이다. 박정희 대통령의 관점에서는 1960년대의 강력한 경제적 도약 이후로 남한이 결국 경쟁 자체에서 우세할 것이고 그러면 통일을 이룰 수 있을 것으로 전망했던 것 같다.

대한적십자의 중재로 1년 뒤인 1971년에 실제 서울과 평양에서 보낸 대표사절단 간에 두 번의 회동이 이루어졌다. 그러나 결과는 초라했다. 군사적 강화를 신속히 통제하기 위해 강대국들이 거의 10년 전에 합의했던 '핫라인'을 통한 정부 간의 직접적 연결이나 다른 구체적인 조처도 합의되지 않았다. 마침내 1972년 7월 4일 공동성명이 발표되었다. 7·4남북공동성명에서 비폭력과 외세의 불간섭을 선언했다. 그리고 통일은 정치체제의 점차적인 동화의 결과로 계획했다. 이를 위해서는 폭력적인 방책이 배제되어야 한다고 했다.[20]

이번 성명에도 분명히 한계가 있었다. 김일성은 독일의 두 나라처럼 국제연합기구에 북한과 남한이 가입하자는 박정희 대통령의 제안을 수용할 수가 없었다. 함께 가입한다는 것은 가입과 동시에 남한을 공식적으로 승인하는 꼴이 되기 때문이다. 성명 발표가 있은 지 얼마 지나지 않아 새로이 첨예화된 남한과 북한 간의 대립으로 친선책은 다시금 끝나버렸다.

소련이 아프가니스탄을 침공하고 국제적인 냉전시대의 긴장완화 국면의 종말이 공개적으로 알려진 1979년 말에 한반도의 상황은 다시 한번 첨예화되었다. 미국의 지미 카터 대통령이 1977년부터 계획했던 미군 부대의 한국 철수는 이행되지 않았다. 박정희 대통령은 미군 철수를 격렬히 반대했다. 1980년대에 한국의 전두환 대통령(1988년 2월까지)과 노태우 대통령(1993년 2월까지) 정권하에서 1972년의 '남북공동성명'을 바탕으로 한 새로운 제안의 통일계획이 계속 나왔다.

1982년 2월 1일 전두환 대통령의 '(남북) 20개 시범실천사업'은 완전히 케네디와 바르의 이념과 맥을 같이하는 광범위한 교환 프로그램이다. 대규모의 가족상봉, 자유로운 편지왕래, 의료, 여행과 물품거래, 한국 전체에서의 자유로운 언론보도, 남북한의 자유무역구역, 지하자원이나 관광지의 공동개발 그리고 특히 군사분계선 지역의 국경방어설비 철거 등을 실천하는 사업으로 북한은 여기에 결코 동의하지 않을 프로그램이었다.[21] 이 사업에 따르면 판문점은 단지 남한과 북한 사람 그리고 외국인들이 통과하는 중심 지점인 동시에 남북한 공동의 만남의 장소로도 활용하자는 것이다. 그리고 이곳에서 동독과 서독의 경우처럼 공동의 스포츠 행사도 개최하자는 것이다.

이와 같은 최상의 프로그램은 몇 년 전에 체결되었던 동독과 서독 간의 조약과 유럽안보협력회의의 조약을 염두에 둔 것이었다. 오늘날 잘 알고 있다시피 이 조약은 직접적인 투쟁조치보다도 더 동구권을 약화시켰다. 예견되었던 바대로 기본적으로 폐쇄적인 김씨 세습제국과는 실제로 협상을 할 수 없었다. 다방면의 개방은 의심의 여지없이 인민공화국의 종말이 될 수 있을 것이므로 김일성은 거절했다. 86 아시안게임과 88 서울올림픽에 참여하라는 전두환의 제안에도 북한은 끄떡하지 않았다. 전두환의 제안으로 체면이 상한 김일성이 얼마나 증오에 가득 차 있었는지는 1983년 10월 9일 미얀마 양곤에서 한국 정부 사절단들에게 자행했던 암살테러로 잘 알 수 있다. 1987년 11월 29일 115명의 사망자를 낸 대한항공 여객기 폭파로 북한의 1988년 서울올림픽 참가도 끝장났다.

1987년 노태우에 의해 예고되고(6·29선언) 1988년에 성취된 남한의 군부독재 종결로 다양한 통일구상이 제시될 수 있었다. 대통령으로서 노태우는 1988년 7월 7일 올림픽 게임이 개막되기 직전에 민족자존과 통일번영을 위한 특별선언을 발표했다.[22] 이것은 물론 세간의 이목을 끄는 새로운 사안은 아니었다. 그리고 북한으로부터 그렇게 좋은 반향을 불러일으키지도 못했다. 수십 년 전부터 군 장성들에게 박해당했던 김대중이 남한의 대통령으로 당선되었던 1997년 12월 18일부터 사실상 북한과의 접근이 새롭게 추진되었다.

김대중 대통령은 취임 후에 바로 실현 가능한 프로그램을 제시했다. 이 프로그램에서는 무엇보다 통일에 대한 구상 자체가 중요한 것이 아니라 유럽안보협력기구를 모범으로 한 동아시아 협력에 대한 포괄적인 계획이 관건이었다.[23] 김대중의 통일 착상은 분단된 독일의 통일을 위한 최고 걸작이 '신동방정책'이었다는 생각에서 출발한다. 특히 남한의 단일대표 요구는 혁신적인 것으로 간주되었다.

김대중은 1972년에 제시했던 3단계 통일방안으로 유명해졌다. 김대중은 북한과 남한의 비밀정보기관 간의 유혈전쟁이 일반적이었던 당시에 북한과의 평화공존을 요구했다. 당시 남한 군대는 그의 제안에 격렬하게 반대했다. 김대중은 1971년 박정희에 맞서 입후보했고 바로 이듬해에 뒤따른 유신정권을 비판했다. 이러한 이유로 1973년 박정희는 김대중 납치사건을 지시했다. 1982년 김대중이 미국으로 출국할 때까지 박해는 지속되었다. 심지어 광주봉기 이후 사형선고까지 받게 되지만 북한과의 조건 없는 협의를 요구하는 데 있어서 김대중은 결코 물러서지 않았다.

'햇볕정책'은 1997년부터 김대중의 슬로건이 되었다. 바람의 강함보다 태양의 부드러운 힘이 더 많은 것을 이룰 수 있다는 이솝우화처럼 김대중은 긴장완화정책을 결정적인 수단으로 간주했다. 긴장완화정책으로 냉전이 종식되었을 뿐만 아니라 동구권처럼 북한도 와해시킬 수 있을 것으로 보았다. 김대중 대통령의 이러한 정책은 북한의 내부혼란을 내부에서 봉인하는 것이다.[24] 서구, 특히 미국의 빌 클린턴 대통령은 당시 김대중을 강력하게 지지했다.

1999년 1월 15일 미국은 북한의 공격이 있을 경우에 남한을 핵무기로 방어한다는 방안을 서울에 제안했다. 바로 직전인 1998년 12월에 북한의 반半잠수정이 남한의 여수 앞바다에 출몰했으나 격침되었다. 두드러진 정치적 성공을 통해 김대중은 국민들로부터 점수를 얻었다. 전두환 전 대통령이 요구하기도 했던 북한 동해안의 금강산 지역에 남한 민간인들이 출입할 수 있게 된 것도 김대중의 정치적 성과에 속한다. 금강산은 한국전쟁 전부터 이미 한반도에서 가장 사랑받는 관광지 중 한 곳이었다.

김대중 대통령의 인기는 2000년 정점에 달했다. 그해에 김대중은 한국 분단 역사상 처음으로 북한의 지도자 김정일을 공식적으로 만났다. 더욱이 햇볕정책으로 같은 해 12월에 노벨평화상을 수상했다. 나중에야 비로소 김대중 대통령이 친화책을 위해 북한 정부에 막대한 재정지원을 했다는 사실이 알려지면서 거센 비판을 받았다. 지원액은 약 10억 달러였다. 그의 뒤에는 영향력 있는 북한 출신의 재벌인 정주영 현대 회장이 있었다. 정주영은 엄청난 재정적인 수단으로 북한과의 친화를 촉진시키고자 했다.

김대중에 대한 정치적 역풍은 2002년 남한과 북한의 친화책이 적절하지 않은 것으로 입증되자 더욱 거세졌다. 그해 6월에 한국전쟁 이후 남한과 북한 해군 사이에 있었던 이제까지의 해전 중 가장 격렬한 해전〔서해 북방한계선NLL 인근에서 일어난 해전. '서해교전'으로 불리다가 2008년 '제2연평해전'으로 격상되었다: 옮긴이〕이 발발했다. 이 해전에서 수많은 사망자가 발생했다. 2003년 2월에는 남북 간 국경을 넘는 첫 번째 도로가 개통되고 개성공업지구도 개방되었다.

2003년 김대중의 뒤를 이은 노무현 대통령은 한국의 가장 중요한 인권운동가 중 한 사람으로 1981년 군부정권시대에 변호사로서 고문 희생자들을 대변했다. 노무현 대통령은 북한과의 친화책을 그대로 계승했다. 그는 국민들의 강력한 지지 기반을 가지고 있었지만 국회에서는 처음부터 야당의 강력한 반대에 부딪혀야 했다. 극우 성향의 반대자들인 한나라당과 같은 야당인 새천년민주당 의원들이 주축이 되어 2004년 초에 노무현을 탄핵하려 시도했으나 실패에 그쳤다〔2004년 3월 12일 국회가 찬성 193표, 반대 2표로 대통령 탄핵소추안을 통과시켰으나 전국에서 탄핵 반대 촛불집회가 들불처럼 번져나갔으며 결국 5월 14일에 헌법재판소가 기각 결정을 내림으로써 노무현은 다시 대통령직에 복귀했다: 옮긴이〕.

2003년 북한과 공동으로 운영하는 개성공업지구의 개방은 1953년에 만들어진 휴전선을 넘는 실제의 가시적인 교류가 되었다. 실질적인 교류를 완수하게 된 것은 김대중의 협상능력에 연원한 것이었다. 1951년 7월 10일 처음으로 휴전회담이 시작되었던 개성에서 공동산업공단이 열렸다. 비무장지대에서 거의 10킬로미터 북쪽으로 떨어진 공업지구는 시공한 지 6개월 만에 바로 만들어졌다. 상호 협조의 복잡한 세부사항은 네 가지 협정으로 규정했다. 물론 이 협정은 평양의

통일에 대한 염원 북한 국경 바로 앞에 있는 남한의 기차역인 도라산역의 개통을 기념하는 엽서. 2007년 개통된 도라산역은 개성공업지구로 통행하기 위해 이용되었으며 대규모의 쾌적한 정거장이 마련되어 있다. 승강장에 있는 표지판에 나오는 평양행 기차는 여기에서는 출발하지 않는다.

새로운 요구로 계속 바뀌어야 했다. 그러나 남한은 2004년부터 현대가 향후 50년간 이 지역을 임차할 수 있다는 협정을 근본적으로 고수했다. 남한 쪽에서는 기간설비를 건설했다. 북한은 단지 노동력과 빈틈없는 경비를 제공했다.

원래 전형적인 윈윈작전으로 계획된 상호 협조의 성과는 통일의 기대에는 미치지 못했다. 이 상호 협조에서 북한은 구호와 약간의 경제성장의 혜택을 얻고, 남한은 신발, 의류, 시계와 같은 생산품에 대한 값싼 노동력으로 이익을 얻는다는 것이었다. 김정일은 개성에서 엄선한 약 4만의 북한 노동자들을 빈틈없이 감시할 뿐만 아니라 한 달에 75달러밖에 되지 않는 임금(2004년)을 그들이 아닌 평양 정부에 지불하도록 해서 국가재정을 개선시킬 수 있었다.[25] 노동자들은 자신들이 받은 월급의 반도 안 되는 북한의 평균 임금만을 받았다. 북한의 압력으로 2012년 월급이 160달러로 올랐어도 근본적인 상황은 바뀌지 않았다.[26]

개성으로 보낼 물품 보급을 위해 계획된 서울과의 철로 연결은 상징적으로만 남았다. 전쟁 전부터 있었고 원래는 평양을 거쳐 신의주까지 연결된 경의선은 남쪽에서부터 국경까지 새로이 복구되었고 국경에 대규모의 기차역을 건설했다. 2007년 개통된 도라산역은 그러나 오늘날 단지 관광객에게 관람될 뿐이다. 사실 재료를 실은 기차가 서울에서 개성으로 갔다가 완제품을 싣고 다시 돌아오는 것은 2007년 12월부터 비교적 짧은 기간에만 운영되었다. 김정일은 국경 왕래 교통을 다시 폐쇄했고 그 이후로 정거장은 멈춘 상태다. 서울에서 출발한 정기 기차운행(경의선)의 마지막 정거장은 2013년 현재 임진강역이다. 김정일은 그 대신 개성으로 보내는 물품의 보급로를 평양에서부터 평부선을 이용해 조직하자고 우겼다. 그것은 명확했다. 김정일은 어떠한 경우에도 개성이 제2의 서베를린이 되는 위험을 감수하려 하지 않았다. 이것은 독일의 통일과 냉전의 종말에서 그가 얻은 교훈이었다.

북한의 핵무기

2006년에야 '햇볕정책'이 실패한 것이 아니라 사실상 김대중이나 노무현의 의도대로 실현조차 되지 않았다는 사실이 드러났다[10월 9일에 강행된 북한의 제1차 핵실험을 가리킨다: 옮긴이]. 2009년 5월 23일 노무현 대통령은 당시 검찰 수사가 자신에게 불리하게 진행되고 있던 와중에 짧은 유서를 남기고 삶을 마감했다. 그의 죽음이 주변인들의 뇌물수수에 따른 여파였는지는 해명되지 않았다. 어찌되었든 이명박 정부 들어 김정일 치하의 북한은 그의 아버지 김일성 정권 때와 똑같이 적대적이었다. 남북 간의 모든 교류는 매우 제한적이었다.

남한 국민들도 이런 사실을 2007년 12월의 대통령 선거에서 역력히 보고 있었다. 1997년 여러 당이 연합한 보수우익 성향의 한나라당의 당내 경선에서 박정희 전 대통령의 딸 박근혜에 맞서 당내에서 확고한 위치를 차지한 이명박이 대통령에 당선되었다. 그는 이미 오래전부터 전임 대통령인 김대중과 노무현이 추구해온 북한에 대한 긴장완화정책을 타협할 용의가 없는 독재자에 대한 부적절한 우호적 제의로 평가했다. 그런 이유로 그는 특정 분야의 긴장완화정책을 끝내야 할 것이라고 밝혔다. 2006년 10월 9일 북한이 핵폭탄에 불을 붙이자 이명박은 1990년대부터 핵무기 실험으로 위협할 때마다 정기적으로 해온 식량지원을 북한이 핵무장 포기를 증명할 수 있을 때에만 해주는 것이 옳다고 주장했다. 남한 유권자의 절반가량이 여기에 동의했다. 그들의 관점에서 긴장완화정책은 끝났다. 이러한 대북 강경노선과 더불어 경제 살리기를 강조한 이명박에게 유권자의 약 49퍼센트가 표를 부여했고 선거는 대승으로 평가되었다.[27] 노무현의 열린우리당 후신인 '대통합민주신당'은 정당 최고위원 정동영과 함께 가까스로 26퍼센트를 얻어 여당과 격차가 벌어졌다. 예견할 수 없는 이웃인 북한의 강해지는 위협에 오늘날까지도 다수당 체제는 거의 변화되지 않고 있다.

5년 뒤인 2012년 12월 19일 선거에서 박근혜가 집권했다. 박근혜 대통령은 첫 여성 대통령이 되었다. 그녀는 이미 북한의 암살시도로 어머니가 사망한 후 스물두 살의 나이로 1975년부터 4년 뒤 아버지가 사망할 때까지 퍼스트레이디의 역할을 수행했다. 그녀는 늘 소통을 강조하긴 했다. 그러나 그녀가 52대 48이라는 근소한 차이로〔정확히는 51.6대 48로 역대 최저 득표차인 108만 표를 기록했다: 옮긴이] 야권 단일 후보인 문재인을 누른 배경에는 북한의 로켓 발사가 분명히 한몫했을 것이다.[28]

2007년 이명박과 그의 보수당원들의 선거 승리 이후에 북한 정부가 성급하게 내놓은 입장은 '한국의 새 대통령은 미국인들에 아첨하는 사람이고 남한의 이익에 반하는 반역자다.[29] 남한과의 대화는 완전히 결렬될 수도 있다. 북한의 군대는 남한을 잿더미로 만들 수 있다' 등이다. 경제특구인 개성은 북한과 남한 간의 분위기를 바로 측정할 수 있는 측도기가 되었다. 몇몇 남한 사람들은 이명박의 대선 승리 후 개성 체류승인을 잃게 되었다.

남한과 미국의 원조가 걸려 있고 북한이 현재까지도 계속하고 있으며 무엇보다도 중요시하는 핵무기 개발은 이미 수년 전에 시작되었다. 북한이 폭탄에 정성을 들인다는 사실은 이미 1980년대부터 공공연한 비밀이었다.[30] 이에 대한 첫 번째 정보는 1950년대 미 국가기밀정보기관이 영변의 5MW(메가와트)급 연구용 원자로 건설에 대해 보고한 내용이다. 이 원자로는 그 이후 실제 가장 중요한 개발중심지가 되었다.[31]

1989년 북한의 플루토늄 생산이 신문에 처음으로 보도되었다. 북한 정부는 소련 고르바초프 정권의 압력으로 1985년에 핵확산방지조약NPT에 가입하기는 했지만 비준하지는 않았다. 소련이 압박했던 이유 중 하나는 김일성과 그의 추종자들이 고르바초프와 페레스트로이

카를 격렬하게 증오하고 있고 1991년 동구권 전체의 붕괴가 페레스트로이카를 통해 일어났다고 생각하고 있다는 점이었다. 1985년 이후부터 실시한 사찰에서 국제원자력기구IAEA는 언제나 중요한 정보는 거의 보고할 수 없었다. 당시 국제원자력기구 사무총장이었던 한스 블릭스는 북한이 군비 상황을 은폐하기 위해서 할 수 있는 모든 것을 행했다는 사실 외에는 아무것도 입증하지 못한 채 실망스러운 보고를 했다.[32]

극단적으로 심각한 상황은 미국의 빌 클린턴 정부가 백배 양보하며 소위 제네바협상(공식적으로 미합중국과 조선민주주의인민공화국 사이의 핵협상)을 북한으로부터 받아낸 1994년 10월 21일에야 비로소 조금 진정되었다. 1994년 6월에 클린턴과 병이 깊었던 김일성의 사적인 만남이 먼저 이루어졌고 2주 후 김일성은 바로 사망했다. 북미 핵협상은 확실히 북한 독재자의 마지막 한 수였고 아들 김정일에게 핵확산방지조약과 같은 협상에 대처하는 책략을 알려준 것이다. 9년 뒤인 2003년 1월 10일 북한은 핵확산방지조약에서 다시 탈퇴했다.

미국은 제네바협상에서 북한에 중요한 반대급부를 제공하기로 했다. 북한은 원자력발전소를 플루토늄을 무기로 생산할 수 없는 경수로로 개조하는 것에 대한 도움을 받기로 했다. 이뿐만 아니라 클린턴은 석유지원과 식량지원을 약속했다. 1996년에서 1997년에만 50만 톤가량의 식료품이 공급되었다.[33] 심지어는 미국, 남한, 중국의 중요한 공동회담에 북한을 참여시켰다. 공동회담의 마지막 날인 1997년

8월 5일에 북한은 44년이 지난 1953년 7월의 정전협정을 인정했다. 바로 그달에 약속한 경수로 건설을 위한 첫 번째 발걸음이 뒤따랐다. 경수로와 함께 2002년이 시작되었다.

서방세계와 남한의 이 모든 노력은 북한이 2004년 핵폭탄을 만드는 기술이 담긴 설계도를 구매하는 데 성공한 순간 모두 보잘것없는 휴지조각이 되었다. 이것은 1990년대에 알려진, 북한이 생화학무기를 소유했다는 사실보다 더 극적이었다. 미 국가기밀정보기관의 사정에 따르면 북한 정부는 2000년대 초에 사린가스, 타분가스〔신경가스의 일종: 옮긴이〕, 겨자가스, 청산가스, 인광체가스와 같은 화학무기를 5,000톤 넘게 보유하고 있었다. 북한은 2009년 두 번째 원자폭탄을 킬로톤(1,000톤) 지하에서 점화했고 대략 10개가 넘는 원자폭탄을 소유하고 있다.[34] 2013년 2월 12일에도 핵실험이 이어졌다.

알려진 것보다 훨씬 더 위험한 것은 북한이 이집트로부터 1970년대에 제공받은 소련의 스커드 B와 C 로켓을 이란의 도움으로 계속 발전시켰다는 사실이다. 그리고 1998년부터 대포동 1호 중거리 미사일은 1톤을 적재한 상태에서 1,000킬로미터의 항속거리를 달성할 수 있다는 것이다.[35] 1998년 8월 31일 북한의 실험에서 입증한 바와 같이 대포동 1호는 일본을 넘어 날아갔다. 이는 앙숙지간인 남한과 일본이 사정권 안에 있다는 의미다. 2006년과 2009년에 실시한 장거리포인 대포동 2호(은하 2호) 실험은 실패했다. 2012년 12월 12일 장거리 로켓인 은하 3호의 발사는 성공했다. 은하 3호는 우주에 띄운 북한의 첫 번째 인공위성이다. 은하 3호 발사 8개월 전에 자국민과 외국의 손님들 앞에서 떠들썩하게 준비했던 발사는 실패했다. 북한이 성급하게 발사했던 로켓의 잔해를 바다에서 인양해 검사한 결과 이 유형의 로켓이 미국의 서부 해안에도 도달할 수 있다는 사실이 밝혀졌다. 이는 북한이 예나 지금이나 미국의 영토를 첫 번째 목표로 삼고 있다는 것으로 설명된다. 북한 정부는 2013년 1월에 "우리는 우리가 발사할 다양한 위성과 장거리 로켓 그리고 우리가 완수할 핵실험이 미국을 목표로 하고 있다는 사실을 숨기지 않는다"고 발표했다.[36]

조지 W. 부시가 새로운 미국 대통령으로 취임하고 난 1년 후, 그리고 2001년 9월 11일 이슬람 테러리스트들이 항공기 자살 테러사건을 저지른 지 몇 달 지나지 않은 2002년에 북한에 대한 상황도 근본적으로 변했다. 이른바 '부시 독트린'이라고 불리는 2002년 9월 17일의 국가안보전략인 미국 안보정치의 새로운 형식에 따르면, 북한은 악의 축인 '불량국가Rogue State'에 속하며 안전을 위협하는 국가로 평가되는 나라에 들어가게 되었다. 불량국가는 핵확산방지조약에 가입하려 하지 않는 나라들이다.[37]

마지막으로 북한은 미국의 버락 오바마 정권에서도 미국과 서방세계의 가장 큰 위협으로 간주하는 이란과 비교해서 좀더 작은 불량국가 중 하나다. 따라서 미국은 북한에 대한 제재에 있어서만큼은 가장 위험한 경제 부분의 경쟁자인 중국의 도움에 의지한다. 중국은 북한 제재와 연관되는 한에서는 오늘날까지 어느 정도 개방적이다.

냉전이 빚어낸 마지막 분단국가

두 개의 국가로 나뉜 한반도는 냉전의 분단결정이 그대로 남아 있는 마지막 지역이다. 1945년에 분단된 독일은 1990년에 평화적으로 통일을 이루었고 1954년에 분할되었던 베트남은 혈전으로 1975년에 다시 하나가 되었다. 한반도는 아직도 계속해서 분단되어 있고 시간이 그대로 머물러 있는 것처럼 냉전이 끝나고도 20년이 지난 지금까지 두 개의 국가로 존립하고 있다. 세계의 다른 나라들은 이미 오래전에 다른 문제에 관심을 가지고 있는데 말이다.

국제정세는 이슬람 테러리즘에 대한 논의로 돌아가고 있다. 미국은 친밀한 동맹국과 함께 9·11테러에 대한 책임을 묻기 위해 2002년에는 아프가니스탄을 공격했고 2003년에는 이라크를 침공했다. 그러나 한반도는 계속해서 냉전시대의 상태에 머물러 있으며 반복적인 전쟁 돌발로 세계와 인접국을 경악하게 만든다. 오늘날까지 특히 더 위협적으로 보이는 것은 제한적이지만 핵무기 사용의 위험이 도사리고 있다는 점이다.

아직도 북한과 남한 간의 격렬한 대포사격전은 평범한 일상에 속한다. 최근의 사건으로는 2010년 11월 인천에서 북서쪽에 위치한 연평도에 북한군이 가공할 만한 폭격을 가한 것이다. 남한은 네 명의 사상자와 다수의 부상자가 나왔다고 한탄했다. 연례기념일에 북한에 대한 적대감을 다시 한번 환기하는 것은 수십 년간 치르는 의례이기도 하다. 이 적대감은 그 모든 관계회복을 위한 노력이 무색하게도 놀라울 정도로 그대로 남아 있다. 2012년 11월 남한이 폭격의 희생자를 추모하고 있을 때 북한은 "연평도를 바다 속으로 가라앉히지 못한 것"에 대해 아쉬워했다.[1] 2011년 30세도 채 안 된 김정은이 김일성과 김정일로 이어진 북한 세습독재정권의 후계자가 되었다. 김정은은 세습의 권력자로서 전임자들처럼 평화와 특히 통일에 대한 북한의 의중을 역설했다. 아무래도 협박이 대부분이었다. 2013년 1월 1일 신년사에서 김정은은 모든 분야에서 군사력을 강화하고 더 나은 성능의 무기를 개발하는 것이 북한을 성장시키는 것이라고 강조했다.[2] 그리고 몇 주 지나지 않아 핵실험을 공표하고 2월 12일에 핵실험을 단행했다. 이 핵실험에 대해 중국까지 가세한 유엔의 제재조치에 반하여 김정은은 1953년에 체결한 정전협정 파기를 발표했다.

어찌되었든 남한과 북한의 역할은 분명하게 나뉘었다. 군사독재에서 벗어난 남쪽의 민주공화국은 1990년대부터 세계를 이끌어가는 산업국가다. 1996년 12월 경제협력개발기구OECD의 가입국이 된 남한은 가장 중요하고 독보적인 국제 경제연합국 중 하나다. 그뿐만 아니라 남한은 민주적 문명사회를 지속적으로 발전시키는 데 공헌하고 있다.

1997년을 기점으로 1999년까지 지속된 아시아 경제위기를 남한도 심각하게 겪었다. 남한의 화폐인 원의 가치는 몰락했고 은행 문을 닫아야 했으며 채무협정을 조정해야만 했다. 경제위기가 초래한 일들은 겨우 쟁취한 민주주의를 영위하는 것보다, 남한의 경제력에 달린 통일에 대한 희망보다 더 격동적이었다. 남한은 큰 타격을 입었지만 비교적 빨리 회복할 수 있었다. 1996년에 2퍼센트였던 실업자 수는 1998년에 세 배로 늘어 6.8퍼센트가 되었다. 2000년대 시작부터 오늘날까지 평균적으로 약 3.3퍼센트의 실업률을 보이고 있다〔매년 통계청이 발표하는 실업률이 현실을 제대로 반영하지 못한다는 지적이 끊이지 않는 데다 한국 전체 근로자 중 3분의 1 정도가 고용보험 미가입자인 점을 감안할 필요가 있다: 옮긴이〕.[3] 오늘날 한국은 2020년까지 평균보다 높은 약 4퍼센트의 경제성장을 예상하는 N11(Next Eleven)에 속하는 나라다.[4] 2007년부터 시작된 세계경제위기로 경제성장이 또다시 주춤거리고 있지만 경제성장 예상은 그대로 진행되고 있다〔2016년 현재 한국은행은 올해 경제성장률 전망치를 2.8퍼센트로 낮추었으며 대부분의 기관도 2퍼센트대의 부진한 성장을 예상하고 있다: 옮긴이〕.

반면 북한은 1991년부터 그대로 멈추어 있는 상태다. 1946년과 1948년 그리고 특히 1953년 이후에 모든 권력을 동원해 국민들을 포함하여 전 세계에 자신들의 의지를 관철시키고자 하는 독재국가가 된 상태 그대로인 것이다. 북한은 중국이나 라오스 또는 베트남에서조차도 없었던 기이한 개인숭배를 하고 국제사회의 의사에는 관심이 없으며 여전히 냉전의 정치적 마니교주의에 빠져 있다. 할아버지와 아버지처럼 김정은도 국민을 외부와 완벽하게 차단하고 내적으로 완전히 통제해야 자신의 국가를 안전하게 존속시킬 수 있음을 알고 있다. 북한은 남북 간의 생활 차이 때문에 완벽한 통제를 하고자 한다. 또는 1989년 직전에 동유럽 국가에서 감지되었던 바와 같이 늘어나는 국내 정치적 저항에 여지를 주지 않기 위해서라도 완벽한 통제를 해야 한다. 그리하여 오늘날까지 국제적 비판을 막아줄 강력한 동맹국을 필요로 하고 있다.

1991년에 사라진 소련의 후속국가인 러시아는 냉전이 끝나고 나서는 북한이 더는 의존할 수 있는 나라가 아니었다. 보리스 옐친 대통령 시대의 러시아 경제는 1999년까지 점점 더 나빠졌을 뿐만 아니라 적대국이었던 남한과 무역을 견실하게 발전시켰다. 1999년 당시 러시아와 남한 간의 무역교역량은 22억 달러로 성장했다.[5] 냉전시대 동안 소련의 원조를 가장 많이 받았던 평양과는 겨우 5,000만 달러 상당의 거래만이 이루어졌다. 따라서 북한이 중국에 더 많이 의지하게 된 것은 놀라운 일이 아니다.

북한에 대한 중국과 러시아의 공동 관심사는 옐친의 후계자 블라디미르 푸틴이 2000년에 북한을 방문했을 때 잘 나타난다. 푸틴은 최고지도자로서 역사상 처음으로 북한을 공식적으로 방문했다.

중국과 러시아가 왜 하필이면 이 시점에 그리고 왜 북한에서 공통분모를 다시 가지려는 것일까? 아무래도 미국이 1990년대부터 지속적으로 추진하고 있던 국가미사일방어체제NMD가 배경일 것이다〔1991년 조지 부시 대통령이 국방부에 개발을 위임했고 1999년 클린턴 대통령이 NMD 법안에 서명했다: 옮긴이〕. 1980년대의 전략방위구상SDI과는 달리 국가미사일방어체제는 2012년에 실제로 시스템을 갖추고 가동되고 있다.[6] 중국과 러시아는 냉전시대에 미국이 구축한 방어시스템에 함께 위협을 느끼고 있다. 국가미사일방어체제는 미국과 그 동맹국을 향한 탄도미사일 공격을 방어하기 위한 것이다.[7] 실제로는 미국이 이란과 더불어 예측 불가능한 국가로 간주하는 북한의 미사일 공격에 대비한 것이다. 미사일방어체제에는 아시아 태평양 지역, 특히 중국이 중요하게 관심을 두고 있는 남한과 타이완이 포함된다. 2007년 러시아는 1990년대 당시 바르샤바조약 회원국가 지역〔체코와 폴란드: 옮긴이〕에 국가미사일방어체제의 첫 번째 유럽 기지를 설치하겠다는 미국의 계획을 맹렬히 비판했다.

역사는 참으로 아이러니하다. 정치적으로 도무지 속을 알 수 없는 북한의 돌발행동으로 러시아와 중국은 서로 더 밀접하게 되었으니 말이다. 북한이 더 위협적이고 괴팍스러워질수록 러시아와 중국은 자국의 안전보장을 더 중요하게 여길 것이다. 2000년 김정일을 만난 푸틴은 계획했던 것들을 이루었다. 북한의 독재자는 러시아가 원조를 지원한다면 장거리 미사일 제작 프로그램을 포기할 수도 있다고 푸틴을 설득했다.

방북 후 푸틴은 주지하고 있던 미국 정부와 세계 언론에 이 사실을 공개했다.[8] 2006년 10월 9일 실시한 북한의 첫 번째 핵실험에 유엔이 제재조치를 선포했을 때는 당시 중국 주석인 후진타오와 의견을 같이 했다. 그러자 북한은 2009년 4월 핵무기 포기에 대한 회담을 미국, 남한, 일본뿐만 아니라 중국과 러시아와도 중단했다.

러시아는 북한을 미국의 국가미사일방어체제를 방해하는 지렛대로 이용하려던 원래의 계획이 수포로 돌아갔음에도 북한에 계속해서 우호적이다. 놀랍게도 여기에는 경제적인 이유가 숨어 있다. 러시아가 국가 경제의 대부분을 천연가스 공급으로 충당하면서부터 북한은 중요한 가스송유국으로 부상했다. 러시아는 남한으로 보낼 가스송유관을 설비하기 위해 북한의 승인을 받아야 했다.[9] 역설적이지만 가스송유관 설비사업으로 북한은 전략적으로 경제적 안정을 확보하게 되었다.

북한의 정치체제가 1990년과 1991년 당시 소련과 동유럽 공산국가처럼 내부에서 붕괴되지 않고 있는 것은 참으로 수수께끼다. 경제적 문제는 김씨 독재왕국이 국가와 함께 오래전에 몰락했어야 할 정도로 이미 수십 년 전부터 심각한 상태다. 그러므로 독재정권이 경제적 문제로 어쩔 수 없이 붕괴될 것이라는 가설도 진지하게 생각해보아야 한다.[10] 그러나 평양은 몰락에 대해 애써 모른 체하고 있다.

완벽한 독재정권하의 북한을 유지시키는 것은 러시아 또는 중국의 직접적 원조나 미국과 국제기구의 놀라울 정도의 인내심이 아니라 북한이 통제할 수 없이 붕괴되는 것에 대한 주변국과 다수의 국가들이 갖는 두려움이다. 북한의 통제 불가능한 붕괴에 대한 염려를 더 많이 하는 국가는 남한이다. 남한은 핵으로 무장한 독재자의 돌발행동에 대한 걱정과 함께 점점 더 많은 통일비용을 준비하고 있다. 2012년 9월 냉전시대에 생긴 약 110억 달러에 달하는 북한 채무의 90퍼센트를 탕감해준 러시아의 놀라운 조치나 홍수로 인한 북한의 재난에 대한 남한의 구호지원은 편협한 독재자를 궁지에 빠지게 하기보다는 양보를 통해 어느 정도 통제를 할 수 있도록 하는 방안이다.[11]

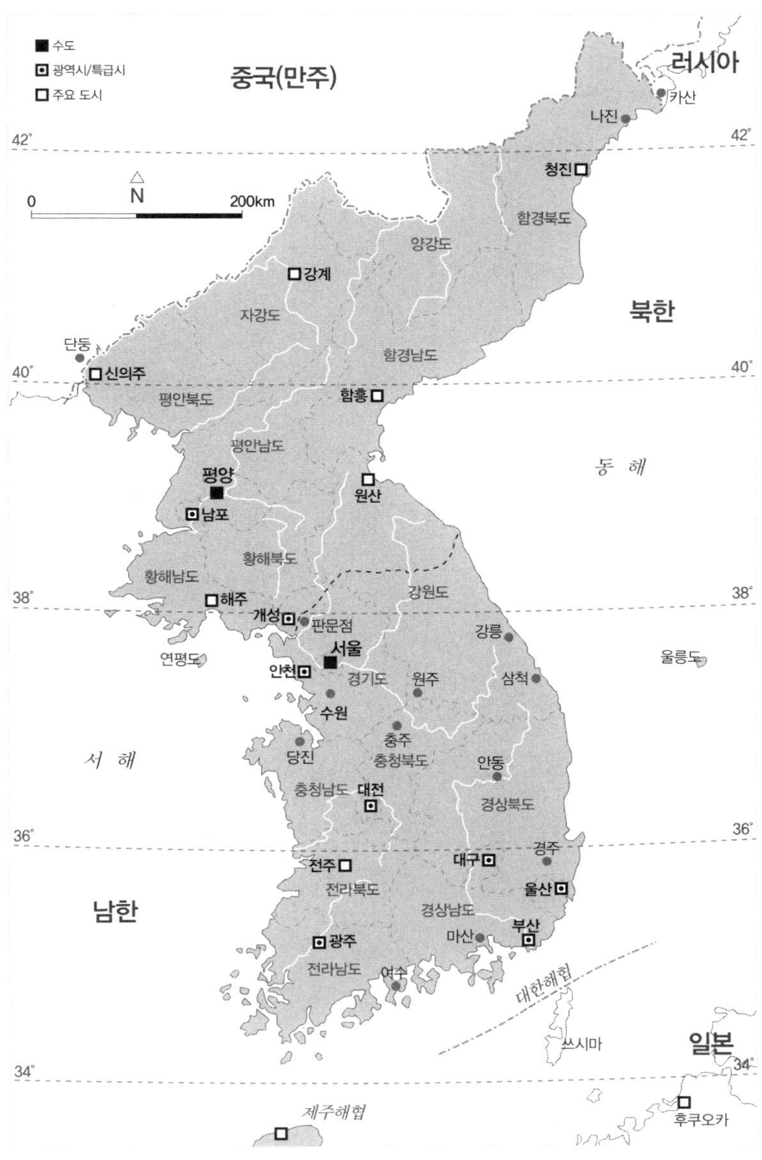
수도
광역시/특급시
주요 도시
중국(만주)
러시아
카산
나진
42°
청진
0
N
200km
함경북도
양강도
강계
자강도
북한
단둥
함경남도
40°
신의주
평안북도
함흥
평안남도
동 해
평양
원산
남포
황해북도
황해남도
38°
해주
강원도
개성
판문점
강릉
서울
연평도
울릉도
인천
경기도
원주
삼척
수원
충주
당진
충청북도
서 해
안동
충청남도
대전
경상북도
36°
경주
전주
대구
울산
전라북도
남한
경상남도
부산
광주
마산
전라남도
여수
대한해협
쓰시마
일본
34°
제주해협
후쿠오카

0
N
500km
러시아
몽골
중국
하얼빈
송화강
우수리강
헤이룽장
무탄강
창춘
지린
지린
블라디보스토크
랴오양
랴오닝
선양
푸순
안산
만리장성
장자커우
압록강
베이징
요동반도
(랴오둥반도)
북한
텐진
다롄
평양
동해
스자장
군사분계선
옌타이
서울
지난
산둥반도
칭다오
남한
산둥
안양
정저우
서해
대한해협
히로시마
허난
후쿠오카
시코쿠
화이난
제주도
안후이
규슈
난징
쑤저우
허페이
상하이
일본
양쯔강
항저우
닝보
태평양

독일 역사학자가 본 한반도와 한국전쟁

어떤 국가도 무력으로
다른 국가의 정치체제와 통치에 간섭할 수 없다.
칸트, 『영구평화론 VI』

1

베른트 슈퇴버는 오랫동안 한국 학자들과 교류해온 독일 역사학자 중 한 사람이다. 1961년에 태어난 슈퇴버는 독일 괴팅겐 대학과 빌레펠트 대학에서 역사학을 전공했다. 분단국가인 독일 현대사를 다룬 학자답게 냉전에 관한 폭넓은 연구를 수행했고 그 결과물은 한국어로도 이미 출간되었다.[1] 슈퇴버의 책에 대해 말하면서 그가 한국과 맺은 인

1 베른트 슈퇴버, 『냉전이란 무엇인가—극단의 시대 1945~1991』, 최승완 옮김, 역사비평사, 2008. 그 밖에 슈퇴버의 연구와 저작으로는 『공산주의로부터의 해방—냉전기 미국의 해방정책 1947~1991*Die befreiung vom Kommunismus. Amerikanische Liberation Policy im Kalten Kriegm 1947~1991*』, 2002, 『미합중국의 역사와 문화*United States of America. Geschichte und Kultur*』, 2012 등이 있다.

연에 대해 말하지 않을 수가 없다. 2004년부터 역사문제연구소와 포츠담 현대사연구소가 공동으로 진행한 학술연구사업에 참여하면서부터 그는 한국전쟁과 분단의 역사에 본격적으로 관심을 기울여왔다. 그는 분단과 전쟁, 통일, 글로벌 냉전 차원에서 한국 현대사에 대한 깊이 있는 관심과 다양한 학술 교류를 해왔다. 무엇보다 이 책에서도 조금씩 드러나고 있듯이 한국과 독일의 분단사를 비교하는 작업을 엿볼 수 있다. 그는 현재 포츠담 대학 현대사 교수로 재직 중이다.

슈퇴버의 저작과 연구 주제는 20세기의 냉전과 분단으로 집약할 수 있다. 냉전과 관련해 그는 무엇보다 유사한 분단국가인 한국과 독일의 전혀 다른 전제조건 위에서 시작한다. 역사가 진행된 결과로서 분단이 아닌 제2차 세계대전의 가해자인 독일과 식민지 국가로서 피해자인 한국의 상황에 먼저 주목한 것이다. 이것은 아마도 그가 분단 이전의 한반도, 다시 말해 일본 제국주의 식민지와 해방, 남북한 분단 국가의 수립부터 관심을 갖는 이유일 것이다. 『한국전쟁—냉전시대 최초의 열전』은 독일어권에서 한국전쟁을 중심으로 출간한 매우 드문 책이다. 출간 이후 독일 아마존에서 상당 기간 상위에 오른 이 책은 독일 독자들을 위한 입문서일 뿐만 아니라, 냉전의 각축장이었던 한반도에 관한 독일인의 첫 작업이자 체계적인 연구서이기도 하다.

이 책의 흥미로운 점을 밝힌다면, 20세기 냉전과 분단의 세계사에서 독일과 한반도를 비교해가며 서술한 부분이라고 할 것이다. 독자들은 저자의 관점대로 냉전시대 최초의 열전인 한국전쟁이 베를린에 미친 영향을 만나볼 수 있다. 독일의 분단과 한반도 상황을 비교한 내용들은 비록 전문가 수준이 아니라 하더라도 충분히 눈여겨볼 만한 대목들이다. 무엇보다도 한국전쟁이 독일인들에게 안겨준 불안감은 '형제전쟁'이라는 인식에서 감지할 수 있다. 북한이 남한을 전면적으로 침공했을 때, 서독인들은 남한의 사람들과 동질감을 갖게 되었다. 왜냐하면 서독에서도 동독이 침략하는 '형제들 사이의 전쟁'이 일어날 수 있다는 불안감은 마찬가지였기 때문이었다. 독일에서 한국전쟁의 두려움은 동서독과 미소 간의 지정학적·현실적 조건과 상관없이 발생했다.

언뜻 보기에 이 책은 한반도 역사를 한국전쟁을 중심으로 다룬 입문서인 것처럼 보인다. 그러나 국제적 차원의 냉전과 분단 독일로 시야를 넓히는 독자라면 읽기 쉬운 개론의 수준을 넘어서는 것을 금세 눈치 채게 될 것이다. 한국전쟁의 결과를 각 나라별로 서술하고 주제별로 한반도와 독일을 비교하는 새로운 내용과 논점을 그냥 지나치기는 어려울 것 같다. 이 책이 독일 역사학자가 쓴 한국전쟁과 역사이기 때문에 우리 역사에 대한 완결성을 압축하고 있음을 먼저 밝히지 않을 수 없다. 구체적이고 세세한 부분에서 한국의 독자들을 충분히 만족시키지는 못할 수도 있지만, 독일 학자가 쓴 외부의 시선, 그리고 동일한 사건을 바라보는 전혀 다른 관점과 맥락이라는 부분에서 또 다른 의미를 찾을 수 있을 것이다.

2

이 책이 선사하는 즐거움은 특히 서론에 집약되어 있다. 우리는 이 책에서 모스크바와 워싱턴이 제2차 세계대전 중에 보인 협력관계가 전후 국제질서의 패권을 둘러싼 대립과 갈등으로 변하는 과정을 쉽게 이해할 수 있다. 냉전시대에 뜨거운 '작은 전쟁'들은 한반도만이 아니라 제2차 세계대전 이후 형성되는 미국과 소련 양 진영 간 대결이 유럽과 동아시아, 중동 등지에서 어떻게 진행되고 있는지 보여준다. 냉전은 국제질서의 산물이면서 극단적인 두 체제 사이에서 만들어진 것이다. 미국과 소련은 자신들이 직접 싸우는 전쟁을 원하지 않았다. 그렇지만 국제적으로 스탈린의 유럽과 동아시아 진출은 미국을 중심으로 한 서방세계와 필연적으로 대립을 가져올 수밖에 없었고, 이는 각 지역에서 자신들이 후원하는 정치세력들 간의 내전으로 이어진 경우가 많았다. 전후 양 세력의 복잡한 동아시아 지정학적 관계는 유럽의 식민지와 그리스, 이탈리아, 이란 등지에서 벌어진 서구와 소련의 이익 충돌 못지않았다.

한국에도 일부 알려져 있듯이, 그리스에서 발생한 전쟁은 내전으로서 한국전쟁과 유사한 성격을 띠고 있었다. 영국은 1944년 12월에 민족해방전선EAM과 인민해방군ELAS의 좌파 연합에 맞서 게오르기오스 파판드레우가 이끄는 국민정부와 그리스 민족민주동맹EDES의 군주정체주의자들을 지원하기 위해 개입했다. 이 싸움은 1949년까지 지속되었다. 소련이 지원하거나 공산당을 추종하는 세력들과 서방이 지원하는 세력 간의 싸움은 식민지를 겪었거나 이와 비슷한 상황에서 2차 대전 이후 해방을 맞은 제3세계 나라들이 공통으로 직면한 문제였다. 영국의 식민지였던 인도의 경우도 힌두교 중심의 인도와 무슬림이 우세한 파키스탄으로 분리된 갈등은 카시미르와 동파키스탄 위상 문제와 함께 냉전기에 줄곧 반복되었다.

그리스와 마찬가지로 지중해의 이탈리아도 1945년에 공개적인 내전 직전의 상황에 놓여 있었다. 이탈리아에서 공산주의자와 스탈린주의자, 좌파의 세력은 강했고 공산당은 모스크바로부터 기독교민주당 정부와 협력하라는 지시를 받았다. 하지만 1947년부터 소련과 미국의 재정지원을 받는 선거전이 공산주의와 민주주의 사이의 전투라는 양상으로 확대되었다. 1948년에 미국이 지원한 선거에서 승리한 후 기독교민주당은 1981년까지 이탈리아에서 여당으로 자리 잡았다. 이탈리아의 선거전은 미국이 중앙정보기관CIA을 창설하는 신화가 되었으며, 냉전시대에 양대 진영에서 정보기관들을 구축하는 촉매작용을 했다.

이뿐이 아니었다. 이란에서 불거진 동서 경쟁은 이보다 훨씬 더 복잡했다. 1941년 영국군과 소련군이 소련으로 보내는 연합군의 보급품을 보장하고 페르시아 만의 유전지대를 확보하기 위해 공동으로 이 지역을 점령했다. 미국 또한 1930년대부터 이 지역에 대한 관심을 꾸준히 표명했고, 1945년 루스벨트는 사우디아라비아의 국왕 이븐 사우드와 회담을 가졌다. 서구 진영에 이란을 우호적으로 확보하기 위한 보증인은 모하메드 레자 샤 팔레비였다. 1941년 연합국의 시각에서 보면, 독일에 우호적인 아버지가 밀려나고 팔레비가 왕위에 오른 이후 미국은 1970년대 말까지 그의 권력을 보호해주었다. 1945년 말 스탈린이 원유채굴 허가를 얻기 위해 이란 정부에 압력을 가하고 군대를 동원해 긴장이 고조되었지만, 서방 진영이 공동으로 위협하자 1946년 3월 소련은 결국 군대를 철수시켰다.

1949년 8월 29일에 소련이 최초의 핵폭탄 실험에 성공하고 같은 해 10월 1일 중국 대륙에 중화인민공화국이 수립되자 동아시아에서 공산주의의 위협이 확대되었다. 서방 강대국들은 독일의 재무장을 언급했고, 아데나워는 소련의 팽창을 우려했다. 한국전쟁이 발발하자 미국은 국제사회에서 안보정책을 펴는 데 효과적인 선전도구로 이것을 이용했다. 글로벌 차원의 무력갈등과 대결을 다루고 있는 슈퇴버의 시각은 읽는 이의 시야를 넓혀준다. 그리스 내전뿐만 아니라 이탈리아와 이란에서의 위기는 예전의 동맹관계가 공식적으로 깨지고 전후 글로벌 차원의 공동 질서가 존재하지 않음을 실토하는 현실을 배경으로 삼고 있었다. 슈퇴버의 다음 번 연구 주제는 아마 이런 부분을 더욱 발전시켜 초기 냉전의 국제적 형성과 지정학적 차원에서 비교하는 연구를 수행하는 것이 아닐까 조심스럽게 전망해본다.

3

이 책의 출발점은 냉전에 있지만 20세기 한반도 역사와 한국전쟁을 중심에 둔 서술이 단순히 전사戰史를 이해하기 위한 것만은 아니다. 전쟁의 속살을 들여다보려는 저자의 노력을 조금씩 따라가보자. 무엇보다 돋보이는 서술은 미군 병사들의 심리적 상태에 주목한 점이다. 일부는 알려져 있듯이, 한국전쟁 초기에 참전한 미군은 일본에 주둔 중인 병사들이었고 나중에는 본국에서 신병으로 모집한 이들이었는데, 그들은 주로 10대 후반부터 20대 초반의 청년들이었다. 미군 병사들 사이에서 전투를 치른 이후 공황심리가 퍼졌다. 전쟁 초기 일부 병사들은 후퇴하면서 무기를 버리고 가능한 한 빨리 남쪽으로 도망치고 있었다. 이런 군인들의 행동은 보급품과 후속부대가 일본에서 도착한 1950년 7월 이후에도 계속 이어졌다.

슈퇴버가 적절히 인용하고 있듯이, 미군 의무부대의 기록은 전장에서 병사들의 정신질환이 얼마나 급격히 상승하고 있는지 여실히 보여준다. 전투가 한창이던 1950년 9월까지 정신질환자는 속출하고 있었다. 미군이 발행한 『애뉴얼 메디슨 리포트』에 보면 병사들이 겪은 정신질환에는 심신쇠약, 무감각, 두려움, 고혈압, 몸을 떠는 증상, 불면증, 식욕부진, 악몽 등 거의 모든 증세가 나타나고 있었다. 병사들에게 나타난 이와 같은 심리적·육체적 증상들은 훨씬 나중에 쇼크에 의한 적응장애PTBS라는 개념으로 이름 붙여졌다. 전투를 수행하는 과정은 이루 말할 수 없을 정도로 참혹하다. 당연히 그 결과 또한 이에 못지않다.

참전 군인들에 대한 심리를 다룬 이 책의 3장 일부는 전장에서 벌어지는 다양한 행위가 가져오는 병사들의 공황상태를 지적한다. 전투에서 상대방을 죽여야 하는 심리적 부담감, 민간인 학살과 같은 잔혹 행위 등은 평생 남아 있기 마련이다. 미 육군 전사가였던 마셜S. L. A. Marshall 준장은 한국전쟁에 참전한 미군 소총수의 55퍼센트만이 북한 인민군과 중국 인민지원군을 향해 총을 쏜 면접 결과를 내놓았다. 2차 대전에서 독일군이나 일본군을 향해 총을 쏜 미군 소총수는 마셜이 면접을 실시한 보병중대 병사들의 경우 15~20퍼센트밖에 되지 않았다.[2] 2차 대전 전 시기에 이 문제를 연구한 마셜은 이렇게 단언한다. "군인은 결정적인 순간에 양심적 병역 거부자가 된다."

참으로 놀라운 결과가 아닐 수 없다. '전투의 신화'를 과감히 벗어던져야 전장에서 벌어지는 일들을 훨씬 더 명료하게 알 수 있을지도

2 데이브 그로스먼, 『살인의 심리학』, 이동훈 옮김, 플래닛, 2011. 이 사격 비율은 또 다른 연구에 따르면 베트남전에서는 90~95퍼센트까지 상승했다. 그로스먼이 마셜의 면접 결과에서 주장하려는 것은 전장의 병사들이라 하더라도 살인행위는 무조건 일어나지 않는다는 점이다. 미군은 병사들이 살인에 대해 갖는 거부감을 줄이거나 없애기 위해 새로운 훈련기법을 도입했다. 그렇기 때문에 군인들이 적을 향해 총을 쏘는 사격 비율이 몇십 년 사이에 15퍼센트에서 95퍼센트까지 높아질 수 있었다. 그로스먼은 이것을 병사들이 무조건적으로 총을 쏘게 프로그램화programming되었거나 조건형성conditioning된 것이라고 말한다.

모른다. 누구나 적을 향해 총을 쏘는 것으로 알고 있지만, 전시라고 해도 사람을 죽이는 살해행위는 우리의 생각처럼 또 말처럼 쉽지 않다. 미군 병사들이 겪은 정신질환 중에도 다양한 종류와 여러 가지 발생 원인이 있겠지만 잔혹행위만큼 인간성을 파괴하는 행동도 드물 것이다. 전쟁이 일어나면 평소에는 알 수 없는 일들이 사람들 사이에서 발생한다. 직접적으로는 군인들에게도 마찬가지다. 참전 군인들에게서 나타나는 이런 현상이야말로, 또한 이에 대한 설명이야말로 모든 전쟁의 보편적 성격을 역설적으로 드러내주는 것이라고 하겠다.

4

한국의 독자들을 유혹하는 것은 아마도 슈퇴버가 주요하게 다루는 한국전쟁이 전 세계에 미친 영향 부분일 것이다. 한반도에서 일어난 전쟁의 결과를 국제적으로 조망하려는 것은 쉽지 않다. 그만큼 전쟁과 글로벌 차원에서 형성된 냉전체제에 대한 이해를 필요로 하고 각 나라의 이해관계까지 살펴야 하는 어려움이 있기 마련이다. 지정학적으로 한반도에서 불거진 전쟁이지만 전쟁의 발발과 전개 양상, 정전협정은 국제적 내전으로서 국제정치의 산물이었다. 슈퇴버는 미국 사회의 폐부를 군인들의 세계를 통해서 드러내고 있다. 그 첫 번째가 바로 인종차별이다. 군대라고 해서 일반 사회와 별반 다르지 않다. 오히려 폐쇄된 집단에서 차별은 더욱 심할 수 있고 이는 전투에도 영향을 끼친다. 다음은 미군 포로에 대한 부분이다. 미국인들에게 아픈 기억으로 남아 있는 전쟁포로 문제는 지난 세기 동서 양 진영의 심리전과 선전선동 전략에서 항상 적지 않은 논란거리였다. 무엇보다도 쟁점이 되었던 것은 미국으로 돌아가지 않고 공산주의 국가에 남은 미군에 대한 본인들의 진의가 어떤 것이었는지 알 수 없었기 때문이다.

슈퇴버는 구조적 문제의 단순한 묘사에 머물지 않고 구체적인 개인에게 초점을 두면서 풍부한 사례를 독자들에게 선사한다. 1953년 한반도에서 전쟁은 휴전으로 일단락되었다. 미군 21명이 본국으로 귀환을 거부한 채 사회주의 국가에 남은 것은 놀라운 사건이라고 하지 않을 수 없었다. 더욱 사람들을 경악케 한 것은 군인들이 스스로 북한에 남기로 결정한 이유가 정신적·신체적으로 회유와 압박을 받았기 때문이 아니라는 사실이었다. 그들 중 몇몇 병사들은 나중에 미국으로 돌아가 자신들의 입장을 설명했다.

미군 부대의 흑인 하사관 클래런스 애덤스 상병은 그가 죽은 이후에 발간된 회고록에서 미국 사회의 인종차별 때문에 북한에 남았다고 밝혔다. 이뿐만 아니라 1953년 휴전이 되었을 때 갓 스무 살이 된 상류층 출신의 새뮤얼 데이비드 호킨스 일병은 정치적 이유로 잔류를 결정했고, 1957년 미국으로 돌아갔다. 그의 어머니가 전하는 말에 따르면, 한국에서 그는 무엇을 위해 싸워야 하는지 전혀 이해하지 못했다. 라오 웬이라는 중국 이름을 가진 제임스 베너리스 일병 또한 정치적 동기를 가지고 있었는데, 그는 미국을 두 번째 짧게 방문했을 때 미국으로 돌아가서 사는 것을 재차 거부했다.

모든 사회가 그 나름대로 모순을 안고 있다. 완벽한 정치공동체란 존재하지 않지만 인간이 이 공동체를 지향하는 것은 거의 본성에 가깝다. 어느 나라가 자신의 삶에 가장 적합한지는 겪어보지 않은 이상 알 수 없다. 전쟁 이후 북한으로 넘어간 미군에게도 비슷했다. 선택은 비교적 자유로웠지만 모든 생활이 자유스러운 것은 아니었다. 냉전기에 사회주의 진영으로 망명하는 사건이 있을 때마다, 서구세계는 이들이 자발적으로 결정을 내렸는지 항상 의구심을 품어왔다. 슈퇴버는 서독의 사례를 제시함으로써 이 문제를 동서 냉전 차원에서 다루는 비교의 관점을 보여준다.

1950년부터 1989년 베를린 장벽이 개방될 때까지 서독에서 동독으로 넘어간 사람은 약 50만 명에 달했다. 독일의 경우와 한국에서 미군이 월북한 경우를 비교해보았을 때, 그 동기와 행동방식이 유사하지는 않다. 월북 결정이 자유의지였는지에 대한 의구심은 끊임없이 등장했지만 그 동기와 행동방식을 정확하게 관찰해보면 '자유의지'와 '강요'라는 이분법만으로는 이들의 행위를 명확하게 설명할 수 없다. 슈퇴버는 북한이 해외에서 저지른 납치문제도 포함해서 서술한다. 정치적 문제뿐만 아니라 개인적인 문제와 더불어 가족과 함께하기 위해, 또는 다른 이유 때문에 스스로 사회주의를 선택한 사람들이 있었다. 그렇다 하더라도 그다음에 그들이 강압적으로 머물게 된 것은 또 다른 문제였다. 일관되게 슈퇴버가 중요하게 보는 관점은 전쟁터의 개인이다.

5

"미래의 심리전"이라고 불리는 방송과 항공전단 '삐라'에 대한 슈퇴버의 서술은 '냉전' 연구의 문화사적인 의미를 지닌다. 미국의 해외정보국USIA에서 시행한 방송을 통한 선전선동과 심리전의 일단도 독자들을 유혹한다. 좀더 쉽게 표현하자면 미국에서 '공산주의'와 어떻게 대결할 것인지, 그 준비를 하는 논의는 한국전쟁에서부터 비롯했다. 적국의 군인과 국민을 대상으로 하는 라디오 방송이나 전단지를 활용하는 심리전은 각 지역에 맞게 특정하면서도 광범위하게 수행하는 것이 중요했다. 심리전의 발단은 이미 제1차 세계대전 때부터 잘 알려진 사실이다. 제2차 세계대전부터 심리전은 매우 중요한 군사전략적 차원에서 시도되었다.

이 책에서 슈퇴버가 서술하는 방식의 미덕은 한 가지 주제를 각 지역의 다양한 사례와 결합해서 보여주는 데 있다. 미국이 심리전 조직으로 운영한 해외정보국에 관한 분석이 책 읽기의 재미를 더하는 이유이기도 하다. 이런 식이다. 미국 해외정보국은 전 세계에 라디오 방송을 운영해왔다. 냉전기 서베를린에서 송출하는 리아스RIAS, 미국의 소리VOA, 자유유럽라디오REF와 같은 방송은 동구를 향한 심리전의 일환이었다. 방송 프로그램은 마케팅 전문가와 심리학자들의 도움을 받아 제작되었고, 자유 진영과 소련 점령지역, 공산주의자들의 위협에 처한 지역에 영향을 미치는 것이 목적이었다. 동일한 방식이 동아시아에도 적용되었다. 잘 알려져 있듯이 1950년 10월부터 미군은 수백만 장의 삐라를 북한 전역에 살포했다.

적 지역에 뿌리는 삐라의 내용은 전쟁의 목적이나 정치체제의 차이, 미국과 소련의 민주주의에 대한 입장 등을 설명하는 것이었다. 삐라 살포는 성공이었다. 1950년 7월 북한이 서울을 점령했을 때 효력을 발휘한 북한의 선전선동을 미국은 부러워했고 성공적이었다는 사실을 시인했다. 미군의 삐라 선전도 심리적으로 일부 성공을 거두었다.[3] 1957년 미군 작전연구소ORO는 존스홉킨스 대학 연구진과 공동으로 제2차 세계대전과 한국전쟁을 연구대상으로 하는 『미군 심리전 사례집』을 출간했다. 해외정보국이 한국을 실험대상지역으로 이용한 것이다. 성공적인 사례를 들자면, 미군의 심리전은 1950년 여름에 후퇴하는 시기와 가을에 중국군이 개입한 직후 라디오 방송을 통해 한국인들이 공황에 빠지지 않도록 하는 데 한몫했으며, 서울과 같은 수

3 삐라와 심리전에 관한 국내 저작과 "미래의 심리전"을 같이 읽는다면 훨씬 도움이 될 것이다. 이임하, 『적을 삐라로 묻어라: 한국전쟁기 미국의 심리전』, 철수와영희, 2012; 한성훈, 『전쟁과 인민: 북한 사회주의 체제의 성립과 인민의 탄생』, 돌베개, 2012, 189~201쪽.

복지역에서 일상생활을 정상화하는 데도 기여했다.

슈퇴버는 국제정세를 인식하는 사례로서 한국전쟁과 한반도 상황을 동서 양대 진영의 대결과정 속에서 성찰한다. 동서 진영 간 유동하는 국제질서의 경계를 고정시키고 패권의 지리적 영향력을 평가하는 매우 중요한 지렛대가 한반도였다는 사실이다. 제3세계에서 일어난 첫 번째 무력충돌이었던 한국전쟁은 미국이나 소련이 냉전의 변두리 지역에서 자국의 역할을 고민하게 만든 계기였다. 저자가 적절하게 언급하고 있듯이, 제3세계를 소련에 편입할 대상으로 여기는 서구와 동구 사이의 전반적 투쟁은 한반도의 상황에서 폭발한 것이다.

6

슈퇴버가 논하는 여러 가지 주장을 하나의 간결한 문장으로 표현하면, '미국은 한국전쟁으로 서양의 패권국가가 되었다'라고 기술해야 할 것이다. 제2차 세계대전 이후 미국은 고립주의isolationism 외교노선에서 국제주의internationalism로 변화했고, 국제사회의 새로운 패권국가로 소련과 함께 세계무대 전면에 나섰다. 소련을 견제하는 지역 차원의 안보 논리는 미국이 맺은 여러 가지 종류의 조약을 통해 진영 논리를 대변했고 한국전쟁은 동맹체결을 가속시켰다. 1949년 4월 4일 북대서양조약기구 나토NATO가 설립되었다. 한국전쟁이 일어났고 또 다른 유사조약기구들이 예상보다 더 빨리 창설되었다. 서유럽 국가와 서독은 나토조약으로 서로 이익을 얻고자 했다. 서독 정부는 군사적 가담으로 주권뿐만 아니라 서방 간의 정치경제적 조약 체결에도 개입하고자 했다.

미국이 주도하는 나토조약기구와 유사하게 아시아에서는 한국전쟁 중이던 1951년부터 시작해 1955년 사이에 관련 조약기구가 일부 만들어졌다. 1951년 오스트레일리아, 뉴질랜드, 미국이 체결한 태평양안전보장조약ANZUS, 1954년 나토의 복사판이라 할 수 있는 동남아시아조약기구SEATO, 1955년에 체결된 중앙조약기구CENTO 등이 있다. 동남아시아조약기구의 창설에는 나토와 마찬가지로 영국이 깊숙이 개입했다. 1954년 6월 21일 처칠은 아이젠하워에게 보낸 편지에서 나토에 상응하는 동남아시아조약기구를 만들 것을 주장했다.[4]

한국전쟁으로 동아시아에서 과거 2차 대전의 적국이 이익을 보게 되었다. 일본은 1951년에 샌프란시스코에서 평화조약과 안전보장조약을 체결하고 중국 방어체계를 도입했다. 한국전쟁 휴전 이후 남한은 1953년 10월 1일 나토조약기구의 규정에 의해 한미상호방위조약Mutual Defense Treaty을 체결했다. 이 조약으로 남한을 공격하는 행

4 SEATO 조약은 오스트레일리아, 프랑스, 영국, 뉴질랜드, 파키스탄, 필리핀, 태국, 미국, 남베트남, 캄보디아, 라오스가 체결했다. CENTO는 영국, 파키스탄, 터키, 이란, 이라크가 체결했고 미국은 정식 가맹국은 아니었다.

위는 미국을 공격하는 것과 동일한 것으로 간주되었다. 남한과 미국 간의 상호방위조약처럼 워싱턴은 1954년 12월 2일 중국으로부터 위협을 받던 타이완의 장제스와 미중상호방위조약을 체결했다.[5] 미국은 서유럽 국가와 아시아, 오스트레일리아 등을 각 지역에 포함하는 동맹조약뿐만 아니라 1947년부터 중남미에서 공동상호지원협정을 체결했다. 그해 8월 아메리카 대륙 21개국은 리우데자네이루에서 미주 간 공동방어조약에 서명했다. 한국전쟁이 시작된 1950년에 아르헨티나가 마지막 국가로 동맹에 조인했다. 미주 간 공동방어조약에서도 나토조약처럼 회원국에 대한 공격은 전체 회원국에 대한 도발로 간주되었다. 지역봉쇄전략은 어느 정도 소련의 팽창을 막는 데 용이했다. 동시에 이는 미국이 전 세계 지역을 자신이 오히려 봉쇄하는 영역으로 확장한 것이기도 했다.

한국전쟁이 없었다면 서독은 그렇게 빨리 재무장을 하지 못했을 것이다. 또한 이 전쟁은 영국, 프랑스, 캐나다 등의 군사력 강화에도 큰 영향을 끼쳤다. 일본의 경제부흥과 군수산업 발달, 군사적 재무장도 한국전쟁의 영향 때문이었다. 로버트 저비스Robert Jervis가 말한 대로 한국전쟁이 아니었다면 세계정치의 역사는 확연히 달라졌을 것이다.[6] 이런 대부분의 국제질서 재편에 미국이 존재했고 소련은 상대(반

5 미국과 타이완 사이에 체결한 이 조약은 1980년 1월 1일 해제되었다.

대) 세계counter world에서 유사한 기준선을 갖고 있었다. 이 책은 한반도의 전쟁이 아니라 세계의 전쟁으로서 한국전쟁을 인식할 수 있는 시각을 우리에게 보여준다. 동서 양 진영의 '냉전' 국제질서를 20세기 후반 초국가적 체제로 본다면, 한국전쟁은 세계시민전쟁으로서 자리매김할 수 있다.[7]

7

이 책은 한국전쟁 연구에서 몇 가지 생각할 거리를 던져준다. 한국전쟁을 바라보는 그의 관점은 전통주의, 수정주의, 후기 수정주의와 같은 범주에 있지 않다. 전쟁이라는 상황 속에서 그려지는 국가와 병사

6 Robert Jervis, "The Impact of the Korean War on the Cold War", *Journal of Conflict Revolution*, Vol. 24, No. 4, December 1980.

7 세계시민전쟁에 대한 인식론의 단초는 다음을 참고할 수 있다. Ernst Nolte, 「"유럽 시민전쟁市民戰爭"과 "세계 시민전쟁"은 학술적으로 정당한가?Sind die Begriffe "europaischer Burgerkrieg" und "Weltburgerkrieg" wissenschaftlich legitim?」, 이규하 옮김, 전북사학회, 『전북사학』, 통권 제21·22합집, 1999년, 12월, 251~261쪽. 한국전쟁을 세계시민전쟁으로 보는 관점은 박명림의 연구에 있다. "한국전쟁의 원인과 전개에 비추어 볼 때 한국전쟁은 내전이 아니었다. 그것은 지역전쟁이자 국제전쟁이었으며, 20세기 세계사를 압축하여 대변한 세계시민전쟁이었다. 물론 이때 말하는 세계시민전쟁은 '세계적 시민전쟁'을 말하는 것이 아니라, '세계시민적 전쟁'을 뜻한다. 그것은 남한과 북한, 이승만과 김일성으로 대표되는 세계적 체제전쟁이자 이념전쟁이며 진영전쟁이었던 것이다." "박명림의 한국전쟁 깊이 읽기", 한겨레, 2013. 6. 25.

들의 세계는 어느 한 체제를 선택하기보다는 인간의 생존을 고민하게 만든다. 전쟁이 개인에게 남기는 자각은 어떤 체제보다 또는 '국민'이나 '인민'이기보다는 실존적인 상황에서 끊임없이 회의할 수밖에 없는 존재에 있지 않을까 생각하게 된다. 지금 한국전쟁을 돌아보면 전쟁의 영향은 개인뿐만 아니라 한 사회 전체에 구조적 변동을 가져오는 일종의 제도로서 인식된다. 그만큼 휴전상태가 장기 지속되고 있음을 강조할 필요가 있다.

우리가 전쟁을 연구할 때, 가장 우선은 전쟁터에서 있었던 사람들에게 이 전쟁이 무엇이었는지 해명하는 것이다. 자신이 겪은 전쟁, 이것이 병사에게는 전투이고 고향을 떠난 이에게는 피란이며, 적으로 죽인 민간인에게는 전쟁범죄이자 학살이라고 할 수 있다. 전쟁이 개인에게 안겨준 상처와 고통을 생각할 때, 이것은 가혹한 정치적 폭력이 민족이나 통일과 같은 대의명분 아래에서 빚어지는 참사라고밖에 할 수 없을 것이다. 시대별 한국전쟁에 대한 연구의 궤적 역시 여기에서 크게 벗어나지 않을 것이다. 2000년 이후 한국전쟁 연구는 대상과 방법, 지역, 분야에서 새로운 전기를 맞이했다. 역사학과 정치학, 사회학, 문화인류학 등 여러 분과 학문에서 다양한 성과를 축적하고 있다. 전쟁을 겪은 사람들에게 초점을 두는 책, 구술과 증언을 토대로 비극의 근원을 다룬 책, 작은 마을 공동체에 벌어진 대립과 갈등을 보여주는 책, 우리 사회의 성찰적 관점에서 한국전쟁의 결과를 장기 지속으로 보려는 저작들이 꾸준히 출간되고 있다.[8]

우리가 과거를 하나의 사건으로 기억하는 것만으로는 잘못된 것을 바꿀 수 없다. 그러나 기억을 넘어선 행위는 우리의 미래를 바꿀 수 있다. '무엇을 하지 않겠다'라고 하는 것보다 '무엇을 하겠다'라고 말하는 것이 실천적으로 훨씬 더 어렵듯이, 학문적으로도 전쟁을 연구하는 방식은 지난 전쟁에 있는 게 아니다. 우리는 역사가 어떻게 진행되어왔는지 알고 있지만 그것이 일어날 당시에는 이렇게 큰 일이 될지 아무도 몰랐다. 한국전쟁이 그랬다. 그렇게 많은 사람이 군인의 손에 죽어야 할지, 땅이 황폐화되고 건물이 부서지는 폭격을 당할지, 수많은 사람이 고향을 떠나야 할지, 이성으로 상상할 수 없는 일들이 벌어졌다. 그리고 어느덧 70년에 가까운 분단의 결정적인 순간이 되리라고는 아무도 예상하지 못했다.

슈퇴버의 저작인 이 한 권의 책에서 한반도의 역사와 한국전쟁의 쟁점에 대한 모든 것을 속 시원히 풀어헤칠 수는 없다. 독일 역사학자의 눈길에서부터 전쟁을 특정 사건으로만 이해하고 자기 나라의 역사

8 독자들을 위해 더 읽을거리를 찾아본다. 김동춘, 『전쟁과 사회 — 우리에게 한국전쟁은 무엇이었나?』, 돌베개, 2000; 박명림, 『한국 1950 전쟁과 평화』, 나남, 2002; 표인주 외, 『전쟁과 사람들 — 아래로부터의 한국전쟁연구』, 한울, 2003; 박태균, 『한국전쟁 — 끝나지 않은 전쟁, 끝나야 할 전쟁』, 책과함께, 2005; 김귀옥 외, 『전쟁의 기억 냉전의 구술』, 선인, 2008; 이임하, 『전쟁미망인, 한국현대사의 침묵을 깨다 — 구술로 풀어 쓴 한국전쟁과 전후 사회』, 책과함께, 2010; 박찬승, 『마을로 간 한국전쟁 — 한국전쟁기 마을에서 벌어진 작은 전쟁들』, 돌베개, 2011; 박명림, 『역사와 지식과 사회 — 한국전쟁 이해와 한국사회』, 나남, 2011; 김태우, 『폭격 — 미공군의 공중폭격 기록으로 읽는 한국전쟁』, 창비, 2013; 한성훈, 『가면권력 — 한국전쟁과 학살』, 후마니타스, 2014.

에 문외한인 오늘의 세대로 시선을 돌려보면, 이 책은 또 다른 교사가 될 수 있을 것이다. 2010년 이후 한국 내의 연구 성과를 개괄하지 못한 아쉬움이 있지만(원서가 2013년에 출간되었기 때문에 감안할 필요는 있겠다), 구체적인 서술의 부족함을 옮긴이가 성실히 채워준 만큼 전쟁 발발 66주년이 되는 올해 이 책으로 매년 돌아오는 여름을 보내보자.

2016년 초여름

한성훈(연세대 역사와공간연구소 연구교수)

한국사 연대표

기원전 6000년	한반도의 신석기 문화
기원전 2333년	고조선 건국(기원전 108년 멸망)
기원전 57년	사로왕국 건국(503년부터 신라)
660/668/676년	백제 멸망, 고구려 멸망, 신라의 삼국통일
918년	고려 건국(수도: 개성)
1231/1232년	몽골(원나라) 1/2차 침입
1274/1281년	여·원 1/2차 일본 정벌
1392년	고려 멸망/조선 왕조 건국(1910년: 멸망)
1592/1597년	임진왜란/정유재란
1627년/1636년	정묘호란/병자호란
1875년	일본 군대의 부산 입성, 첫 번째 불평등조약 강요: 부산, 원산, 제물포(인천) 개항(운요 호 사건)
1895년 4월 17일	청일전쟁의 승리 후 시모노세키조약 체결: 일본의 세력을 조선, 타이완, 중국 랴오둥반도의 항구도시 다롄으로 확장
1905년 11월 17일	조선의 외교권 박탈(을사늑약)
1910년 8월 22일	공식적으로 일본의 식민지가 됨(한일병합조약 조인 공포)
1919년 3월 1일	독립운동의 첫 번째 봉기(4월까지 지속됨)
1919년 4월 13일	중국 상하이에서 대한민국임시정부 수립·선포
1925년 4월 17일	조선공산당 설립
1932년 3월 1일	일제의 만주국 수립(1945년 8월 18일까지 존립)
1935년 9월부터	신도, 불교의 유입으로 일본 문화 식민화 강화(1940년부터 조선 일간지가 금지됨)
1944년 8월 23일	여자정신근로령 공포
1945년 2월 3~11일	얄타회담: 연합국의 한반도 관리지역 합의

1945년 8월 8일	소련이 일본에 전쟁선포, 한반도 북부지역 점령
1945년 8월 15일	일본 점령에서 해방, 조선건국준비위원회(건준) 설립
1945년 9월 2일	일본의 공식적 항복
1945년 9월 6일	여운형을 중심으로 한 건준이 조선인민공화국 선포
1945년 9월 8일	미국 군대가 한반도의 남부지역 점령
1946년 5/7월	1/2차 미소공동위원회 회담 결렬
1947년 3~9월	트루먼 독트린과 두 진영 이론에 근거하여 냉전시대 시작
1948년 4월 3일	제주 4·3항쟁
1948년 5월 10일	남한 단독 선거
1948년 8월 15일	대한민국 정부 수립(초대 대통령 이승만), 미군 철수 시작(1949년 7월 1일 창설된 주한미군사고문단도 철수)
1948년 8월 25일	북한 단독 선거
1948년 9월 9일	조선민주주의인민공화국 수립(내각수상 김일성, 1972년부터 주석), 대부분의 소련군 철수
1948년 10월 19일	여수·순천 사건
1949년 6월 29일	미국의 남한 철수 종결
1950년 2월 9일	스탈린, 남한 공격에 동의
1950년 6월 25일	북한의 남한 침공으로 한국전쟁 발발
1950년 9월 15일	유엔군의 인천상륙작전
1950년 9월 28일	유엔군의 서울 수복
1950년 10월 1일	38선을 넘어 북한으로 진격
1950년 10월 15일	웨이크 섬에서 트루먼 대통령과 맥아더의 회동
1950년 10월 19일	남한군과 유엔군의 평양 탈환
1950년 10월 18/25일	중국 인민지원군 개입
1950년 10월 26일	남한군과 유엔군의 압록강 초산 점령
1950년 11월 21일	남한군과 유엔군의 혜산진 도달
1950년 11월 26일	장진호 전투(12월 13일까지)
1950년 11월 30일	트루먼 대통령의 핵무기 투입 협박
1950년 12월 5일	중국 인민지원군에 의해 남한군과 유엔군 평양 철수
1950년 12월 16일	트루먼이 미국의 국가비상사태 선언
1951년 1월 4일	중국 인민지원군에 의해 두 번째로 남한 정부 서울 철수
1951년 2월	거창 양민학살 사건

1951년 3월 14일	유엔군의 서울 재수복
1951년 4월 9일	오키나와와 괌 미군기지에 핵무기인 B29 폭탄 이동
1951년 4월 11일	맥아더 장군 해임, 리지웨이 장군으로 교체
1951년 7월 10일	개성에서 휴전회담 시작(10월 25일부터 판문점으로 옮김)
1952년 6월 23일	미 전투기가 북한 에너지시설 폭격 시작
1952년 8월 29일	1,403대의 미 전투기가 평양을 폭격하는 최대 군사작전
1952년 11월 4일	아이젠하워, 미국 34대 대통령에 당선
1953년 3월 5일	스탈린 사망
1953년 4월 20일	1차 전쟁포로 교환: 소규모 교환(5월 3일까지)
1953년 7월 27일	판문점에서 정전협정 조인
1953년 8월 5일	2차 전쟁포로 교환: 대규모 교환(9월 6일까지)
1960년 4월 19/26일	4월 혁명/이승만 대통령 하야
1961년 5월 16일	박정희 군사독재 시작(1979년까지)
1979년 10월 26일	박정희 대통령 암살
1980년 5월 18일	광주민주화운동(5월 27일까지)
1983년 10월 9일	미얀마 양곤에서 남한 정부 사절단을 향한 북한의 폭탄 테러
1987년 6월 10/29일	6·10민주화운동/당시 노태우 장군이 대통령직선제 제안함(6·29선언). 12월 대통령 선거에서 당선됨
1987년 11월 29일	대한항공기(858편) 폭파 사건: 115명의 사망자 발생
1994년 7월 8일	북한의 권력세습: 김일성 사망, 후계자 김정일(2011년까지)
2000년 6월 13~15일	김대중 대통령과 김정일 국방위원장의 1차 남북정상회담 평양 개최
2005년 12월 1일	진실화해위원회 설립
2006년 10월 9일	북한의 1차 핵실험
2009년 5월 23일	노무현 대통령 서거
2009년 5월 25일	북한의 2차 핵실험
2009년 8월 18일	김대중 대통령 서거
2011년 12월 17일	김정일 사망: 최고영도자로 김정은이 후계자가 됨
2012년 12월 19일	남한의 대통령 선거: 보수정당 후보인 박근혜 당선
2013년 1월 1일	김정은이 신년사에서 경제개방을 공표함
2013년 2월 12일	북한의 3차 핵실험
2013년 3월 7~8일	중국의 동의 아래 북한의 핵실험에 대한 유엔의 대북제재 결의안 통과. 이에 북한은 미국에 핵공격 위협을 가하고 정전협정 백지화를 선언

서론: 냉전시대 최초의 열전

1 Als kleine Auswahl vgl. Blair, C., The Forgotten War. America in Korea, 1950–1953, New York 1987; West, Philip/Suh Ji-moon (Eds.), Remembering the "Forgotten War". The Korean War Through Literature and Art, London 2001; Steininger, R., Der vergessene Krieg. Korea 1950–1953, München 2006; Larsen, S. A., Wisconsin Korean War Stories. Veterans Tell their Stories from the Forgotten War, Madison 2008; Rich, J., Korean War in Color. A Correspondent's Retrospective on a Forgotten War, Seoul 2010; Melady, J., Korea. Canada's Forgotten War, Toronto [2]20II.

2 Lee, B. K., The Unfinished War—Korea, New York 2003; Miyoshi Jager, Sh., Korea. War Without End, London 2011; Kim, D./Kim, S., The Unending Korean War. A Social History, Larkspur 2009.

3 Gantzel, K. J./Schwinghammer, T., Die Kriege nach dem Zweiten Weltkrieg 1945–1992. Daten und Tendenzen, Münster 1995, 58 ff.u. R-215 ff.

4 Kim, D., Der Korea-Krieg und die Gesellschaft, Münster 2007, S. 163 ff. Zu Kriegsverbrechen an US-Soldaten: Chinnery, Ph., Korean Atrocity. Forgotten War Crimes, 1950–1953, Shrewsbury 2000.

5 Zum Folgenden: Stöver, B., Der Kalte Krieg. Geschichte eines radikalen Zeitalters, München 2011, S. 40 ff. Zur zeitgenössischen Debatte: Halperin, M. H., Limited War. An Essay on the Development of the Theory and an Annotated Bibliography, Cambridge 1962.

6 Dazu Greiner, B.u. a. (Hrsg.), Heiße Kriege im Kalten Krieg, Hamburg 2006, S. 9 f.

7 Tucker, Sp. C. (Ed.), Encyclopedia of the Korean War. A Political, Social, and Military History, New York 2002, S. 100; Steininger, Krieg (s. Anm. 1), S. 190 u.

193. Etwa eine Million Zivilisten soil allein den zahlreichen Massakern zum Opfer gefallen sein. Siehe dazu Oh, Y., Formen koreanischer Erinnerung an Krieg und Nachkrieg, in: Kleßmann, Chr./Stöver, B. (Hrsg.), Der Koreakrieg. Wahrnehmung—Wirkung—Erinnerung, Köln 2008, S. 179–191; hier: S. 189.

8 Text in: Rönnefarth, H. K. G. (Bearb.), Vertrags-Ploetz, Teil II, Bd. 4 A: Neueste Zeit 1914–1959, Würzburg 1959, S. 277–280.

9 Stalin's Correspondence with Churchill, Attlee, Roosevelt and Truman 1941–1945, Part 2, London 1958, S. 267 f.

10 Zum Folgenden: Chang, J., Mao. Das Leben eines Mannes. Das Schicksal eines Volkes, München [5]2005, S. 390 ff.

11 Siehe zu Osteuropa: Lundestad, G., The American Non-Policy Toward Eastern Europe, 1943–1947, New York 1975. Dazu: Stöver, B., Die Befreiung vom Kommunismus. Amerikanische Liberation Policy im Kalten Krieg 1947–1991, Köln 2002.

12 Zusammenfassend: Stöver, Befreiung (s. Anm. 11), S. 76 f., 101 f.; auch: Stueck, W. W., The Road to Confrontation: American Policy Toward China and Korea, 1947–50, Chapel Hill 1981, S. 117 ff.

13 Acheson, D.,Speech on the Far East, 10.1.1950, abgedruckt in: teaching-americanhistory.org.

14 Dazu: Stöver, Der Kalte Krieg (s. Anm. 5), S. 57, 94 ff u. 337 ff.

15 Meldung Focus, 4.3.2012.

16 Zusammenfassend: Woodhouse, Chr. M.,The Struggle for Greece 1941–1949, London 1976.

17 Truman, H. S., Memoirs, Vol. II: Years of Trial and Hope, 1946–52, New York 1956, S. 552.

18 Churchill, W. S., Der Zweite Weltkrieg, Bern 1954, S. 1080.

19 Rede Stalins vom 6.2.1946, in: Molotow, W., Fragen der Außenpolitik. Reden und Erklärungen, Moskau 1949, S. 26–28; hier: S. 35.Folgende Wiedergabe ebd.

20 Stöver, Der Kalte Krieg (s. Anm. 5), S. 11 f.

21 Rede abgedruckt in: Schubert, K. v. (Hrsg.), Sicherheitspolitik der Bundesrepublik Deutschland. Dokumentation 1945–1977, Teil I, Bonn 1977, S. 62–64.

22 Rede abgedruckt in: Ebd., S. 64–69.

23 Siehe Anm. 246.

1장: 일제 식민지 조선, 1910~1945년

1 Zur Frühgeschichte Koreas vgl. Nelson, S., The Archeology of Korea, Cambridge 1993; Lee, P. H. u. a. (Eds.), Sourcebook of Korean Civilization. Vol. 1: From Early Times to the 16th Century, New York 1993, S. 4 ff.

2 Eggert, M./Plassen, J., Kleine Geschichte Koreas, München 2005, S. 119.

3 Stöver, B., United States of America. Geschichte und Kultur. Von der ersten Kolonie bis zur Gegenwart, München 2012, S. 397 ff.

4 Dudden, A., Japan's Colonization of Korea. Discourse and Power. Honolulu 2005, S. 7 ff.

5 Cumings, B., Korea's Place in the Sun. A Modern History, New York [2]2005, S. 155.

6 Seo, G., Yeaksaeui Jeungin. Jaeil Choseonnin Qanichi als Zeugen der Geschichte), Seoul 2012, S. 87 ff. Dank an Unsuk Han für die Information.

7 Eggert/Plassen, Kleine Geschichte Koreas (s. Anm. 25), S. 135. Folgende Zahl ebd., S. 136.

8 Zahl für das Jahr 1935, Siehe Mason, E. S., The Economic and Social Modernization of the Republic of Korea, Cambridge 1980, S. 63 (Tab. 2).

9 Quelle: Zahlen nach ebd., S. 63.

10 Dudden, Japan's Colonization of Korea (s. Anm. 27), S. 115 f.

11 Eggert/Plassen, Kleine Geschichte Koreas (s. Anm. 25), S. 178. Folgende Angabe ebd., S. 177.

12 Das unterdrückte Asien und die Unterdrückermächte Europas, Nov. 1924, in: Wittfogel, K. A. (Hrsg.), Sun Yat Sen. Aufzeichnungen eines chinesischen Revolutionärs. Eingeleitet durch eine Darstellung der Entwicklung Sun Yat Sens und des Sun-Yat-Senismus, Wien o. J., S. 331–337; hier: S. 337.

13 Sun Yat-sen, Rede zum Tode Lenins, 25.1.1924, in: Wittfogel, Sun Yat Sen (s. Anm. 35), S. 323 f.

14 Cumings, Korea's Place (s. Anm. 28), S. 158 ff.

15 Suh, D., The Korean Communist Movement 1918–1948, Princeton 1967, S. 68 ff. Zu Kim Il-sungs Aufstieg siehe ebd., S. 256 ff.

16 Ebd., S. 264.

17 Cumings, Korea's Place (s. Anm. 28), S. 160.

18 Kleßmann, Chr./Stöver, B., Fragen an den Koreakrieg, in: Dies., Der Koreakrieg (s. Anm. 7), S. 7–23; hier: S. 7.

19 The Japan Times, 18.4.2007. Dazu: Soh, C. S., The Comfort Women. Sexual Violence and Postcolonial Memory in Korea and Japan, Chicago 2008, S. 155 ff.; Brooks, R. (Ed.), When Sorry Isn't Enough: The Controversy Over Apologies and Reparations for Human Injustice, New York 1999, S. 115 f.

20 Ebd., S. 179. Eine Sammlung von Interviews bei Hicks, G., The Comfort Women. Sex Slaves of the Japanese Imperial Forces, London 1995.

21 Soh, Comfort Women (s. Anm. 43), S. 138.

22 Zahlen nach: Cumings, Korea's Place (s. Anm. 43), S. 170. Folgende Angaben ebd., S. 177.

23 Ebd., S. 182.

24 Zitiert nach: Steininger, Der vergessene Krieg (s. Anm. 1), S. 14.

25 Unterredung in Washington, 15.5.1945, in: Deuerlein, E. (Hrsg.), Potsdam 1945. Quellen zur Konferenz der "Großen Drei", München 1963, S. 98–101; hier: S. 101.

26 Address to the Congress, 8.1.1918, in: Heckscher, A. (Ed.), The Politics of Woodrow Wilson. Selections from His Speeches and Writings, Freeport 1956, S. 299–313.

27 Eggert/Plessen, Kleine Geschichte Koreas (s. Anm. 25), S, 146.

28 Steininger, Der vergessene Krieg (s. Anm. 1), S. 13.

2장: 한반도의 분단, 1945~1950년

1 Meldung dpa v. 13.8.1995.

2 Grabowsky, V., Zwei-Nationen-Lehre oder Wiedervereinigung. Die Einstellung der Partei der Arbeit Koreas und der Sozialistischen Einheitspartei Deutschlands zur nationalen Frage ihrer Länder seit dem Zweiten Weltkrieg. Ein Vergleich, Bochum 1987, S. 111.

3 Weathersby, K., Soviet Aims in Korea and the Origins of The Korean War, 1945–1950: New Evidence from Russian Archives, Washington 1993 (= CWIHP Working Paper 8), S. 11.

4 Ebd., S. 14.

5 Rede abgedruckt in: teachingamericanhistory.org.

6 Truman, Memoirs (s. Anm. 17), S. 331.

7 Ree, E. v., Socialism in One Zone. Stalin's Policy in Korea, 1945–1947, Oxford

1989, S. 183 (Tabelle 2).

8 Weathersby, Soviet Aims (s. Anm. 54), S. 13.

9 Lee, K., A New History of Korea, Cambridge 1984, S. 375.

10 Zellers, L., In Enemy Hands. A Prisoner in North Korea, Lexington 1991, S. 1.

11 Lee, S., Pukhan Minjokjueuiundong Yeongu (Studien zum nordkoreanischen Nationalismus), Seoul 2008 (in Koreanisch), S. 230. Dank an Unsuk Han für diesen Hinweis.

12 Zum Folgenden: Ree, Socialism (s. Anm. 58), S. 141 ff.

13 Ebd., S. 149 ff.

14 Mason, Economic and Social Modernization (s. Anm. 31), S. 177 (Tab. 34).

15 Quelle: Ebd.

16 Kim, Korea-Krieg (s. Anm. 4), S. 215 ff. Zum Ereignis: Scott-Stokes, H./ Lee, J. (Eds.), The Kwangju Uprising. Eyewitness Press Accounts of Korea's Tiananmen, Armonk 2000.

17 Steininger, R., Deutsche Geschichte seit 1945. Darstellung und Dokumente. Bd. 2: 1948–1955, Frankfurt a. M. 1997, S. 76 ff. Dazu: Stöver, B. Die Bundesrepublik Deutschland. Kontroversen um die Geschichte, Darmstadt 2002, S. 51 ff.

18 Stokesbury, J. L., A Short History of the Korean War, New York 1988, S. 39, geht von rund 95,000 Mann Bodentruppen, 2000 Mann Luftwaffe sowie 48,000 Polizisten und 6,000 Mann Küstenwache aus.

19 Tucker, Encyclopedia (s. Anm. 7), S. 29. Folgende Angaben ebd., S. 30 ff. u. 476.

20 Appleman, R. E., South to the Naktong, North to the Yalu (June-November 1950), Washington D. C. 1961, S. 12 ff.

21 Zitiert nach: Halberstam, D., The Coldest Winter. America and the Korea War, London 2009, S. 84.

22 Stokesbury, Short History (s. Anm. 69), S. 61.

23 Appleman, South to the Naktong (s. Anm. 71), S. 8 ff. Zum Folgenden ebd.

24 Vgl. dazu z. B. die 1970 zunächst in russischer Sprache vorgelegte Militärgeschichte: Bagramjan, I. (Hrsg.), Geschichte der Kriegskunst, Berlin (O) [2]1978, S. 577. Dazu: Röwer, J., Die kommunistische Geschichtsschreibung und der Ausbruch des Koreakrieges 1950, in: Wehrwissenschaftliche Rundschau 15 (1965), S. 375–400.

25 Groehler, O., Der Koreakrieg 1950 bis 1953. Das Scheitern der

amerikanischen Aggression gegen die KDVR, Berlin (O) 1980, S. n ff.

26 Als besonders krasses Beispiel: Byun-Brenk, W., Der Präventivkrieg Amerikas in Korea 1950, Thunum 2005.

27 Kraschutzki, H., Die verborgene Geschichte des Korea-Krieges, Hannover 1957.

28 Horowitz, D., Kalter Krieg. Hintergründe der US-Politik von Jalta bis Vietnam, Berlin 1983, S. 111 f.

29 Groehler, Koreakrieg (s. Anm. 76), S. 14. Dazu: Grabowsky, Zwei-Nationen-Lehre (s. Anm. 53), S. 169 ff.

30 Talbott, St. (Hrsg.), Chruschtschow erinnert sich, Stuttgart 1971, 372 ff.

31 Grabowsky, Zwei-Nationen-Lehre (s. Anm. 53), S. 169.

32 Groehler, Koreakrieg (s. Anm. 76), S. 12.

33 Horowitz, Kalter Krieg (s. Anm. 79), S. 107.

34 Kolko, G./Kolko, J., The Limits of Power. The World and United States Foreign Policy, 1945–1954, New York 1972, S. 577.

35 Cumings, Korea's Place (Anm. 28), S. 248.

36 Kim, Korea-Krieg (s. Anm. 4), S. 176.

3장: 한국전쟁의 시작, 1950년 6~10월

1 Protokoll v. 5.3.1949 aus: Archive of the Foreign Policy of the Russian Federation, Fond 059a, Opis 5a, Delo 3, Papka 11, listy 10–20, in: www.wilsoncenter.org/digital-archive. Zur sowjetischen Forschung auch: Ergorova, N.I., Die UdSSR und der Krieg in Korea: neue Dokumente, neue Ansichten, in: Bonwetsch, B./Uhl, M. (Hrsg.), Korea—ein vergessener Krieg? Der militärische Konflikt auf der koreanischen Halbinsel 1950–1953 im internationalen Kontext, München 2012, S. 75–83.

2 Talbott, Chruschtschow erinnert sich (s. Anm. 81), S. 372 f.

3 Stöver, Befreiung (s. Anm. 11), S. 14 f.

4 Talbott, Chruschtschow erinnert sich (s. Anm. 81), S. 373. Folgendes Zitat ebd.

5 Friedmann, N., The Fifty-Years Wan Conflict and Strategy in the Cold War, Annapolis 2000, S. 153, sowie Steininger, Der vergessene Krieg (s. Anm. 1), S. 33.

6 Stueck, W., Rethinking the Korean War. A New Diplomatic and Strategic

History, Princeton 2002, S. 74.

7 NSC 48/1, 23.12.1949, in: Etzold, Th. E./ Gaddis, J. L. (Eds.), Containment. Documents on American Policy and Strategy 1945–1950, New York 1978, S. 252–269; hier: S. 264 f. Inhalt von NSC 48/2, 30.12.1949, entsprechend.

8 Talbott, Chruschtschow erinnert sich (s. Anm. 81), S. 373.

9 Ebd.

10 Zitiert nach: Cumings, Korea's Place (Anm. 28), S. 251.

11 Zur Position Maos vor und im Koreakrieg: Chang, Mao (s. Anm. 10), S. 465 ff.

12 Ebd., S. 476.

13 Zur Ankunft der sowjetischen Einheiten siehe Zhang, X., Red Wings over the Yalu. China, The Soviet Union, and the Air War in Korea, College Station 2002, S. 61 ff. Dazu auch: Tucker, Encyclopedia (s. Anm. 7), S. 607.

14 Tucker, Encyclopedia (s. Anm. 7), S. 607.

15 Stöver, Der Kalte Krieg (s. Anm. 5), S. 348 ff.

16 Zum Folgenden: Shen, Z., Sino-Soviet Relations and the Origins of the Korean War. Stalin's Strategic Goals in the Far East, in: Journal of Cold War Studies 2 (2000), No. 2, S. 44–68.

17 Zitiert nach: Ebd.

18 Zellers, In Enemy Hands (s. Anm. 6i), S. 1.

19 Manchester, W., American Caesar. Douglas MacArthur,1880–1964, Boston 1978, S. 543.

20 Rusk, D., As I saw It. A Secretary of State's Memoirs, London 1990, S. 139. Dazu und zum Folgenden: Andrew, Chr., For the President's Eyes Only. Secret Intelligence and the American Presidency from Washington to Bush, New York 1995, S. 184 ff.

21 The Ambassador in Korea (Muccio) for the Department of State, in: Foreign Relations of the United States (FRUS) 1950, Vol. VII, Washington 1950, S. 125 f.; hier: S. 126.

22 Muccio to Secretary of State, in ebd., S. 127.

23 New York Times, 26.6.1950.

24 Muccio to Department of State, in: FRUS 1950, Vol. VII (s. Anm. 108), S. 129.

25 Truman, Memoirs (s. Anm. 17), S. 332

26 Quelle: Hermes, W. G., Truce Tent and Fighting Front, Washington 1966, S. 514.

27 Stokesbury, Short History (s. Anm. 69), S. 48.

28 Tucker, Encyclopedia (s. Anm. 7), S. 201.

29 Hermes, Truce Tent (s. Anm. 113), S. 513.

30 Tucker, Encyclopedia (s. Anm. 7), S. 585.

31 Für das Folgende: Futrell, R. F., The Korean War, in: Goldberg, A. (Ed.), A History of the United States Air Force 1907–1957, London 1957, S. 243–258; hier: S. 244.

32 Ebd., S. 244. Folgende Zahlenangaben ebd.

33 Krylov, L./Tepsurkaev, Y., Soviet MiG-15 Aces of the Korean War, Oxford 2008, S. 11 ff.

34 Zhang, Red Wings (s. Anm. 100), S. 61 u. 218 ff.; Breuer, W. B., Shadow Warriors. The Covert War in Korea, New York 1996, S. 185 ff.; Lashmar, P., Spy Flights of the Cold War, Thrupp 1996, S. 49.

35 Intelligence Estimate, Department of State, 25.6.1950, in: FRUS 1950, Vol. VII (s. Anm. 108), S. 148–154; hier: S. 149-Folgende Wiedergabe ebd., S. 154.

36 Horowitz, Kalter Krieg (s. Anm. 79), S. 112.

37 Ritchie, E. C., Psychiatry in the Korean War: Perils, Pies, and Prisoners of War, in: Military Medicine 167 (2002), S. 898–903.

38 So bei Horowitz, Kalter Krieg (s. Anm. 79), S. 112.

39 Yi, H., Gespiegelte Utopien in einem geteilten Land. Zu politischen Sozialisationen in Korea, Kassel 2006, S. 57. Dazu ausführlich: Hanley, Ch. J. u. a., The Bridge at No Gun Ri, New York 2001; Hanley, Bridge at No Gun Ri; Washington Post, 29.5.2006; Der Spiegel, 25.7.2006. Auch: Das Massaker von No Gun Ri, Dokumentarfilm von M. Wiese (2006).

40 Kim, D., Die kollektive Erinnerung an die Massaker während des Koreakrieges und die historische Aufarbeitung in Südkorea, in: Kleßmann/Stöver, Der Koreakrieg (s. Anm. 7), S. 161–178; hier: S. 162.

41 Goulden, J. C., Korea. The Untold Story of the War, New York 1982, S. 177 ff.

42 Zum Beispiel des Vietnamkriegs siehe Greiner, B., Krieg ohne Fronten. Die USA in Vietnam, Bonn 2007.

43 Kim, D., Forgotten war, Forgotten massacres—the Korean War (1950–1953) as licensed mass killings, in: Journal of Genocide Research 6 (2004), S. 523–544; hier: S. 530.

44 Ebd., S. 531.

45 Chinnery, Korean Atrocity (s. Anm. 4), S. 19.

46 Appleman, South to the Naktong (s. Anm. 71), S. 285 f.

47 Chinnery, Korean Atrocity (s. Anm. 4), S. 23 ff.

48 Stokesbury, Short History (s. Anm. 69), S. 53.

49 Stärke am 30.6.1951. Siehe Hermes, Truce Tent (s. Anm. 113), S. 513. Folgende Angaben ebd.

50 Folgende Zahlen nach Zhang, S., Mao's Military Romanticism. China and the Korean War, 1950–1953, Lawrence 1995, S. 263 ff. Einschließlich der anderen Truppengattungen und aller Reserven hinter der Grenze sollen bis zu 1, 35 Mio. chinesische Soldaten aufgeboten worden sein (vgl. ebd., S. 257). Bei den sowjetischen Einheiten standen rand 70,000 Mann in Reserve (s. Anm. 101).

51 Zur Operation: Tucker, Encyclopedia (s. Anm. 7), S. 273–278, hier: S. 275 f. Folgendes Zitat ebd., S. 276. Ausführlich: Montross, L./Canzona, N. A., U. S. Marine Operations in Korea. Vol. 2: The Inchon-Seoul Operation, Washington D. C. 1955, S. 73 ff.

52 Klein, Th./Koebner, Th. (Hrsg.), Kriegsfilm, Stuttgart 2006, S. 257 ff.

53 Quellen: Hermes, Truce Tent (s. Anm. 113), S. 514; Zhang, Mao's Military Romanticism (s. Anm. 137), S. 257, 263 ff.; Tucker, Encyclopedia (s. Anm. 7), S. 126, 339 f., 356 f.; Stokesbury, Short History (s. Anm. 69), S. 38, 44, 204.

54 Tucker, Encyclopedia (s. Anm. 7), S. 278.

55 Wainstock, D. D., Truman, MacArthur, and the Korean War, New York 2011, S. 52.

56 Stokesbury, Short History (s. Anm. 69), S. 61.

57 Zitiert nach: Ra, J., Governing North Korea. Some Afterthoughts on the Autumn of 1950, in: Journal of Contemporary History 40 (2005), S. 521–546; hier: S. 544.

58 Ebd., S. 527.

59 Talbott, Chruschtschow erinnert sich (s. Anm. 81), S. 376 f.

60 Chen, J., The Sino-Soviet Alliance and China's Entry into the Korean War, CWIHP Working Paper No.i, Washington 1992, S. iS. Zum Folgenden S. 28.

61 Spanier, J., The Truman—MacArthur Controversy and the Korean War, Cambridge 1959, S. 88.

62 Horowitz, Kalter Krieg (s. Anm. 79), S. 115.

63 Truman, Memoirs (s. Anm. 17), S. 359.

64 Zum Folgenden Stöver, Befreiung (s. Anm. 11), S. 180.

65 Ebd., S. 187 ff. u. 202 ff.

66 Sammlung von Pilotenaussagen bei Knox, D./Coppel, A., The Korean War. Uncertain Victory, New York 1985, S. 227 ff. Siehe auch Friedrich, J., Yalu. An den Ufern des dritten Weltkriegs, Berlin 2007, S. 410 ff.

67 Talbott, Chruschtschow erinnert sich (s. Anm. 81), S. 376.

68 Substance of Statements Made at Wake Island Conference, 15.10.1950, in: FRUS 1950, Vol. VII (s. Anm. 108), S. 948–960; hier: S. 953.

4장: 전쟁의 전환점과 휴전, 1950년 10월~1953년 7월

1 Telegramm (Everett Drumright) an US-Aufienministerium, 5.11.1950, in: ebd., S. 1954 f.; hier: S. 1055.

2 Spanier, The Truman—MacArthur Controversy (s. Anm. 148), S. 104 ff.; Wainstock, Truman, MacArthur, and the Korean War (s. Anm. 142), S. 80.

3 Manchester, American Caesar (s. Anm. 106), S. 602.

4 Truman, Memoirs (s. Anm. 17), S. 375. Dazu das Memorandum of Conversation, by the Secretary of State, 6.11.1950, m: FRUS 1950, Vol. VII (s. Anm. 108), S. 1055–1057.

5 Zitiert nach:. FRUS 1950, Vol. VII (s. Anm. 108), S. 1058, Fußnote 1. Folgende Wiedergabe: Telegramm JCS an MacArthur, 6.11.1950, in: ebd., S. 1075 f.

6 Zitiert nach: Manchester, American Caesar (s. Anm. 106), S. 603.

7 Tucker, Encyclopedia (s. Anm. 7), S. 608 f.; Spanier, The Truman—MacArthur Controversy (s. Anm. 106), S. 108 u. 111 f.

8 Zitiert nach: Chang, Mao (s. Anm. 10), S. 470.

9 Talbott, Chruschtschow erinnert sich (s. Anm. 81), S. 377.

10 Dazu ausführlich: Spanier, The Truman—MacArthur Controversy (s. Anm. 148), S. 187 ff.

11 New York Times, 30.2.u.1.12.1950. Dazu: Truman, Memoirs (s. Anm. 17), S. 395 f.

12 Annual Message to the Congress on the State of the Union, in: Eisenhower, D.D., Public Papers of the Presidents of the United States. Dwight D. Eisenhower, 1953, Washington o. J., S. 12–34; hier: S. 17.

13 Stöver, Befreiung (s. Anm. 2), S. 62 f.

14 Zum Folgenden: Cumings, B., The Origins of the Korean War. Vol.2: The Roaring of the Cataract 1947–1950, Princeton 1990, S. 747 ff.

15 Zitiert nach: Ebd., S. 749.

16 Ebd., S. 750.

17 Der Spiegel, 4.1.1961.

18 Aussage Bradleys vom 15.5.1951, in: Czempiel, E.-O./ Schweitzer, C.-C. (Hrsg.), Weltpolitik der USA nach 1945, Einführung und Dokumente, Bonn 1989, S. 57 f.; hier: S. 57.

19 Zitiert nach: James, D. C., The Years of MacArthur. Triumph and Disaster, Boston [2]1970, S. 616 (auch: Halberstam, D., The Fifties, New York 1993, S. 115).

20 Stöver, United States of America (s. Anm. 26), S. 198.

21 Zitiert nach: Tucker, Encyclopedia (s. Anm. 7), S. 663.

22 Boyne, W. J., Beyond the Wild Blue. A History of the United States Air Force 1947–1997, New York 1997, S. 94.

23 Kim, Forgotten War (s. Anm. 130), S. 530.

24 Zitiert nach: Futrell, The Korean War (s. Anm. 118), S. 247.

25 Futrell, R. F., The United States Air Force In Korea 1950–1953, New York 1961, S. 53.

26 Futrell, The Korean War (s. Anm. 118), S. 249.

27 Gillespie, P. G., Weapons of Choice. The Development of Precision Guided Munitions, Tuscaloosa 2006, S. 58.

28 Futrell, United States Air Force In Korea (s. Anm. 180), S. 645.

29 Tucker, Encyclopedia (s. Anm. 7), S. 25. Folgende Zahlen ebd.

30 Futrell, United States Air Force In Korea (s. Anm. 180), S. 645.

31 Chong, D., The Girl in the Picture. The Remarkable Story of Vietnam's Most Famous Casualty, London 2000.

32 Cumings, B., Napalm über Nordkorea, in: Le Monde diplomatique, 10.12.2004.

33 Blair, Forgotten War (s. Anm. 1), S. 515.

34 Cumings, Napalm über Nordkorea (s. Anm. 187). Folgendes Zitat ebd.

35 No, K., A MiG-15 to Freedom. Memoir of the Wartime North Korean Defector who First Delivered the Secret Fighter Jet to the Americans in 1953, Jefferson 2007.

36 Der Spiegel, 12.12.1951.

37 Lashmar, Spy Flights (s. Anm. 121), S. 50. Folgende Angabe ebd., 50 f.

38 Futrell, United States Air Force In Korea (s. Anm. 180), S. 645.

39 Tabelle zu den Truppenstärken bei Zhang, Red Wings (s. Anm. 100), S. 215 ff.

40 Zum Einsatz sowjetischer Piloten: Tucker, Encyclopedia (s. Anm. 7), S. 607 f.; Zhang, Red Wings (s. Anm. 100), S. 61 ff. u. 122 ff.; O'Neill, M. A., The Other Side of the Yalu. Soviet Pilots in Korea, Phase one, 1 November 1950–12 April 1951, Diss. (ms.), Tallahassee 1996.

41 Tucker, Encyclopedia (s. Anm. 7), S. 687.

42 Futrell, The Korean War (s. Anm. 118), S. 255.

43 Futrell, United States Air Force In Korea (s. Anm. 180), S. 645.

44 Tucker, Encyclopedia (s. Anm. 7), S. 25. Folgende Wiedergabe ebd.

45 Futrell, United States Air Force In Korea (s. Anm. 180), S. 645; Boyne, Beyond the Wild Blue (s. Anm. 177), S. 94.

46 Zhang, Red Wings (s. Anm. 100), S. 219 ff. (Appendix C).

47 Ebd., S. 224 ff. (Appendix D).

48 Spinnler, P., Das Kriegsgefangenenrecht im Koreakonflikt. Eine Untersuchung über die Konfrontation des traditionellen Kriegsgefangenenrechts mit Erscheinungsformen moderner bewaffneter Konflikte, Diessenhofen 1976, S. 52 u. 75 ff.

49 Tucker, Encyclopedia (s. Anm. 7), S. 100, sowie Steininger, Der vergessene Krieg (s. Anm. 1), S. 190 u. 193.

50 Steininger, Der vergessene Krieg (s. Anm. 1), S. 193. Folgende Angabe ebd., S. 190. Das Pentagon nennt bis heute andere Zahlen, die teilweise weit darunter, teilweise weit darüber liegen (http://koreanwar.defense. gov/fact.html).

51 http://koreanwar.defense.gov/history.html.

52 Dean, W. F., General Dean's Story, London 1973, S. 226.

53 Steininger, Der vergessene Krieg (s. Anm. 1), 190.

54 Zu den Ereignissen auf Jeju-do: Kim, Korea-Krieg (s. Anm. 4), S.174 ff.; Newsweek Magazine, 18.6.2000.

55 Folgende Angaben nach Newsweek Magazine, 18.6.2000. Kim, Korea-Krieg (s. Anm. 4), S. 175, geht von einem Mittelwert von insgesamt 30,000 Toten aus.

56 Zu den folgenden Zahlenangaben: Kim, Korea-Krieg (s. Anm. 4), S. 175 ff. Zum Ereignis auch Stueck, W., The Korean War in World History, Lexington 2004, S. 39.

57 Zum Folgenden, insbesondere auch den Zahlenangaben: Kim, Korea-Krieg (s. Anm. 4), S. 176 ff.

58 Yi, Utopien (s. Anm. 126), S. 57.

59 Kim, Korea-Krieg (s. Anm. 4), S. 182 f.

60 Yi, Utopien (s. Anm. 126), S. 57.

61 Daugherty, W. E., A Psychological Warfare Casebook, Baltimore 1958, S. 828 ff.

62 Folgende Angaben Kim, Korea-Krieg (s. Anm. 4), S. 188.

63 Ebd.

64 Ebd.

65 Kim, Korea-Krieg (s. Anm. 4), 179 ff.

66 Tucker, Encyclopedia (s. Anm. 7), S. 325 f.

67 Viele dieser Massaker weisen damit deutliche Parallelen zum Vorgehen der Japaner vor und während des Zweiten Weltkriegs auf: Siehe dazu Chang, I., The Rape of Nanking. The Forgotten Holocaust of World War II, New York 1997.

68 Yi, Utopien (s. Anm. 126), S. 192 f.

69 Tucker, Encyclopedia (s. Anm. 7), S. 240.

70 Ebd.

71 http://koreanwar.defense.gov/history.html.

72 Hermes, Truce Tent (s. Anm. 113), S. 514 f.; Tucker, Encyclopedia (s. Anm. 7), S. 74 u. 76. Folgende Angabe ebd.

73 Chinnery, Korean Atrocities (s. Anm. 4), S. 14 ff.

74 Zum Verlauf der Verhandlungen: Tucker, Encyclopedia (s. Anm. 7), S. 512 ff. u. 42 ff., sowie Foot, R., A Substitute for Victory. The Politics of Peacemaking at the Korean Armistice Conference, Ithaca 1990, S. 42 ff.

75 Me Coy, A. W., Foltern und foltern lassen. 50 Jahre Folterforschung und -praxis von CIA und US-Militär, Frankfurt a. M. [2]2006, S. 36 ff.

76 Chang, Mao (s. Anm. 10), S. 480. Folgendes Zitat nach ebd., S. 482.

77 Hermes, Truce Tent (s. Anm. 113), S. 514. Folgende Zahlenangabe ebd.

78 Foreign Relations of the United States, 1952–1954. Korea (in two parts) 1952–1954, Vol. XV, Part 1, Washington 1984, S. 1096 f.

79 Aus: Ebd., S. 514.

80 Hermes, Truce Tent (s. Anm. 113), S. 514. Folgende Zahlenangabe ebd. Erst 1992 wurde offiziell durch Anhörungen des US-Senats bekannt, dass mindestens 900 amerikanische Soldaten nicht freigelassen worden waren, sondern u. a. in die UdSSR gebracht worden waren. Vgl. Hearing on Cold War, Korea, WW II POWs, Nov. 1992, Washington 1992.

81 Tucker, Encyclopedia (s. Anm. 7), S. 76. Folgende Zahlenangabe ebd., S. 77.

82 Quelle: Hermes, Truce Tent (s. Anm. 113), S. 515.

83 Zum Ablauf der Waffenstillstandsverhandlungen: Hermes, Truce Tent (s. Anm. 113), S. 489 ff. Zur Zahl der Augenzeugen und Journalisten: Clark, M. W., From The Danube to the Yalu, New York 1954, S. 295. Der Wortlaut des Abkommens ist abgedruckt bei Hermes, Truce Tent (s. Anm. 113), S. 516–538.

84 Zahlen nach Bechtol, B. E., Paradigmenwechsel des Kalten Krieges. Der Koreakrieg 1950–1953, in: Greiner, Heifie Kriege (s. Anm. 6), S. 141–166; hier: S. 151.

85 Washington Post, 11.1.1998.

86 Bechtol, Paradigmenwechsel (s. Anm. 239), S. 150.

5장: 한국전쟁이 전 세계에 미친 결과

1 Stöver, Befreiung (s. Anm. 11), S. 176 ff.

2 Bamford, J., Body of Secrets. Anatomy of the ultra-secret National Security Agency, New York 2002, S. 24 ff.

3 Stöver, Der Kalte Krieg (s. Anm. 5), S. 61 ff.

4 NSC 68 abgedruckt in: Etzold/Gaddis, Containment (s. Anm. 94), S. 385–442. Die erst später freigegebenen Anhänge, vor allem Annex 9 zu NSC 68/1, o. D., die sich dezidierter zu den Einzelheiten äußern, in: National Archives, Lot 64 D 563, Boxes 54, 57, 58.

5 Dülffer, J., Jalta, 4. Februar 1945. Der Zweite Weltkrieg und die Entstehung der bipolaren Welt, München [2]1999, S. 236.

6 Zur Technik des Kalten Krieges vgl. Stöver, Der Kalte Krieg (s. Anm 5), S. 178 ff; hier: S. 180.

7 Zahlen nach: Chambers, J. W. u. a. (Eds.), The Oxford Guide to American Military History, Oxford 1999, S. 53. Folgende Angaben ebd.

8 Stöver, Befreiung (s. Anm. 11), S. 93. Zur Beliebtheit MacArthurs siehe Gallup, G. H., The Gallup Poll. Public Opinion 1935–1971, Bd. 2: 1949–1958, New York 1972, S. 981 (Umfrage: 16.–21.4.1951).

9 Zitiert nach: Stöver, B., Rollback: Eine offensive Strategic im Kalten Krieg, in: Junker, D. (Hrsg.), Die USA und Deutschland im Zeitalter des Kalten Krieges.

Bd. 1: 1945–1968, Stuttgart 2001, S. 160–168; hier: S. 161.

10 Life, 27.4. u. 14.9.1953.

11 Hermes, Truce Tent (s. Anm. 113), S. 515. Folgende Angabe ebd. Auch: Spinnler, Kriegsgefangenenrecht (s. Anm. 203), S. 55. Zu den aufsehenerregenden 21 US-Fällen: Pasley, V., 21 Stayed. The Story of the American GI's who chose Communist China. Who They Were and Why They Stayed, New York 1955.

12 Kinkead, E., In Every War But One, New York 1959.

13 Biderman, A. D., March to Calumny. The Story of the American POWs in the Korea War, New York 1963, S. 13 ff.

14 Executive Order 10631, 17. August 1955. Dazu: Tucker, Encyclopedia (s. Anm. 7), S. 533 f.

15 Spinnler, Kriegsgefangenenrecht (s. Anm. 203), S. 17 f. Folgende Angaben ebd., S. 43 ff.

16 Ebd., S. 46.

17 Korean War Atrocities. Hearing before the Subcommittee on Korean War Atrocities of the Permanent Subcommittee on Investigations of the Committee on Government Operations, United States Senate, 4.12.1953, Washington 1954, S. 182 ff. (Aussage Lt. Col. R. Abbott).

18 Spinnler, Kriegsgefangenenrecht (s. Anm. 203), S. 43.

19 Ebd., S. 47.

20 McCoy, Foltern (s. Anm. 230), S. 33.

21 Hunter, E., Brain-washing in Red China. The Calculated Destruction of Men's Minds, New York 1951.

22 Streatfeild, D., Gehirnwäsche: Die Geheime Geschichte der Gedankenkontrolle, Frankfurt a. M. 2008, S. 21 f.

23 Lashmar, Spy Flights (s. Anm. 121), S. 55.

24 Siehe die Website des National Security Archive mit einigen freigegebenen weiteren Handbüchern: gwu.edu/~nsarchiv/NSAEBB/NSAEBB 122/index.htm#kubark. Das Ausgangsprogramm MKUltra wurde 1973 gestoppt.

25 POW—The Fight Continues After the Battle. The Official Report of the Advisory Committee on Prisoners of War, Department of Defense, Washington D. C. 1955.

26 Zum Folgenden: Kinkead, In Every War (s. Anm. 253), S. no; Spinnler, Kriegsgefangenenrecht (s. Anm. 203), S. 59 ff. Dazu als eine Art Roman:

White, W. L., The Captives of Korea. An Unofficial White Paper on the Treatment of War Prisoners, Reprint Westport 1978 [1957], insbes. S. 103 ff.

27 Kinkead, In Every War (s. Anm. 253), S. 64 ff.; Leckie, R., Conflict. The History of the Korean War, New York 1996, S. 390.

28 Bericht AP, 17.11.2004.

29 Adams, C., An American Dream. The Life of an African American Soldier and POW Who Spent Twelve Years in Communist China. Ed. by Della Adams and Lewis H. Carlson, Amherst 2007, S. Xlff.

30 Pasley, 21 Stayed (s. Anm. 252), S. 111 ff.; Zitat: S. 115.

31 AP, 17.11.2004.

32 Jenkins, C. R., The Reluctant Communist. My Desertion, Court-Martial, and Forty-Year Imprisonment, Berkeley 2008, S. 21. Zur "Flucht" S. 153 ff.

33 Ebd., S. 20 f. Siehe die Dokumentation *Deserter recalls N.Korean Hell*, CBS, 60 Minutes, 23.10.2005.

34 Zitiert nach: Asia Times Online, 23.2.2007.

35 The Washington Post, 13.9.1979.

36 Dazu: Stöver, B., Zuflucht DDR. Spione und andere Übersiedler, München 2009.

37 Daily NK, 13.5.2011. Zahlen nach den Erhebungen des Committee for Human Rights in North Korea (HRNK).

38 Stöver, Zuflucht DDR (s. Anm. 277), S. 77 ff. u. 147 ff.

39 Siehe dazu ebd., S. 164 ff., u. Stöver, B., Der Fall Otto John. Neue Dokumente zu den Aussagen des deutschen Geheimdienstchefs gegenüber MfS und KGB, in: Vierteljahrshefte für Zeitgeschichte 47 (1999), S. 103–136.

40 Stöver, Befreiung (s. Anm. 11), S. 189 ff.

41 Ra, Governing North Korea (s. Anm. 144), S. 523 u. 527.

42 Daugherty, Psychological Warfare Casebook (s. Anm. 216), S. 225 ff.

43 Zahlen nach Frey, M., Geschichte des Vietnamkriegs. Die Tragödie in Asien und das Ende des amerikanischen Traums, München 62002, S. 28. Folgende Angaben ebd.

44 Text nachgewiesen im Avalon Project der Yale Law School unter: ava-lon.law. yale.edu/20th_century/koroo 1. asp.

45 Text nachgewiesen ebd. unter avalon.law.yale.edu/20th_century/chin 001. asp.

46 Stöver, Der Kalte Krieg (s. Anm. 5), S. 229 ff.

47 Stöver, United States of America (s. Anm. 26), S. 525 ff.
48 Zitiert nach: Chang, Mao (s. Anm. 10), S. 475.
49 Für das Folgende ebd., S. 477 ff.
50 Stöver, Der Kalte Krieg (s. Anm. 5), S. 348 ff.
51 Ebd., S. 349.
52 Kissinger, H. A., Memoiren 1968–1973, München 1979, S. 182.
53 Klimó, A. v./Behrends, J. C., Osteuropa und Stalins Krieg im Fernen Osten, Auswirkungen des Koreakrieges auf Polen und Ungarn, in: Kleßmann/Stöver, Der Koreakrieg (s. Anm. 7), S. 55–71.
54 Ebd., S. 65.
55 Zum Folgenden: Lindenberger, Th., Westeuropa und der Koreakrieg. Die Folgen für die politische Kultur in Frankreich, in: Kleßmann/ Stöver, Der Koreakrieg (s. Anm. 7), S. 42–54.
56 Wenzke, R., Auf dem Wege zur Kaderarmee. Aspekte der Rekrutierung, Sozialstruktur und personellen Entwicklung des entstehenden Militärs in der SBZ/DDR bis 1952/53, in: Thoß, B. (Hrsg.), Volksarmee schaffen—ohne Geschrei. Studien zu den Anfängen einer "verdeckten Aufrüstung" in der DDR/SBZ 1947–1952, München 1994, S. 205–272; hier: S.248
57 Abgedruckt in: Schubert, Sicherheitspolitik (s. Anm. 21), S. 79–83. Zitate: S. 80 f.
58 Mai, G., Westliche Sicherheitspolitik im Kalten Krieg. Der Korea-Krieg und die deutsche Wiederbewaffnung 1950, Boppard 1977.
59 Zum Folgenden: Abelshauser, W., Deutsche Wirtschaftsgeschichte seit 1945, München 2004, S. 159 ff.
60 Hardach, G., Der Marshall-Plan. Auslandshilfe und Wiederaufbau in Westdeutschland 1948–1952, München 1994, S. 336.

6장: 1953년부터 두 나라로 갈라진 한반도

1 Kim, Ch., Der Koreakrieg in der Literatur, in: Koreana 5, Heft 2 (Sommer 2010), S. 34–39; hier: S. 34. Ra, Governing North Korea (s. Anm. 144), S. 544, spricht nur von bis zu 600,000 Nordkoreanern, die während des Krieges nach Süden flohen.
2 Woo, L., Im Niemandsland. Eine Reise entlang der innerkoreanischen Grenze,

Hamburg 2007.

3 Eggert/Plassen, Kleine Geschichte Koreas (s. Anm. 25), S. 170.

4 Zum Begriff des Konsensstaats: Stöver, B., Leben in deutschen Diktaturen. Historiographische und methodologische Aspekte der Erforschung von Widerstand und Opposition im Dritten Reich und in der DDR, in: Pollack, D./ Rink, D. (Hrsg.), Zwischen Verweigerung und Opposition. Politischer Protest in der DDR vom Anfang der siebziger Jahre bis zur friedlichen Revolution 1989, Frankfurt a. M. 1997, S. 30–53.

5 Artikel 54 der Sozialistischen Verfassung der Koreanischen Volksdemokratischen Republik v. 27.12.1972, Pjöngjang 1974, S. 20.

6 Zitiert nach: Reller, H. u.a. (Hrsg.), Handbuch Religiöse Gemeinschaften und Weltanschauungen, Gütersloh, [5]2000, S. 426–454, hier: S. 427.

7 Suite 101, Politik und Gesellschaft in Asien, 5.4.2011 (suite 101. de).

8 Rigoulot, P., Verbrechen, Terror und Geheimnis in Nordkorea, in: Courtois, St. u.a., Das Schwarzbuch des Kommunismus. Unterdrückung, Verbrechen und Terror, München 1999, S. 609–629; hier: S. 616 ff.

9 Dazu auch die Website der Internationalen Gesellschaft für Menschen-rechte (IGFM): www.igfm.de

10 Harden, B., Flucht aus Lager 14. Die Geschichte des Shin Dong-hyuk, der im nordkoreanischen Gulag geboren wurde und entkam, Hamburg 2012. Dazu auch: Der Spiegel, 18.6.2012, S. 96–99.

11 Bericht des Fernsehsenders n-tv v. 4.5.2011 (www.n-tv.de/politik/ Nordkorea-baut-Straflager-aus-article3246406. html).

12 Maull, H. W./Maull, I. M., Im Brennpunkt: Korea. Geschichte, Politik, Wirtschaft, Kultur, München 2004, S. 187.

13 The Chosun Ilbo, 11.12.2002 (web.archive.org/web/20071017123327/ http://english.chosun.com/w21data/html/news/2002).

14 Der Spiegel, 19.6.1995, S. 130–132.

15 Frankfurter Allgemeine Zeitung, 24.6.2003. Dazu auch: Lee, S., Lasst mich Eure Stimme sein! Sechs Jahre in Nordkoreas Arbeitslagern, Gießen 2005.

16 Dazu: Kim, I., On Juche in our Revolution, 3 Bde., Pyongyang 1975 ff.

17 Zum Folgenden: Amnesty International, Bericht Oktober 2005 (www.aidrupal.aspdienste.de); Eggert/Plassen, Kleine Geschichte Koreas (s. Anm. 25), S. 174; Maull/Maull, Brennpunkt (s. Anm. 313), S. 186.

18 Robinson, M. u.a., Lonely Planet: Korea, Footscray 2004, S. 358.

19 Maull/Maull, Brennpunkt (s. Anm. 313), S. 197. Folgende Angabe ebd.

20 Oh, Formen koreanischer Erinnerung (s. Anm. 7), S. 186 f.

21 Cumings, Korea's Place (Anm. 28), S. 348.

22 Mason, Economic and Social Modernization (s. Anm. 31), S. 43.

23 Cumings, Korea's Place (Anm. 28), S. 349.

24 Yi, Utopien (s. Anm. 126), S. 71. Dazu: Scott-Stokes/Lee, The Kwangju Uprising (s. Anm. 67).

25 Zum Umfang der US-Hilfen seit 1963 siehe: Mason, Economic and Social Modernization (s. Anm. 31), S. 199 (Tab. 41).

26 Ebd., S. 286 (Tab. 69).

27 Köllner, P., Die deutsch-koreanischen Beziehungen von 1945 bis zur Gegenwart, in: Below, J. (Hrsg.), Deutsche Schulen in Korea 1898–1998. Die deutsch-koreanischen Beziehungen im Überblick, Waegwan 1998, S. 75–118; hier: S. 92 f.

28 Ebd.

29 Lee, Y. J., "An der westlichen und östlichen Flanke der Lager." Deutsch-deutsche Entwicklungshilfe fur Korea 1953–1963, in: Klessmann/Stöver, Der Koreakrieg (s. Anm. 7), S. 142–158; hier: S.146.

30 Kirkbride, W. A., Panmunjom. Facts about the Korean DMZ, Elizabeth [11]2004, S. 42 u. 49.

31 Ebd.

32 Kirkbride, W. A., DMZ. A Story of the Panmunjom Axe Murder, New York [2]1984.

33 Stöver, Der Kalte Krieg (s. Anm. 5), S. 97 f.

34 Kirkbride, Panmunjom (s. Anm. 331), S. 72.

35 Liste bei Bolger, D.P., Scenes from an Unfinished War: Low-Intensity Conflict in Korea, 1966–1969, Fort Leavenworth 1991, S. 137–140.

36 Aus: Ebd., S. 112.

37 82 gefangene Amerikaner aus der Kaperung des Spionageschiffs Pueblo.

38 Hubschrauberbesatzung (in Gefangenschaft von August bis Dezember 1969).

39 Ebd., S. 62 ff.

40 286 Minutes of Washington Special Actions Group Meeting, 25.8.1976, in: Foreign Relations of the United States, 1969-1976, Volume E-12, Documents on East and Southeast Asia, 1973-1976, Washington 2011 (history.state.gov/historicaldocuments/frus1969-76ve12/d286).

41 Ausführlicher Bericht zur Kaperung des Schiffes aus nordkoreanischer Perspektive in: BStU, MfS, ZAIG, 7082, Bl. 4 f. u. 10932, Bl 1 ff. mit zahlreichen Presseartikeln aus Ost und West. Zum geheimdienstlichen Hintergrund: Andrew, President's Eyes (s. Anm. 107), S. 340.

42 Frankfurter Rundschau, 11.2.1969.

7장: 냉전 이후 한반도의 갈등

1 Zum Kontext: Stöver, Der Kalte Krieg (s. Anm. 5), S. 381 ff.

2 Kirkbride, W. A., North Korea's Undeclared War; 1953-, Seoul 1994, S. 21.

3 Zitat: Bolger, Unfinished War (s. Anm. 336), S. 61. Zusammenfassend 1953 bis 1994: Kirkbride, Undeclared War (s. Anm. 366).

4 Bolger, Unfinished War (s. Anm. 336), S. 61.

5 Kirkbride, Undeclared War (s. Anm. 366), S. 21 ff.

6 Zum Folgenden: Ebd., S. 67 ff.

7 The Multinational Monitor, Nov. 1983 (multinationalmonitor.org); Yonhap News, 23.2.2006 (yna.co.kr).

8 Kirkbride, Undeclared War (s. Anm. 366), S. 23 u. 63 ff.

9 Einzelheiten dazu im Untersuchungsbericht des amerikanischen State Department, das dem MfAA der DDR am 11.2.1988 überlassen wurde (BStU, MfS, Sekretariat Neiber, Bl. 45–56), sowie im südkoreanischen Untersuchungsbericht v. 15.1.1988 (ebd., Bl. 64–117). Ausschnittsammlung westl. Zeitungen: ebd., HA XXII, 319/6, Bl. 2–49. Die nordkoreanische Regierungserklärung in ebd., ZAIG 6395, Bl. 3–10.

10 Der Spiegel, 18.4.1988.

11 Dazu zum Beispiel der Sammelband des Peace and Democracy Institute (Hrsg.), Korea. Wird Korea wie Deutschland wiedervereinigt? Der 20. Jahrestag des Mauerfalls und seine historischen Lektionen für die Wiedervereinigung Koreas, Seoul 2010 (in Koreanisch).

12 Siehe dazu die Zusammenfassung der DDR-Botschaft in Nordkorea v. 13.1.1988, BStU, MfS, ZAIG 14077, Bl. 639–654.

13 Dazu Han, U., Rezeption der soziokulturellen und wirtschaftlichen Integration nach der deutschen Wiedervereinigung in Süd-Korea (unveröffentlichtes Vortrags-Ms., o. D.).

14 Dazu Ritter, G., Der Preis der Einheit. Die deutsche Wiedervereinigung und die Krise des Sozialstaats, München 2007, S. 126 ff; Ragnitz, J., Fifteen Years After. East Germany Revisited, Germany Fifteen Years after Unification, CESifoforum, Bd. 6, München 2005, S. 3 ff.; Ragnitz, J. u.a., Bestandsaufnahme der wirtschaftlichen Fortschritte im Osten Deutschlands 1989–2008, ifo Dresden Studien 51, Juli 2009; Frankfurter Allgemeine Zeitung, 19.9.2004.

15 Information über einige Aspekte der Außenpolitik der KDVR und Südkoreas, 22.8.1988; BStU, MfS, HVA 53, Bl. 75–78; hier: Bl. 75.

16 Abgedruckt in Siegler, H.v., Wiedervereinigung und Sicherheit Deutschlands. Bd. I: 1944–1963. Eine dokumentarische Diskussionsgrundlage, Bonn [6]1967, S. 86.

17 So z. B. Lee, D., Option oder Illusion. Die Idee einer nationalen Föderation im geteilten Deutschland 1949–1990, Berlin 2010; Ahn, B., Die Wiedervereinigungsfrage Koreas unter Berücksichtigung der deutschen Erfahrungen, Diss, FU Berlin (Ms.), 2005.

18 Zitiert nach: Ahn, Wiedervereinigungsfrage (s. Anm. 381), S. 37.

19 Kim, I., Wir müssen die Vereinigung des Vaterlandes und den Weltfrieden erkämpfen: Rede auf der Massenkundgebung der Stadt Pjöngjang anlässlich der Begrüßung der Partei- und Regierungsdelegation der Volksrepublik Bulgarien, 28. Oktober 1973, Pjöngjang 1973.

20 Zitiert nach: Ahn, Wiedervereinigungsfrage (s. Anm. 381), S. 18.

21 Ebd., S. 23 f.

22 Ebd., S. 25 ff.

23 Zum Folgenden: Ebd., S. 100 ff.

24 Siehe dazu auch die Rede an die Nation v. 19.12.1997, abgedruckt in: Kim Dae-jung, Mein Leben, mein Weg. Autobiografie des Präsidenten der Republik Korea, Frankfurt a. M. 2000, S. 287–301.

25 Zahlenangaben nach news24.com v. 9.6.2009 (news24.com).

26 Bloomberg Businessweek Magazine, 5.9.2012 (businessweek.com/ magazine).

27 Wahlergebnisse nach: The Chosun Ilbo, December 19, 2007.

28 Wahlergebnis nach: Neue Zürcher Zeitung, 20.12.2012.

29 Zitiert nach: Der Spiegel, 1.4.2008. Folgende Wiedergabe ebd.

30 BStU, MfS, HA II, 32920, Bl. 1 f.; MfS, HA II/10, 63, Bl. 2–342.

31 Cirincione, J., Deadly Arsenals. Tracking Weapons of Mass Destruction, Washington D. C. 2002, S. 243 ff.

32 Ebd., S. 244 f. Folgende Angabe ebd., S. 249.

33 Ebd., S. 249.

34 Der Spiegel, 25.5.2009; Stöver, United States of America (s. Anm. 26), S. 661.

35 Cirincione, Deadly Arsenals (s. Anm. 395), S. 251.

36 Meldung dpa vom 23.12.2012. Zitat nach: Der Standard, 24.1.2013.

37 Stöver, United States of America (s. Anm. 26), S. 606.

에필로그: 냉전이 빚어낸 마지막 분단국가

1 Zitiert nach: Meldung der Nachrichtenagentur RIA Novosti v. 22.11.2012.

2 Zitiert nach: Die Zeit, 1.1.2013.

3 Zahlen nach: Engelhardt, K., Südkorea. Vom Entwicklungsland zum Industriestaat, Münster 2004, S. 300, u. http://de.statista.com. Dazu auch: Haggard, St. u.a. (Eds.), Economic Crisis and Corporate Restructuring in Korea. Reforming the Chaebol, Cambridge 2003; Kwon, O., The Korean Economy in Transition. An Institutional Perspective. Cheltenham 2010.

4 Asian Development Bank, Asian Development Outlook 2010. Update. The Future of Growth in Asia, Mandaluyong City 2010, S. 41.

5 Der Tagesspiegel, 19.7.2000. Folgende Zahlenangabe ebd.

6 Stöver, United States of America (s. Anm. 26), S. 604.

7 Gesetz abgedruckt auf der Website des U. S. Government Printing Office: www.govtrack.us/congress/bills/io6/hr4/text.

8 Der Spiegel, 19.7.2000.

9 Meldung AFP, 20.8.2011.

10 So die These etwa bei Ploetz, M., Wie die Sowjetunion den Kalten Krieg verlor. Von der Nachrüstung zum Mauerfall, Berlin 2000. Siehe dazu Stöver, Der Kalte Krieg (s. Anm. 5), S. 468 f.

11 Süddeutsche Zeitung, 18.9.2012.

| 사진 출처 |

48쪽 © Bettmann/CORBIS

66쪽 Aus: New York Herald Tribune

90쪽 Aus: Sp. C. Tucker (Ed.), Encyclopedia of the Korean War, New York 2002, S. 57

98쪽 © ullstein bild / Roger-Viollet

103쪽 Aus: R. Steininger, Der vergessene Krieg. Korea 1950-1953, München 2006, S. 116

106쪽 Aus: D. Knox, The Korean War, New York 1985, o.S.

118쪽 Aus: D. Knox, The Korean War, New York 1985, o.S.

121쪽 © CORBIS

143쪽 Aus: Sp. C. Tucker (Ed.), Encyclopedia of the Korean War, New York 2002, S. 605

146쪽 Musée National Picasso, Paris; aus: Chr. Kleßmann / B. Stöver, Der Koreakrieg, Köln 2008, S. 21

152쪽 Aus: W. G. Hermes, Truce Tent and Fighting Front, Washington 1966, S. 114

160쪽 © picture- alliance / dpa

163쪽 © ullstein bild / Reuters / Lee Jae-won

222쪽 © ullstein bild / AP / Lee Jin-man

224쪽 © ullstein bild / TopFoto

여기에 제시하는 문헌은 관심을 가질 경우 더 읽어볼 수 있는 도서의 제목으로 참고문헌처럼 완전하게 제시하지는 않았다.

원전 출처, 단행본, 인터넷 출처

원전 출처

Cold War International History Project Bulletin, Woodrow Wilson International Center for Scholars, Washington, D.C., Issue 1-16, Washington, D.C. 1993-2008; Czempiel, E.-O./ Schweitzer, C.-C. (Hrsg.), Weltpolitik der USA nach 1945. Einführung und Dokumente, Bonn 1989; Deuerlein, E. (Hrsg.), Potsdam 1945. Quellen zur Konferenz der "Großen Drei", München 1963; Eisenhower, D. D., Public Papers of the Presidents of the United States. Dwight D. Eisenhower, 1953, Washington o. J; Etzold, Th. E./ Gaddis, J. L. (Eds.), Containment. Documents on American Policy and Strategy 1945-1950, New York 1978; Foreign Relations of the United States (FRUS) 1950, Vol. VII, Washington 1950; Foreign Relations of the United States, 1952-1954. Korea (in two parts) 1952-1954, Vol. XV, Part 1, Washington 1984; Foreign Relations of the United States, 1969-1976, Volume E-12, Documents on East and Southeast Asia, 1973-1976, Washington 2011; Gallup, G. H., The Gallup Poll. Public Opinion 1935-1971, Bd. 2: 1949-1958, New York 1972; King, J. A./Vile, J. R., Presidents from Eisenhower through Johnson. Debating the Issues in Pro and Con Primary Documents, Westport 2006; Lee, P. H. u.a. (Eds.), Sourcebook of Korean Civilization. 2 Vols. Vol. 1: From Early Times to the 16th Century, Vol. 2: From the Seventeeth Century to the Modern Period, New York 1993-1996; Schubert, K. v. (Hrsg.), Sicherheitspolitik der

Bundesrepublik Deutschland. Dokumentation 1945-1977, Teil I, Bonn 1977; Stalin's Correspondence with Churchill, Attlee, Roosevelt and Truman 1941-1945, Part 2, London 1958; Wittfogel, K. A. (Hrsg.), Sun Yat Sen. Aufzeichnungen eines chinesischen Revolutionärs. Eingeleitet durch eine Darstellung der Entwicklung Sun Yat Sens und des Sun-Yat-Senismus, Wien o. J.

구술사, 자서전, 비망록

Acheson, D., Present at the Creation. My Years in the State Department, New York 1969; Adams, C., An American Dream. The Life of an African American Soldier and POW Who Spent Twelve Years in Communist China. Ed. by Della Adams and Lewis H. Carlson, Amherst 2007; Chang, J., Mao. Das Le- ben eines Mannes. Das Schicksal eines Volkes, München [5]2005, Clark, M. W., From The Danube to the Yalu, New York 1954; Dean, W. F., General Dean's Story, London 1973; Edwards, P. M., To Acknowledge a War. The Korean War in American Memory, Westport 2000; Jenkins, C. R., The Reluctant Communist. My Desertion, Court-Martial, and Forty-Year Imprisonment, Berkeley 2008; Kim Dae-jung, Mein Leben, mein Weg. Autobiografie des Prasidenten der Republik Korea, Frankfurt a. M. 2000; Knox, D., The Korean War. An Oral History from Pusan to Chosin, New York 1985; MacArthur, Reminiscences, New York 1964; Manchester, W., American Caesar. Douglas MacArthur, 1880-1964, Boston 1978; Meckler, A. M. u.a., Oral History Collections, New York 1975; No, K., A MiG-15 to Freedom. Memoir of the Wartime North Korean Defector who First Delivered the Secret Fighter Jet to the Americans in 1953, Jefferson 2007; Peng, D., Memoirs of a Chinese Marshal. The Autobiographical Notes of Peng Dehuai (1889-1974), Beijing 1984; Peters, R./Li, X., Voices from the Korean War. Personal Stories of American, Korean, and Chinese Soldiers, Lexington 2004; Li, X. u.a. (Eds.), Mao's Generals Remember Korea, Lawrence 2001; Ridgway, M. B., The Korean War, Garden City 1976; Rusk, D., As I saw It. A Secretary of State's Memoirs, London 1990; Suh, D., Kim II Sung. The North Korean Leader, New York 1988; Talbott, St. (Hrsg.), Chruschtschow erinnert sich, Stuttgart 1971; Truman, H. S., Memoirs, 2 Vols., Vol. 2: Years of Trial and Hope, 1946-52, New York 1956; Zellers, L., In Enemy Hands. A Prisoner in North Korea, Lexington 1991

단행본

Brune, L. H. (Ed.), The Korean War. Handbook of the Literature and Research, Westport 1996; Burt, R.,/Kent, G. (Eds.), Congressional Hearings on American Defense Policy, 1947-1991. An Annotated Bibliography, Lawrence 1974; Chambers, J. W. u.a. (Eds.), The Oxford Guide to American Military History, Oxford 1999; Gantzel, K. J./Schwinghammer, T., Die Kriege nach dem Zweiten Weltkrieg 1945-1992. Daten und Tendenzen, Münster 1995; Ginsburgs, H. u.a. (Eds.), Soviet Works on Korea, 1945-1970, Los Angeles 1973; Kirkendall, R. S. (Ed.), The Harry S. Truman Encyclopedia, Boston 1989; McFarland, K. D., The Korean War. An Annotated Bibliography, New York [2]2010 (mit Online-Version); Tucker, Sp. C. (Ed.), Encyclopedia of the Korean War. A Political, Social, and Military History, New York 2002

링크된 인터넷 출처

Präsidentenarchive: Truman: www.trumanlibrary.org; Eisenhower: www.eisenhower.archives.gov; zu den Debatten und Gesetzen des United States Congress: Library of Congress: http://thomas.loc.gov und www.govtrack.us sowie über die Website des U.S. Government Printing Office: www.govtrack.us/congress/bills/ io6/hr4/text; zur Menschenrechtslage in beiden Koreas: Internationale Gesellschaft für Menschenrechte (IGFM): www.igfm.de; Amnesty International (A.I.): www.aidrupal.aspdienste.de; zu verschiedenen Aspekten des Koreakriegs siehe die Websites des Wilson Center in Washington mit dem National Security Archive: www.wilsoncenter.org und www.gwu.edu/~nsarchiv sowie des Cold War International History Project (CWIHP): www.wilsoncenter.org/digital-archive; Armeekarten zum Kriegsverlauf auf der Website der University of Texas at Austin, www.lib.utexas.edu/maps/ams/korea/index.html, sowie in der Korean War Map Library unter www.koreanwar.org/html/maps/html; zur Erinnerungspolitik in den USA u.a. die Website des Korean War Veterans Memorial in Washington D.C.: www.nps.gov/kowa/index.htm sowie diverse offizielle und private Seiten zum Koreakrieg: u.a. des Pentagon: http://koreanwar.defense.gov/fact.html und www.army.mil/koreanwar/news, html; aus britischer Perspektive u.a. www.iwm.org.uk/history/the-korean-war

다큐멘터리 영화

Amerikas Kriege. Korea, Vietnam, Irak, Afghanistan, Dokumentarfilm Spiegel-TV (2010); Das Massaker von No Gun Ri, Dokumentarfilm von M. Wiese (2006); Drei Jahre, die die Welt bewegten. Koreakrieg und deutsche Wiederbewaffnung, Dokumentarfilm von H. Schwan u. R. Steininger (1980)

출처

냉전

Friedmann, N., The Fifty-Years War. Conflict and Strategy in the Cold War, Annapolis 2000; Gaddis, J. L., Der Kalte Krieg. Eine neue Geschichte, München 2008; Gardner, L. C., Imperial America, America's Foreign Policy since 1898, New York 1976; Horowitz, D., Kalter Krieg. Hintergründe der US-Politik von Jalta bis Vietnam, Berlin 1983; Isaacs, J. u.a., Der Kalte Krieg, Eine illustrierte Geschichte, 1945-1991, München 1999; Loth, W., Die Teilung der Welt, Geschichte des Kalten Krieges 1941-1955, München 1982 (Neuauflage: ^{2}2000); Stöver, B., Der Kalte Krieg. Geschichte eines radikalen Zeitalters, München 2011; Yergin, D., Der zerbrochene Frieden. Der Ursprung des Kalten Krieges und die Teilung Europas, Frankfurt a. M. 1979

한국전쟁

Blair, C., The Forgotten War. America in Korea, 1950-1953, New York 1987; Cumings, B., The Origins of the Korean War, 2 Vols., Vol 1: Liberation and the Emergence of Separate Regimes, 1945-1947, Vol. 2: The Roaring of the Cataract, 1947-1950, Princeton 1981/1990; Friedrich, J., Yalu. An den Ufern des dritten Weltkriegs, Berlin 2007; Halberstam, D., The Coldest Winter. America and the Korea War, London 2009; Kim, D./Kim, S., The Unending Korean War. A Social History, Larkspur 2009; Knox, D./Coppel, A., The Korean War. Uncertain Victory, New York 1985; Larsen, S. A., Wisconsin Korean War Stories. Veterans Tell their Stories from the Forgotten War, Madison 2008; Leckie, R., Conflict. The History of the Korean War, New York 1996; Lee, B. K., The Unfinished War—Korea, New York 2003; Leckie, R., Conflict. The History of the Korean War, New York 1996; Melady, J., Korea. Canada's Forgotten War, Toronto [2]2011; Miyoshi Jager, Sh., Korea. War without End, London 2011; Rich, J., Korean War in Color. A Correspondent's Retrospective on a Forgotten War, Seoul 2010; Steininger, R., Der vergessene Krieg. Korea 1950-1953, München 2006; Stokesbury, J. L., A Short History of the Korean War, New York 1990; Stueck, W., Rethinking the Korean War. A New Diplomatic and Strategic History, Princeton 2002; Stueck, W., The Korean War in World History, Lexington 2004; Zhang, S., Mao's Military Romanticism. China and the Korean War, 1950-1953, Lawrence 1995

남한의 입장에서 본 한국전쟁

Choo, Y., The Korean War I Had Experienced, Seoul 1990; Ha, Y. (Ed.), New Approaches to the Study of Korean War. Beyond Traditionalism and Revisionism, Seoul 1990; Joint Chiefs of Staff, The Korean War History, Seoul 1984; Kim, Ch./ Matray, J. (Eds.), Kim, D., Der Korea-Krieg und die Gesellschaft, Münster 2007; Kim, Y., War History Editing Committee, History of the United Nations' Forces in Korea, 5 Vols., Seoul 1967 ff.; Korean Institute of Military History, 3 Vols., Lincoln 2001; Yi, H., Gespiegelte Utopien in einem geteilten Land. Zu politischen Sozialisationen in Korea, Kassel 2006

본문 각 장의 참고문헌

서론: 냉전시대 최초의 열전

Greiner, B. u.a. (Hrsg.), Heiße Kriege im Kalten Krieg, Hamburg 2006; Kim, D./ Kim, S., The Unending Korean War. A Social History, Larkspur 2009; Lee, B. K., The Unfinished War—Korea, New York 2003; Lundestad, G., The American Non-Policy Toward Eastern Europe, 1943-1947, New York 1975; Miyoshi Jager, Sh., Korea. War without End, London 2011; Stöver, B., Die Befreiung vom Kommunismus. Amerikanische Liberation Policy im Kalten Krieg 1947-1991, Köln 2002; Woodhouse, Chr. M., The Struggle for Greece 1941-1949, London 1976

1장: 일제 식민지 조선, 1910~1945년

Brooks, R. (Ed.), When Sorry Isn't Enough: The Controversy Over Apologies and Reparations for Human Injustice, New York 1999; Cumings, B., Korea's Place in the Sun. A Modern History, New York [2]2005; Dudden, A. Japan's Colonization of Korea. Discourse and Power Honolulu 2005; Eggert, M./Plassen, J., Kleine Geschichte Koreas, München 2005; Hicks, G., The Comfort Women. Sex Slaves of the Japanese Imperial Forces, London 1995; Mason, E. S., The Economic and Social Modernization of the Republic of Korea, Cambridge 1980; Nelson, S., The Archeology of Korea, Cambridge 1993; Suh, D., The Korean Communist Movement 1918-1948, Princeton 1967

2장: 한반도의 분단, 1945~1950년

Appleman, R. E., South to the Naktong, North to the Yalu (June-November 1950), Washington D.C. 1961; Grabowsky, V., Zwei-Nationen-Lehre oder Wiedervereinigung. Die Einstellung der Partei der Arbeit Koreas und der Sozialistischen Einheitspartei Deutschlands zur nationalen Frage ihrer Länder seit dem Zweiten Weltkrieg. Ein Vergleich, Bochum 1987; Ree, E. v., Socialism in One Zone. Stalin's Policy in Korea, 1945-1947, Oxford 1989

3장: 한국전쟁의 시작, 1950년 6~10월

Andrew, Chr., For the President's Eyes Only. Secret Intelligence and the American Presidency from Washington to Bush, New York 1995; Breuer, W. B., Shadow Warriors. The Covert War in Korea, New York 1996; Chen, J., The Sino-Soviet Alliance and China's Entry into the Korean War, CWIHP Working Paper No. 1, Washington 1992; Futrell, R. F., The Korean War, in: Goldberg, A. (Ed.), A History of the United States Air Force 1907-1957; Goulden, J. C., Korea. The Untold Story of the War, New York 1982; Hanley, Ch. J. u.a., The Bridge at No Gun Ri, New York 2001; Kim, D., Forgotten War, Forgotten Massacres—the Korean War (1950-1953) as Licensed Mass Killings, in: Journal of Genocide Research 6 (2004), S. 523-544; Knox, D./ Coppel, A., The Korean War. Uncertain Victory, New

York 1985; Krylov, L./ Tepsurkaev, Y., Soviet MiG-15 Aces of the Korean War, Oxford 2008; Lashmar, P., Spy Flights of the Cold War, Thrupp 1996; Montross, L./Canzona, N. A., U.S. Marine Operations in Korea, Vol. 2, The Inchon-Seoul Operation, Washington D. C. 1955; Ra, J., Governing North Korea. Some Afterthoughts on the Autumn of 1950, in: Journal of Contemporary History 40 (2005), S. 521-546; Shen, Z., Sino-Soviet Relations and the Origins of the Korean War. Stalin's Strategic Goals in the Far East, in: Journal of Cold War Studies 2 (2000), No. 2, S. 44-68; Wainstock, D. D., Truman, MacArthur, and the Korean War, New York 2011; Zhang, X., Red Wings over the Yalu. China, The Soviet Union, and the Air War in Korea, College Station 2002

4장: 전쟁의 전환점과 휴전, 1950년 10월~1953년 7월

Boyne, W. J., Beyond the Wild Blue. A History of the United States Air Force 1947-1997, New York 1997; Daugherty, W. E., A Psychological Warfare Casebook, Baltimore 1958; Foot, R., A Substitute for Victory. The Politics of Peacemaking at the Korean Armistice Conference, Ithaca 1990; Futrell, R. F., The United States Air Force In Korea 1950-1953, New York 1961; Gillespie, P. G., Weapons of Choice. The Development of Precision Guided Munitions, Tuscaloosa 2006; Halberstam, D., The Fifties, New York 1993; Hermes, W. G., Truce Tent and Fighting Front, Washington 1966; James, D. C., The Years of MacArthur, Triumph and Disaster, Boston [2]1970; McCoy, A. W., Foltern und foltern lassen. 50 Jahre Folterforschung und -praxis von CIA und US- Militär, Frankfurt a. M. [2]2006; O'Neill, M. A., The Other Side of the Yalu. Soviet Pilots in Korea, Phase one, 1 November 1950-12 April 1951, Diss. (ms.), Tallahassee 1996; Spanier, J., The Truman-MacArthur Controversy and the Korean War, Cambridge 1959; Spinnler, P., Das Kriegsgefangenenrecht im Koreakonflikt. Eine Untersuchung über die Konfrontation des traditionellen Kriegsgefangenenrechts mit Erscheinungsformen moderner bewaffneter Konflikte, Diessenhofen 1976; Volkogonov, D., The Rise and Fall of the Soviet Empire. Political Leaders from Lenin to Gorbachev. Ed. by H. Shukman, London 1998

5장: 한국전쟁이 전 세계에 미친 결과

Bamford, J., Body of Secrets. Anatomy of the Ultra-Secret National Security Agency, New York 2002; Biderman, A. D., March to Calumny. The Story of the American POWs in the Korea War, New York 1963; Bonwetsch, B./Uhl, M. (Hrsg.), Korea—ein vergessener Krieg? Der militärische Konflikt auf der koreanischen Halbinsel 1950-1953 im internationalen Kontext, München 2012; Dülffer, J., Jalta, 4. Februar 1945. Der Zweite Weltkrieg und die Entstehung der bipolaren Welt, München [2]1999; Hunter, E., Brain-washing in Red China. The Calculated Destruction of Men's Minds, New York 1951; Kinkead, E., In Every War but One, New York 1959; Korean War Atrocities. Hearing before the Subcommittee on Korean War Atrocities of the Permanent Subcommittee on Investigations of the Committee on Government Operations, United States Senate, 4.12.1953, Washington 1954; Mai, G., Westliche Sicherheitspolitik im Kalten Krieg. Der Korea-Krieg und die deutsche Wiederbewaffnung 1950, Boppard 1977; Pasley, V., 21 Stayed. The Story of the American GI's who Chose Communist China. Who They Were and Why They Stayed, New York 1955; POW—The Fight Continues after the Battle. The Official Report of the Advisory Committee on Prisoners of War, Department of Defense, Washington D.C. 1955; Stöver, B., Rollback: Eine offensive Strategie im Kalten Krieg, in: Junker, D. (Hrsg.), Die USA und Deutschland im Zeitalter des Kalten Krieges, Bd. 1: 1945-1968, Stuttgart 2001, S. 160-168; Stöver, B., Zuflucht DDR. Spione und andere Übersiedler, München 2009; Streatfeild, D., Gehirnwäsche: Die Geheime Geschichte der Gedankenkontrolle, Frankfurt a. M. 2008; White, W. L., The Captives of Korea. An Unofficial White Paper on the Treatment of War Prisoners, Reprint Westport 1978 ([1]1957)

6장: 1953년부터 두 나라로 갈라진 한반도

Bolger, D. P., Scenes from an Unfinished War: Low-Intensity Conflict in Korea, 1966-1969, Fort Leavenworth 1991; Harden, B., Flucht aus Lager 14. Die Geschichte des Shin Dong-hyuk, der im nordkoreanischen Gulag geboren wurde und entkam, Hamburg 2012; Kim, I., On Juche in our Revolution, 3 Bde., Pyongyang 1975 ff.; Kirkbride, W. A., DMZ. A Story of the Panmunjom Axe Murder, New York [2]1984; Kirkbride, W. A., Panmunjom. Facts about the Korean

DMZ, Elizabeth [11]2004; Kollner, P., Die deutsch-koreanischen Beziehungen von 1945 bis zur Gegenwart, in: Below, J. (Hrsg.), Deutsche Schulen in Korea 1898-1998. Die deutsch-koreanischen Beziehungen im Überblick, Waegwan 1998; Lee, S., Lasst mich Eure Stimme sein! Sechs Jahre in Nordkoreas Arbeitslagern, Gießen 2005; Maull, H. W./Maull, I. M., Im Brennpunkt: Korea. Geschichte, Politik, Wirtschaft, Kultur, München 2004; Rigoulot, P., Verbrechen, Terror und Geheimnis in Nordkorea, in: Courtois, St. u.a., Das Schwarzbuch des Kommunismus. Unterdrückung, Verbrechen und Terror, München 1999, S. 609-629; Scott-Stokes, H./Lee, J. (Eds.), The Kwangju Uprising. Eyewitness Press Accounts of Korea's Tiananmen, Armonk 2000; Woo, L., Im Niemandsland. Eine Reise entlang der innerkoreanischen Grenze, Hamburg 2007

7장: 냉전 이후 한반도의 갈등

Ahn, B., Die Wiedervereinigungsfrage Koreas unter Berücksichtigung der deutschen Erfahrungen, Diss, FU Berlin (Ms.), 2005; Cirincione, J., Deadly Arsenals. Tracking Weapons of Mass Destruction, Washington D.C. 2002; Kirkbride, W. A., North Korea's Undeclared War; 1953-, Seoul 1994; Lee, D., Option oder Illusion. Die Idee einer nationalen Föderation im geteilten Deutschland 1949-1990, Berlin 2010; Mazarr, M. J., North Korea and the Bomb. A Case Study in Nonproliferation, New York 1995

에필로그: 냉전이 빚어낸 마지막 분단국가

Cumings, B., North Korea. Another Country, New York 2004; Eberstadt, N., The End of North Korea; Haggard, St. u.a. (Eds.), Economic Crisis and Corporate Restructuring in Korea. Reforming the Chaebol, Cambridge 2003; Hilpert, H. G., Nordkorea vor dem ökonomischen Zusammenbruch?, Berlin 2003; Kwon, O., The Korean Economy in Transition. An Institutional Perspective. Cheltenham 2010; Moeskes, Chr. (Hrsg.), Nordkorea. Einblicke in ein rätselhaftes Land, Bonn 2009

숫자·약어

ㄱ

ㄴ~ㄷ

ㄹ~ㅁ

ㅂ

ㅅ

ㅇ

ㅈ

ㅊ~ㅋ

ㅌ~ㅍ

ㅎ

냉전시대 최초의 열전

한국전쟁

2016년 6월 20일 초판 1쇄 발행
2018년 6월 8일 초판 2쇄 발행

지은이 | 베른트 슈퇴버
옮긴이 | 황은미
펴낸곳 | 여문책
펴낸이 | 소은주
등록 | 제25100-2017-000053호
주소 | (03482) 서울시 은평구 응암로 142-32, 101-605호
전화 | (070) 5035-0756
팩스 | (02) 338-0750
전자우편 | yeomoonchaek@gmail.com
페이스북 | www.facebook.com/yeomoonchaek

ISBN 979-11-956511-5-3 (03910)

이 도서의 국립중앙도서관 출판시도서목록(cip)은 e-CIP 홈페이지(http://www.nl.go.kr/ecip)에서 이용하실 수 있습니다(CIP 제어번호: 2016014285).